Heike Beardsley & Ulrike Vögl

Keltenherz

Historischer Roman

PIPER

Mehr über unsere Autorinnen, Autoren und Bücher:
www.piper.de

Wenn Ihnen dieser Roman gefallen hat, schreiben Sie uns unter
Nennung des Titels »Keltenherz«
an empfehlungen@piper.de, und wir empfehlen Ihnen
gerne vergleichbare Bücher.

ISBN 978-3-492-50476-8
© Piper Verlag GmbH, München 2023
Dieses Werk wurde vermittelt durch die Literaturagentur
Lesen & Hören.
Redaktion: Sandra Lode
Satz auf Grundlage eines CSS-Layouts
von digital publishing competence (München)
mit abavo vlow (Buchloe)
Covergestaltung: FAVORITBUERO, München
Covermotiv: Bilder unter Lizenzierung von Shutterstock.com genutzt
Printed in Germany

Für Mama

1. Schatten

Keltisches Oppidum auf dem Donnersberg, 73 v. Chr.

Das knirschende Geräusch von Stein, der auf Stein schabt und das flackernde Licht des Kerzenstummels, das die Dunkelheit kaum verdrängen konnte, hatten eine fast einschläfernde Wirkung auf das Mädchen. Langsam bewegte sie den schweren Stößel in der Schale hin und her. Der süß-säuerliche Duft des Krautes kitzelte sie in der Nase und es gelang ihr nur mit Mühe, ein Niesen zu unterdrücken. Seufzend legte sie ihr Arbeitsgerät zur Seite und wischte sich mit dem Saum ihres groben Umhangs über die schweißbedeckte Stirn. Dann rieb sie die verspannten Muskeln ihres Arms und ließ den Kopf im Nacken kreisen.

Die Kerze flackerte kurz auf und verriet ihren Besucher, bevor dieser hinter ihr stand. Sie ließ den schleierbedeckten Kopf hängen und wartete auf das Unausweichliche.

»Das Druidenkraut ist eine unserer wichtigsten Heilpflanzen, Edana, die mit Rücksicht behandelt werden will, ebenso wie unsere Mitmenschen. Der Trank, den ich herzustellen gedenke, bedarf feinst gemahlener Blüten. Und das da« – ein langer dünner Finger zeigte anklagend auf die Kräuterreste in der Steinschale, zwischen denen noch einige grobe Teile der rötlichen Blüte auszumachen waren – »ist noch lange nicht fein genug gemahlen. Also mach dich gefälligst wieder an die Arbeit.«

Ein erneutes Aufflackern der Kerze und das Mädchen war wieder allein. Wie sollte sie den schweren Mörser weiter bewegen, wenn ihr Hände bereits voller Blasen waren? Kurz gab sie sich ihrem Selbstmitleid hin, dann sog sie die kühle Luft tief in ihre Lunge und griff abermals nach dem Steinstößel.

Mareg hat recht, dachte sie. *Ich muss mir mehr Mühe geben. Die Menschen in der Siedlung verlassen sich auf mich.*

Knirsch, knirsch, knirsch – das schabende Geräusch erfüllte die Stille um sie herum. Eigentlich liebte sie es, hier im hinteren Bereich des Tempels zu arbeiten. Sie würde nie vergessen, als sie das erste Mal den durch einen schweren Vorhang abgetrennten Teil des Heiligtums, der nur den Druiden vorbehalten war, betreten durfte. Ehrfürchtig war sie damals den beiden Druiden Mareg und Meallá gefolgt. Der dick gewebte Stoff des Vorhangs schluckte jegliche Geräusche aus dem Innenraum des Tempels. Selbst laut betende Menschen am Altar waren kaum zu vernehmen. Eine durchdringende Dunkelheit herrschte im Allerheiligsten. Auch jetzt im Sommer war es finster wie die Nacht und sie brauchte ihren Umhang, um sich zu wärmen. Natürlich sorgten die Druiden mit Kerzen für Helligkeit, doch vermochte diese es mit echtem Sonnenlicht nicht aufzunehmen. Dennoch war Edana froh, denn das flackernde Kerzenlicht erzeugte, gepaart mit der Stille und der kühlen Luft um sie herum, eine, wie sie fand, geheimnisvolle Stimmung.

Erst als die letzte Blüte zerstoßen war und sie sicher sein konnte, dass Mareg mit ihrem Werk zufrieden sein würde, legte sie den Mörser wieder zur Seite. Eine klebrige Flüssigkeit rann von ihrer Handfläche, als sie die rechte Hand von dem klobigen Steinwerkzeug löste. Eine der zahlreichen Blasen hatte sich geöffnet. Sie stand auf, ging an das Regal an der hinteren Wand und nahm sich ein Stück grobes Leinen. Diesen Wundstreifen, einer von vielen, die sie selbst erst gestern zurechtgeschnitten und sorgsam aufgestapelt hatte, schlug sie um ihre Hand und faltete das Endstück geschickt ein. Dann nahm sie abermals den schweren Mörser auf und wusch ihn in einem bereitstehenden Wassereimer sorgfältig ab.

Mareg hatte ihr von Anfang an beigebracht, dass Sauberkeit die wichtigste aller Tugenden bei der Arbeit als Heilerin war. So säuberte sie anschließend die Steinschüssel und ihren Arbeitsplatz, nachdem sie das fein zermahlene Kraut in die dafür vorgesehene Schale gefüllt hatte. Damit würde Mareg später einen Heiltrank brauen.

Ob er mich diesmal selbst Hand anlegen lassen wird? Das Mädchen legte den Kopf leicht schief, eine Eigenart, die sich immer dann zeigte, wenn sie nachdachte. Sie verstand, dass sie erst die Grundlagen lernen musste, bevor sie an Versehrten oder Kranken Hand anlegen durfte. Aber das Brauen eines einfachen Suds aus Eisenkraut traute sich das Mädchen auf jeden Fall zu. Wie oft hatte sie schließlich selbst schon Kräutertee auf dem großen Topf über der Feuerstelle ihrer Kate gebraut!

Kaum fünf Lenze war sie alt gewesen, als sie die Dienstmagd ihrer Eltern so lange bekniet hatte, ihr zu zeigen, wie das ging, bis diese ihr es endlich beibrachte. Arlete hatte ihr die Geschichte so oft erzählt, dass sie sie auswendig kannte. Ihr Bruder war mit Fieber danieder gelegen, die Mutter hoch besorgt. Der Vater, wie so oft, nicht zu Hause. Arlete hatte sich Rat bei Mareg geholt, der sie direkt ins Häuptlingshaus begleitet hatte, um nach dem Rechten zu sehen. Diese erste bewusste Begegnung mit dem großgewachsenen Druiden hatte sich fest in Edanas Gedächtnis eingebrannt. Seine geschmeidigen Bewegungen, die Art und Weise, wie er sanft aber zielsicher ihren Bruder Thorin untersuchte. Die einfühlsame Stimme, wie er mit ihrer verängstigten Mutter sprach. Das schelmische Zwinkern in den Augen, als er sie ansah.

Von dem Moment an wusste sie, dass sie selbst eines Tages Heilerin werden wollte. Zu ihrer großen Freude hatte sie ihre Mutter von Anfang an in ihrem Wunsch bestärkt und beim Ältesten der Druiden, Haerviu, damals für sie vorgesprochen. Dieser hatte unter der Bedingung zugestimmt, dass das Mädchen, wenn es acht Lenze zählte, in den Tempel zog, um unter Mareg und Meallás Aufsicht zu lernen. Das war ihrer Mutter gar nicht recht gewesen, wollte sie sich doch nicht so schnell von ihrer einzigen Tochter trennen. Es hatte viele lange Gespräche gebraucht, um ihre Mutter schließlich zu überzeugen. Johs, Arletes Mann und guter Freund der Familie, war es gewesen, dem es letztendlich gelungen war, Rowan umzustimmen.

Drei Jahresläufe war es jetzt her, dass Edana in den Tempel umgezogen war. Es waren zwar nur wenige Schritte zu ihrem Elternhaus, doch war es ihr die ersten zwei Jahresläufe untersagt gewesen, dieses zu besuchen. Vor allem ihre Mutter fehlte ihr anfangs schrecklich. Wäre Meallá nicht gewesen, die einzige Frau unter den Druiden der Siedlung und diejenige, bei der das Mädchen untergekommen war, sie wüsste nicht, ob sie es ertragen hätte. Aber sie hatte auch sehr viel gelernt in dieser Zeit und war sehr selbstständig geworden. Ihre Kindheit war mit dem Eintritt in den Tempel unwiderruflich vorbei gewesen und trotz ihres zarten Alters umgab sie eine würdevolle Ernsthaftigkeit, die man bei Gleichaltrigen vergeblich suchte. Seit letztem Sommer durfte sie endlich das Tempelgelände verlassen und ihre Familie besuchen, was sie auch so oft wie möglich tat.

Das Mädchen erhob sich und streckte die klammen Glieder, bevor sie den schweren Vorhang zur Seite schob und in den Hauptaltarraum trat. Der leicht ranzige Geruch des ewigen Lichts, der einzigen Fackel im Raum, stieg ihr in die Nase, als sie auf den Altar zuschritt. Ihr geübter Blick erspähte sofort, dass alles in Ordnung war. Oftmals ließen die Siedlungsbewohner Opfergaben auf dem großen Steinquader liegen und Meallá hatte ihr beigebracht, wie sie mit diesen umzugehen hatte. Einen Teil, verderbliche Ware wie Brote und andere Lebensmittel, nutzten die Druiden für ihre eigene Ernährung. Gegenstände wie Blumengebinde oder Getreidebündel drapierten sie unter dem ewigen Feuer an der Rückseite der Wand.

Wenn Meallá die Gestirne für günstig befand, veranstalteten die Druiden ein Ritualfeuer, bei dem die Opfergaben den Flammen übergeben und der großen Mutter gehuldigt wurde. Meist wohnten viele Siedlungsbewohner diesem Schauspiel bei und brachten weitere Dinge mit, die sie Rigani opferten. Selbst die Ärmsten trennten sich von dem Wenigen, was sie hatten, um das göttliche Wohlgefallen zu erlangen. Immerhin wusste jeder, dass die Muttergöttin für das Wohl allen Lebens, auch das der Armen und Kranken verantwortlich war.

Wenigstens hat seit vielen Mondläufen kein Siedlungsbewohner mehr an Hunger sterben müssen, dachte Edana. Die Häuptlingsfrau hatte sich der Ärmsten angenommen und eine Regelung eingeführt, bei der die Händler auf dem florierenden Markt einen Obolus abgeben mussten, der den Armen zugeführt wurde. Das Bild ihrer Mutter erschien vor ihrem inneren Auge. Das gütige Gesicht, das so oft einen traurigen Zug um den Mund hatte. Sie wusste, es war wegen ihres großen Bruders Halvor, der als Säugling entführt worden war und den Rowan noch immer schmerzlich vermisste.

Doch sie konnte sich nicht beklagen. Ihre Mutter hatte sie und ihren älteren Bruder Thorin mit Liebe und Zuwendung großgezogen und sie hatte eine Vielzahl schöner Kindheitserinnerungen. Da konnte auch der Schatten, wie es Edana und Thorin immer genannt hatten, nichts ändern.

Wenn der Schatten kam, schaffte Arlete die Kinder aus dem Haus. Als sie noch klein waren, ging sie mit ihnen in ihre kleine Kate, wo sie mit den drei Mädchen der Dienstmagd so lange umhertollten, bis diese sie lachend zum Spielen nach draußen schickte.

Jetzt, wo Edana groß war, wusste sie, dass es Arlete zu verdanken war, dass der Schatten ihre Leben nicht zu sehr berührt hatte. Als sie älter waren, merkten ihr Bruder und sie von allein, wenn der Schatten auf ihrer Mutter lag und sie ihr Ruhe gönnen sollten. Zu Edanas großer Freude nahmen die Besuche des Schattens aber immer mehr ab, je mehr Zeit ins Land ging, doch sie wusste, ganz verlassen würde er ihre Familie wohl nie.

Sie kniete auf der kalten Steinstufe nieder, neigte das Haupt und betete zu Rigani. Es war das gleiche Gebet, das sie täglich sprach. Ein Ehrgebet, das ihr Rowan von klein auf beigebracht hatte: »Rigani, Mutter allen Lebens, halte deine segnenden Hände schützend über die Menschen dieser Siedlung. Sorge für die, die dir wohlgesonnen sind, und strafe die, die sich widersetzen. Große Mutter, behüte und bewahre unsere Familie. Schütze unseren Häuptling vor Gefahr und leite ihn zu Halvor, auf dass er ihn endlich wohlbehalten nach Hause bringen kann. Dir gebührt Ehre, große Mutter.«

Flink kam sie wieder auf die Beine und wandte sich in Richtung Eingang. Konnte sie es wagen? Zu gerne würde sie nach draußen gehen, um ihre steifen Glieder zu wärmen. Obwohl es noch sehr früh gewesen war, als sie und Meallá ihre kleine Kate, die direkt hinter dem Tempel lag, verlassen hatten, um in das Heiligtum zu gehen, hatte Edana gewusst, dass ein besonders schöner Sommertag hereinbrach. Keine Wolke trübte den Himmel und es war schon recht warm am frühen Morgen. Das fröhliche Lied der Vögel, das vom nahen Waldrand herüberwehte, hatte wie ein Lockruf geklungen. Würde Mareg sie zum Kräutersammeln schicken? Ihr Herz machte einen Hüpfer, als sie an die Möglichkeit dachte, doch ihre Hoffnung hatte sich alsbald zerschlagen, als er ihr den schweren Steinmörser auf den Tisch gelegt hatte. Ja, sie würde es wagen. Wenigstens für kurze Zeit wollte sie die warmen Sonnenstrahlen auf der Haut spüren.

Leichtfüßig durchquerte sie den Altarraum und trat durch den Eingang nach draußen. Sie musste blinzeln, so stark blendete sie das helle Licht und ihre Augen, die fast nur

Dunkelheit gewöhnt waren, begannen leicht zu tränen. Dies störte das Mädchen jedoch nicht weiter. Sie entfernte sich von dem knöchernen Bogen, der den Eingangsbereich zierte und der ihr als Kind immer einen wohligen Schauer über den Rücken laufen ließ, wenn sie ihn erblickt hatte. Aberhunderte von Knochen, filigran ineinander verwoben, boten fürwahr einen grausigen, aber auch seltsam anziehenden Anblick.

Die zahlreichen Sinneseindrücke, die auf Edana einströmten, ließen sie kurz innehalten. Die sommerliche Hitze auf der Haut, die lauten Geräusche vom nahen Marktplatz in den Ohren und der Geruch nach Erde, Staub und Pferden in der Nase überwältigten sie.

»He, Schwesterchen, bist du mal wieder Mareg entkommen?«, ertönte eine dunkle Stimme seitlich von ihr und sie wandte den Kopf in ihre Richtung. Ihr Bruder, entspannt auf einen langen Holzspeer gelehnt und mit einem breiten Grinsen im kantigen Gesicht, blickte ihr entgegen. Mit ein paar schnellen Schritten überquerte Edana den Tempelvorplatz und blieb vor ihm stehen.

»Thorin! Ich, ähm ... ich mache nur eine kleine Pause«, schwindelte sie und sah zu ihm auf. »Was machst du hier?«

Thorin schmunzelte. »So, so, eine kleine Pause ...«

Das Mädchen neigte ihr Haupt, um das sich rötende Gesicht zu verbergen. Sanft fasste er ihr Kinn mit seiner rauen Hand und hob es an. »Eda, mir musst du nichts vormachen. Ich verstehe sowieso nicht, wie du es tagein, tagaus in diesem finsteren Loch« – er wies mit dem Kinn in Richtung Tempel – »aushältst.«

Trotzig, mit dem kleinen Fuß auf den Boden stampfend, erwiderte das Mädchen: »Die Arbeit im Tempel ist heilig, das weißt du genau, Thorin. Sei froh, dass andere für dich beten, da dir dein Seelenheil offensichtlich so gleichgültig ist. Ich werde die große Mutter bitten, dir deine unbedachten Worte zu verzeihen.«

Ihr Gegenüber lachte laut auf und klopfte ihr dabei so fest auf die Schulter, dass ihre Beine fast nachgaben. »Ist schon gut, Schwesterchen. Bete du mal für uns alle, ich kümmere mich derweil um die Sicherheit der Siedlung.«

Mit diesen Worten machte er kehrt und stapfte lachend davon in Richtung der Wallanlage.

Kopfschüttelnd sah Edana dem feuerroten Haupt ihres Bruders nach. Wie konnte er nur so unbedacht sprechen? Ohne das Wohlwollen der Muttergöttin gab es keine Sicherheit in der Siedlung. Aber wenn sie es so recht bedachte, war Thorin noch nie besonders gläubig gewesen. Wohl kam er zu den großen Festen in den Tempel, was aber eher daran lag, dass es von ihm als Häuptlingssohn erwartet wurde. Ihre Mutter hatte ihm das unmissverständlich klar gemacht.

Mit Mareg, der seit Haervius Tod vor zwei Jahresläufen den Druiden vorstand, verstand er sich auch gut, was wichtig war, arbeiteten Druiden und Häuptling doch seit eh und je eng zusammen. Haerviu hatte ihrem Vater mit Rat und Tat zur Seite gestanden, eine Aufgabe, die nun Mareg übernahm. Der sanfte Heildruide hatte Thorin einst das Leben gerettet, weshalb dieser wohl eine enge Verbundenheit mit ihm spürte.

Die großgewachsene Gestalt ihres Bruders mit dem langen roten Umhang und dem Schwert an der Seite erinnerte sie plötzlich an ihren Vater. Vater ... Sie seufzte. Aus Erzählungen ihrer Mutter, von Arlete und Johs wusste sie, dass er einst ein stolzer Häuptling gewesen war. Ein muskelbepackter Hüne, dessen Gestalt und kantiges Kinn ihr Bruder geerbt hatte. Nur die roten Haare hatte er von ihrer Mutter. Sie selbst hatte das hellblonde Haar ihres Vaters, hielt dieses jedoch meist unter einem Schleier verborgen. Das war auch gut so, erinnerten ihre Haare ihrer Mutter doch jedes Mal an Halvors blonden Flaum ... Abgesehen davon war es üblich, das Haupthaar zu verdecken. Ihr Druidenumhang mit der langen Kapuze und den trompetenförmigen Ärmeln, den sie beim Eintritt in den Tempel erhalten hatte, bewerkstelligte dies ohne Schwierigkeiten.

Ihre Augen folgten Thorin, bis er von einer großen Staubwolke verschluckt wurde, als ein paar Reiter vorbeipreschten. Edana reckte den Hals, um zu sehen, wer es wagte, so schnell durch die Siedlung zu galoppieren. Die Wachen am Tor wiesen Besuchern einen Platz für ihre Reittiere zu. Bei den Menschenmengen, die sich mittlerweile auf dem Donnersberg befanden, wäre alles andere zu gefährlich. Es gab nur zwei, denen es erlaubt war, mit ihrem Gefolge in der Siedlung zu reiten. Dem Häuptling und dessen Sohn.

Tatsächlich! Es war ihr Vater, der in Begleitung von Dorran, seiner rechten Hand, und Bran auf das Häuptlingshaus zuhielt. Kurz drehte er den Kopf und sein Blick streifte sie. Unwillkürlich hob Edana die Hand zum Gruß.

»Vater ...«, hauchte sie, doch er war so schnell wieder verschwunden, wie er aufgetaucht war.

Sie ließ den Arm sinken und seufzte. Ein großartiger Anführer, ein Mann wie ein Baum, ein liebevoller Vater ... Die Worte ihrer Mutter aus den vielen Erzählungen abends am Feuer, wann immer ihr Vater nicht zu Hause war, was oft der Fall war, weil er wieder mal auf der Suche nach Halvor war, hallten in ihrem Kopf. Wie so häufig drängte sich ihr die Frage auf, ob es nicht besser gewesen wäre, ihr Vater hätte damals bei der ersten Suche den Leichnam des Kindes gefunden. Wie anders hätte ihrer aller Leben verlaufen können!

Augenblicklich spürte sie Gewissensbisse. Sie war als Heildruidin eine Bewahrerin des Lebens. So durfte sie nicht denken! Außerdem war Halvor ihr Bruder! Sie schüttelte den Kopf über sich selbst und blickte der Staubwolke hinterher, die das Pferd ihres Vaters aufwirbelte. Nein, als liebevoll hatte sie ihn nie erlebt. Abweisend war er zwar nicht, eher gleichgültig ihr gegenüber. Nur wenn er ihre Mutter ansah, ja, da sah sie Liebe in seinen blauen Augen aufblitzen. *Oder wenn er von Halvor spricht,* meldete sich eine kleine Stimme in ihrem Kopf. Thorin behandelte er streng. Einen Häuptling müsse er schließlich aus ihm machen, sagte er oft, und viele Nächte hatte sie ihre Mutter auf ihn einreden hören, dass er sich zurückhalten solle. Ihr Bruder tat so, als wäre es ihm gleich. Oftmals hatte sie versucht, mit ihm darüber zu sprechen, immer mit dem gleichen Ergebnis.

»Ich bin ein Mann und eines Tages werde ich Häuptling, Eda. Vater muss mir zeigen, was ich zu tun habe.« Sprach es und reckte sein damals kindlich rundes Kinn in die Höhe.

Ihr Bruder war seit jeher hart im Nehmen. Das schien ihrem Vater zu gefallen, was Thorin noch mehr anspornte. Immerzu kam er mit irgendwelchen Blessuren nach Hause, die er sich im Kampf mit anderen Jungen zugezogen hatte. Rowan jammerte und versorgte mit Edas Hilfe seine Wunden, sein Vater klopfte ihm nur schweigend auf die Schultern.

Es war einige Tage her, seit Vater aufgebrochen war. Was trieb ihn im Galopp zum Häuptlingshaus? Normalerweise ließ er die Pferde bei den Wachen am Tor, damit diese sich um sie kümmerten.

Sie spürte, wie ihr Herz schneller klopfte. Hatte er eine Spur von Halvor gefunden? Sie wusste, sie durfte sich auf keinen Fall ohne Mareg oder Meallás Erlaubnis von der Tempelanlage entfernen, trotzdem hob sie ihren langen Rock und rannte, im Takt ihres stetig schneller klopfenden Herzens, in Richtung ihres Elternhauses. Erstaunt blickten ihr die Siedlungsbewohner nach. Es geziemte sich nicht für ein Druidin, wie ein Dorfkind durch die Straßen zu rennen. Doch das war ihr schlicht gleichgültig. Ihr Vater hatte es eilig, also gab es Neuigkeiten. Heftig schnaufend erreichte sie die Häuptlingskate, vor der Bran und Dorran mit den Pferden am Zügel warteten. Bran war den Tieren zugewandt, deren Fell vor Nässe dampfte. Der ältere Krieger jedoch blickte ihr entgegen. Sein Gesicht war ausdruckslos. Er hob lediglich seine Augenbrauen, dann nickte er ihr zu.

»Ich grüße euch«, murmelte sie, lief an ihnen vorbei und stieß die schwere Holztür auf.

Stille.

Ihre Augen, die Dunkelheit gewöhnt waren, suchten den Hauptraum ab, konnten jedoch weder Mutter noch Vater entdecken. Sie atmete tief durch, um das Trommeln ihres Herzens zu beruhigen, dann tapste sie weiter. Jetzt hörte sie es, ein leises Weinen, nein, eher eine Art Wimmern, wie sie es nie zuvor vernommen hatte. Es kam aus dem Schlafbereich ihrer Eltern, der mit einem Vorhang vom Hauptraum abgetrennt war.

»Ich ertrage es nicht, Rowan.«

Vaters Stimme ... Edana lief es eiskalt den Rücken hinunter. Hatte sie recht mit ihrer Vermutung, dass etwas mit Halvor war?

»Sch, sch«, hörte sie ihre Mutter, gepaart mit einem lauter werdenden Schluchzen ihres Vaters.

»Edana, trete ein.« Rowans Stimme klang gefasst und ruhig. Das Mädchen wunderte sich nicht, dass sie sie gehört hatte, denn dass ihre Mutter über ein ausgezeichnetes Gehör verfügte, wusste sie schon von Kindesbeinen an.

Vorsichtig schob sie den schweren Stoff zur Seite und schlüpfte in die Kammer. Rowan saß aufrecht auf dem Holzbett, die schmalen Füße fest auf dem Boden, und blickte ihr entgegen. Ihr Vater lag zusammengekauert auf dem Bett, den Kopf auf dem Schoß ihrer Mutter, die sein blondes, von vielen weißen Strähnen durchzogenes Haar unermüdlich streichelte.

Das Mädchen erschrak zutiefst. Sie hatte ihren Vater mit dem Schatten erlebt, doch niemals hatte sie den stolzen Häuptling hilflos und wie ein Kleinkind schluchzen sehen.

»Es ist Halvor«, bestätigte Rowan Edanas Vermutung. Ihre Stimme klang belegt, aber gefasst. »Dein Vater ist der

Überzeugung, ihn ausfindig gemacht zu haben. Ein alter Mann, der in einem Verschlag haust, ganz in der Nähe von dem Platz, wo er einst Aurelia gefunden hat, sagte, dass er vor vielen Jahren von einem ausgesetzten Säugling gehört hat.«

»Aber das ist doch großartig«, rief Edana aus. »Mein Bruder lebt!«

Rowans Gesicht, das bis auf kleine Fältchen um die Augen und Mundwinkel noch glatt und ebenmäßig war, verdüsterte sich. »Ja, das hat er.« Sie atmete tief ein, dann fuhr sie fort: »Du weißt doch, dass immer wieder Römerpatrouillen in der Gegend auftauchen?«

Edana nickte. Ihr schwante Übles.

»Der Alte behauptet, dass er mitbekommen hat, dass der Junge wohl von einer römischen Truppe entdeckt wurde, als er jagen war.« Rowans Stimme brach.

»Ist er ... Ist er tot?« Edana flüsterte die Frage fast. Alles in ihrem Inneren wehrte sich dagegen, sie zu stellen. Es konnte nicht sein. Nein, es durfte nicht sein!

Der laute Schluchzer ihres Vaters und ein schwaches Nicken ihrer Mutter zerstörten diese Hoffnung augenblicklich.

»Aber wann soll das denn geschehen sein?«, flüsterte Edana verzweifelt.

Rowan zuckte hilflos mit den Schultern.

»Der Mann war wohl nicht ganz klar im Kopf und hat seine Geschichte immer wiederholt. Dein Vater hat nicht viel mehr von ihm erfahren, aber er ist sich sicher, dass der Mann von Halvor sprach.«

»Aber warum denn?«, hakte Edana nach. »Wer weiß denn schon, vom wem der verwirrte Alte gesprochen hat? Wer hat das Kind denn aufgezogen? Wo hat er bis zu seinem Tod gelebt?«

»Edana, sei vernünftig«, sagte Rowan leise, ohne auf die Fragen ihrer Tochter einzugehen. »Was glaubst du wohl, wie viele Säuglinge in dieser Gegend ausgesetzt wurden?

Wir müssen uns wohl mit der Tatsache abfinden, dass dein Bruder tot ist.« Tränen rannen über Rowans Wangen und sie vergrub ihr Gesicht in Drystans Haaren.

»Nein!«

Edana raffte ihr langes Gewand, drehte sich um und rannte aus der elterlichen Kate. Sie bemerkte die Menschen, die sie anstarrten, nicht. Mit tränenverhangenem Blick eilte sie in Richtung der kleinen Lichtung, auf der sie oft Kräuter sammelte. Sie ließ sich im Schatten eines Baumes nieder und bettete den Kopf auf ihre Knie. Was hatte sie nur getan? Hatte sie den Tod des Bruders durch ihre verwerflichen Gedanken zu verantworten? Aber sie hatte sich doch nur eine schönere Kindheit gewünscht, ohne die endlose Suche des Vaters nach dem Erstgeborenen und ohne den elendigen Schatten! Wenn die Geschichte des alten Mannes stimmte, wieso nur hatte ihr Vater ihn nicht viel früher gefunden? Wie viele Jahre der vergeblichen Suche wären ihm erspart geblieben? Ein Schluchzen entrang sich ihrer Kehle, heiße Tränen nässten ihr Gewand. Sie versuchte nicht, den Tränenstrom zu stoppen, wusste sie doch, dass dieser auch eine heilende Wirkung haben konnte. So weinte sie ihre Trauer über verpasste Kindheitsträume und den Tod des Bruders heraus.

Ein kleines Blatt, das von der Baumkrone über ihr herabgesegelt war, kitzelte sie plötzlich am Nacken und holte sie in die Wirklichkeit zurück. Mit dem Saum ihres Gewandes wischte sie ihr Gesicht trocken, lehnte sich an den Baumstamm und blickte nach oben in das raschelnde, grüne Blättermeer. Menschen kamen und gingen, genau wie die Blätter an diesem Baum, dachte sie. Doch wer bestimmte die Geschicke dieser? Sie, die kleine Druidin, die kaum Lebenserfahrung hatte? Plötzlich schämte sie sich. Wie konnte sie nur so vermessen gewesen sein, zu glauben, ihre Gedanken könnten den Tod eines anderen Menschen bewirken? Zu ihrer Scham gesellte sich Erleichterung.

Sie senkte das Haupt und sagte leise: »Verzeih mir, Muttergöttin. Du allein bist es, die die Geschicke der Menschen leitet.«

Am nächsten Tag, Edana hatte lange und traumlos geschlafen, gestattete ihr Mareg, ihr Elternhaus aufzusuchen. Sie wusste, es würde das letzte Mal für einen halben Mondlauf sein – ihre Strafe für ihren Ungehorsam für das unerlaubte Verlassen des Tempelgeländes gestern. Ihr Kopf fühlte sich seltsam leer an. Jeder Gedanke war gedacht, jede Träne geweint. Ihr fester Glaube bot ihr Trost. Jetzt war es an ihr, Mutter und Vater in dieser schweren Zeit beizustehen. Edana hatte Kräuter mitgenommen, um einen beruhigenden Sud zu brauen. Der würde ihrer Mutter gut tun. Wie sie ihrem Vater helfen konnte, wusste sie nicht.

Ihr Verhältnis zu ihm war nicht eng. Er war selten zu Hause gewesen und wenn er da war, beschäftigte er sich mit Mutter oder Thorin. Für sie war weder Zeit noch Platz gewesen. Es gab nur wenige Momente in ihrer Erinnerung, in denen er ihr zärtlich über das Haar gestreichelt hatte oder sie auf seinem Schoß saß. Hätte sie ihren Großvater Alan nicht gehabt, der sie von vorne bis hinten verwöhnt hatte, sie hätte sich tatsächlich manchmal einsam fühlen können. Leider war ihr geliebter Großvater kurz vor ihrem Eintritt in den Tempel und direkt nachdem ein Fieber ihre Großmutter dahingerafft hatte, gestorben. So verschieden die beiden gewesen waren, schien sie doch eine große Liebe verbunden zu haben, da er ihr so schnell in den Tod gefolgt war, dachte das Mädchen.

Tod ... Der Gedanke ließ sie ihre Schritte beschleunigen. Sie musste zu ihren Eltern, um ihnen nach Halvors Verlust beizustehen. Vor der Kate erblickte sie Thorin und Iain, die sich leise unterhielten. Die beiden jungen Männer sahen auf, als sie ihrer gewahr wurden.

»Schwesterchen«, sagte Thorin und lächelte ihr entgegen. Iains Gesicht blieb ausdruckslos, er nickte nur kurz.

»Und? Wie geht es ihnen?« Edana deutete mit dem Kinn in Richtung Häuptlingshaus.

Thorin strich sich mit einer Hand durch die schulterlange rote Mähne, dann zuckte er mit den Schultern. »Wie soll es ihnen schon gehen? Ihr Erstgeborener ist tot.«

Seine dunkle Stimme klang unsicher. Edana wurde bewusst, dass ihr Bruder nicht wusste, wie er mit der Nachricht umgehen sollte oder gar, was er zu fühlen hatte. Im Grunde ging es ihr nicht anders als ihm. Nachdem der erste Schock abgeklungen war und sie sich nicht schuldig fühlte, hatte sie in sich hineingehorcht. Doch sie spürte kaum etwas, außer einer Traurigkeit, die aber dem Gram der Eltern geschuldet war und nichts mit ihren eigenen Gefühlen zu tun hatte.

Für Mutter und Vater tat es ihr unendlich leid. Sie leiden zu sehen war eine Qual für das Mädchen. Sie selbst hatte Halvor jedoch nie gekannt. Er war weit vor ihrer Geburt verschwunden und alles, was sie von ihm wusste, stammte von den wenigen Erzählungen, die sie mitbekommen hatte. Man sprach nie offen über ihn, vor allem nicht vor ihrer Mutter. Das hatte sie schon von klein auf verstanden. Denn sonst kam der Schatten und manchmal blieb er für einen halben Mondlauf oder länger. Jedes Jahr, am Jahrestag seiner Geburt, erzählte sie von ihrem Kind mit dem weichen blonden Haarflaum, dann wurde wieder geschwiegen.

»Ist doch gut, dass die beiden endlich Gewissheit haben. Mir war von Anfang an klar, dass Halvor nicht mehr lebt.« Iains Stimme klang leicht rau, als hätte er am Vortag den einen oder anderen Krug Met zu viel getrunken.

»Das kannst du nicht wissen, Iain«, wies Edana ihn scharf zurecht. »Wenn ich das gestern richtig verstanden habe, wurde er erst später als Junge aufgegriffen und getötet. Wo er wohl bis dahin gelebt hat? Wer hat ihn aufgezogen?«

»Pah, wenn der zu dämlich ist und sich von dem Römerpack fangen und abschlachten lässt, dann ist es vielleicht besser so, wie es gekommen ist. Ein feiner Häuptling wäre das gewesen.« Iains Blick ging Zustimmung heischend zu seinem Ziehbruder, den um einen Kopf größeren Thorin.

Der jedoch schüttelte den Kopf. »Sag so was nie wieder, Iain. Halvor ist« – eine kurze Pause, dann räusperte er sich – »Halvor war der Erstgeborene. Er hätte mit Sicherheit einen hervorragenden Häuptling abgegeben.«

Iain zog verärgert die Augenbrauen hoch. »Wenn er so hervorragend war, warum ist er dann nicht einfach zurück auf den Donnersberg gekommen?«

Jetzt wurde es dem Mädchen zu viel. Sie stampfte mit dem Fuß fest auf den Boden und ergriff Iains Arm.

»Halt doch einfach den Mund! Du redest so einen Unsinn. Es ist unfassbar! Sei doch endlich still.«

Mit einer flinken Bewegung packte ihr Ziehbruder den Arm, der ihn hielt, drehte ihn brutal um und zwang sie in die Knie. Tränen schossen ihr in die Augen, doch sie blickte trotzig zu ihm auf.

»Ja, du bist stärker als ich, Iain. Doch deine Brutalität ist kein Maß für meinen Verstand.«

Mit einem missmutigen Schnauben ging Thorin dazwischen und befreite sie aus ihrer misslichen Lage. »Lasst das, das bringt jetzt nichts.«

Edana erhob sich langsam und klopfte den Staub aus dem bodenlangen Kleid. Sie überlegte, ob sie noch etwas sagen sollte, entschied sich dann aber dagegen. Ihren Eltern musste die Aufmerksamkeit jetzt gelten, nicht Iain. Es ärgerte sie trotzdem, dass er sie so behandelte. Immerhin waren sie zusammen aufgewachsen.

Die Eltern des jungen Mannes waren beide tot, sein Vater Biorach war als Verräter gestorben und seine Mutter Berit, die Rowans Schwester gewesen war, hatte so viel Leid über die Familie gebracht, und doch war es für Rowan selbstverständlich, dass der Junge damals bei ihr aufwuchs. Edana wusste, dass Berit am Verschwinden Halvors schuld war und bei der Flucht vor ihrem Vater ums Leben kam, aber mehr wusste sie über die Umstände damals nicht. Auch dieses Thema war in der Häuptlingskate tabu.

Edana warf Iain noch einen wütenden Blick zu, bückte sich daraufhin, um das Kräuterbündel aufzuheben, das ihr vorhin aus der Hand gefallen war, und schritt zur Eingangstür. Sie klopfte kurz, dann trat sie ein. Zu ihrer Erleichterung bemerkte sie, dass das Feuer schon brannte. Arlete legte gerade einen neuen Holzscheit in die Flammen, anschließend wandte sie sich ihr zu.

»Kind, wie gut, dass du gekommen bist.«

Edana nickte, dann öffnete sie die Schnur, die die Lederhaut mit dem kostbaren Inhalt zusammenhielt. »Johanniskraut, Lavendel und Zitronenmelisse«, zählte das Mädchen auf. »Zur Beruhigung.«

Die rundliche Dienstmagd nickte, dann nahm sie ihr die Kräuter ab und setzte den Kessel auf die Feuerböcke, deren Enden wie das kunstvolle Geweih eines prächtigen Hirschen geschmiedet waren. Eine Zeit lang schwiegen die beiden und warteten. Dann nahm die Magd ein weiteres Gefäß zur Hand, in dem sie den wertvollen Honig aufbewahrte, und gab einen guten Schuss in das Gebräu. Edana nickte. Kräuter konnten bitter schmecken, das wusste sie aus eigener Erfahrung.

Sie nahm zwei Trinkbecher aus einem Holzregal an der Wand und goss den Sud mit einer Kelle vorsichtig hinein. Dann ging sie, Arletes besorgten Blick in ihrem Rücken spürend, langsam nach hinten zum Schlafbereich. Als sie eintrat, war es, als wäre die Zeit stehen geblieben. Der Häuptling lag in gekrümmter Haltung mit angezogenen Beinen auf der Bettstatt, den Kopf auf dem Schoß seiner Frau, die diesen unablässig streichelte. Ihre Mutter sah mit seltsam leerem Blick auf, als sie eintrat.

»Ich habe euch einen stärkenden und beruhigenden Trank mitgebracht.« Das Mädchen erschrak selbst über die Lautstärke ihrer Stimme in der stillen Kammer.

Ihre Mutter lächelte. »Du bist ein gutes Kind, Eda«. Sie strich ein letztes Mal über das strubbelige Haar ihres Mannes, dann streckte sie die Hände nach dem Gefäß aus.

»Stell Vaters Trunk auf den Boden. Ich werde dafür Sorge tragen, dass er ihn zu sich nimmt.«

Sie nickte und tat, wie ihr geheißen. Anschließend verharrte sie unsicher.

Rowan lächelte sie abermals an. »Geh ruhig. Hier kannst du im Moment nichts tun.« Sie schien kurz zu überlegen. »Sei so gut und sag Mareg, dass es bei Brealla demnächst so weit ist. Ich wollte ihr bei der Niederkunft beistehen, doch daraus wird jetzt wohl erst einmal nichts. Sie hat große Angst, ist es doch ihr erstes Kind.« Bei den Worten *erstes Kind* legte sich ein Schatten auf das Gesicht ihrer Mutter. *Nicht ein Schatten,* korrigierte sich das Mädchen, *sondern der Schatten.* Der altbekannte Begleiter ihrer Familie, den sie voller Inbrunst hasste.

Sie nickte kurz, danach verließ sie gehorsam die Schlafkammer. Arlete sah sie fragend an, als sie an ihr vorbei zur Eingangstür lief, doch sie schüttelte als Antwort nur traurig den Kopf.

Helles Sonnenlicht, das so gar nicht zu ihrer düsteren Stimmung zu passen schien, umfing sie, kaum dass sie nach draußen getreten war. Sie blinzelte, wischte sich eine Träne von der Wange, dann bemerkte sie Thorin, der immer noch vor der Kate stand. Von Iain war weit und breit keine Spur.

Gut so, dachte das Mädchen. *Den hätte ich jetzt nicht noch einmal ertragen können.*

Ihr Bruder blickte sie fragend an.

»Ich habe ihnen etwas zur Beruhigung gegeben.«

Ein Nicken und ein verunsicherter Blick antworteten ihr.

»Thorin.« Sie ergriff seine schwielige Hand. »Mir ergeht es wie dir. Ich weiß nicht, was ich fühlen soll, und schon gleich gar nicht, was ich tun soll. Ja, Halvor war mein Bruder, doch ich kannte ihn nicht. Die einzigen Brüder, die ich kenne, sind du und Iain.«

Thorins Gesicht hellte sich ein wenig auf. »Ich bin froh, dass du das sagst, Eda. Mir geht die ganze Zeit durch den Kopf, was für ein schlechter Bruder ich bin, dass ich keine Trauer um Halvor empfinde. Zu hören, dass es dir genauso geht, hilft mir wirklich.«

Das Mädchen drückte seine Hand. »Wir können jetzt nur versuchen, für Mutter und Vater da zu sein. Ich werde dafür Sorge tragen, dass sie jeden Tag einen neuen Kräutersud erhalten. Auch wenn ich ihn nicht selbst bringen kann ...«

Ein fragender Blick des Bruders nötigte sie zu einer Erklärung. »Maregs Strafe für das Verlassen des Tempelgeländes gestern.« Sie seufzte und zuckte mit den Schultern.

Thorin grinste. »Es ist ja nicht das erste Mal, nicht wahr, Schwesterchen?« Er knuffte sie freundschaftlich in die Seite. »Aber mal im Ernst, ich werde Arlete täglich zu dir schicken, damit sie die Kräuter holt. Außerdem werde ich Vater hier in der Siedlung vertreten, mich um die Wachmannschaft kümmern und auch alles weitere regeln.«

Erstaunt blickte Edana zu ihrem Bruder auf. Traute er sich das wirklich zu? Sie wusste zwar, dass er seit eh und je seinem Vater bei den Pflichten auf dem Donnersberg zur Seite stand, immerhin würde er eines Tages Häuptling der Siedlung sein. Doch noch nie war er allein verantwortlich für die Siedlung gewesen. Ein Blick in sein Gesicht verriet ihr, dass er wohl ähnlich dachte.

»Ich denke, es wäre in Vaters Sinne, wenn du dich mit Dorran besprichst.« Ihre Stimme klang vorsichtig. Sie wollte ihren großen Bruder nicht verärgern, doch konnte es sicher nicht schaden, wenn er Rat bei Vaters rechter Hand einholte.

Zu ihrer Erleichterung nickte Thorin. »Das habe ich vor. Mach dir keine Gedanken, Schwesterchen. Ich begleite dich noch zum Tempel, nicht, dass du unterwegs abermals abhanden kommst« – er zwinkerte ihr schelmisch zu – »dann begebe ich mich auf direktem Wege zu Dorran und bespreche mich mit ihm.« Er straffte die Schultern und reckte das Kinn mit dem leichten roten Flaum in die Höhe: »Ich bin bereit, Eda. Ich kümmere mich um alles, mach dir keine Sorgen.«

Sie seufzte erleichtert. Das war der Thorin, den sie kannte, strotzend vor Selbstbewusstsein und voller Tatendrang. Gemeinsam würde es ihnen schon gelingen, diese schwierige Zeit zu überstehen.

»Thorin«, sagte Edana leise und legte die Hand auf seinen Arm, als sie am Tempel angekommen waren, »was, wenn der alte Mann Unsinn erzählt hat und Halvor noch irgendwo dort draußen lebt?«

Thorin sah sie verständnislos an. »Wie kommst du denn auf so eine Idee?«

»Du weißt doch, dass ich seit längerer Zeit auch die alten Menschen in der Siedlung besuche. Das gehört zu meiner Ausbildung.«

Thorin nickte. »Und weiter?«

»Nun ja, einige Menschen werden im Alter etwas sonderbar. Was, wenn der Mann, den Vater gesprochen hat, ebenfalls nicht ganz richtig im Kopf ist? Was, wenn die ganze Geschichte nicht stimmt?«

Thorin legte seinen Arm um das Mädchen und drückte sie kurz an sich.

»Ich verstehe deine Sorge, Edana.« Er hob ihr Kinn an, um seiner Schwester in die Augen zu blicken. »Vater hat viele Jahre vergeblich nach Halvor gesucht. Er und Mutter haben genug gelitten, meinst du nicht?«

Edana nickte stumm.

»Wir können nicht wissen, ob der alte Mann die Wahrheit sprach, aber es ist Zeit, mit dem Leben weiterzumachen.« Er sah sie eindringlich an. »Für uns alle!«

»Du hast recht. Wir werden für Mutter und Vater da sein, aber die elende Sucherei muss ein Ende haben.«

»So ist es«, sagte Thorin mit fester Stimme. »Vielleicht kehrt dann endlich so etwas wie Ruhe ein.«

Er küsste seine Schwester auf die Stirn, bevor er sich abwandte und davonging. Lange blickte Edana dem großgewachsenen Krieger hinterher, bevor sie sich ins Innere des Tempels begab.

2. Pläne

Römisches Weingut in der Nähe von Borbetomagus, 73 v. Chr.

»Livia! Wo steckst du nur wieder, Mädchen?«

Kichernd flitzte die Gesuchte um die Ecke der Villa Rustica und verschwand hinter einer großen Säule. Schwer atmend hielt sie inne und spähte vorsichtig aus ihrem Versteck hervor.

Stirnrunzelnd stand die alte Mara vor dem Eingangsportal, die Arme in die breiten Hüften gestemmt, und hielt nach allen Seiten Ausschau. Sie sah dabei so entrüstet aus, dass Livia sich die Hand vor den Mund presste, um nicht laut aufzulachen. Mara tat gerade so, als hätte sie etwas furchtbar Schlimmes angestellt, dabei wollte sie doch nur ihre freie Zeit genießen, nach den langen, qualvollen Unterrichtswochen, bei denen sie vor Langeweile beinahe umgekommen wäre. Mara hatte allen Ernstes vorgeschlagen, Livia während ihrer unterrichtsfreien Zeit mit der Haushaltsführung vertraut zu machen! Mit ihren neunzehn Jahren sei sie schließlich längst im heiratsfähigen Alter!

Belustigt sah Livia zu, wie Mara sich die krausen, weißen Haare zurückstrich und dann kopfschüttelnd in der Villa verschwand. Zweifellos würde sie nun Livias Mutter Aurelia ihr Leid klagen oder sie gleich bei ihrem Vater Caius anschwärzen. Livia liebte Mara von ganzem Herzen, immerhin hatte sie ihr seit ihrer Geburt zur Seite gestanden, aber manchmal konnte die ehemalige Sklavin ganz schön anstrengend sein. Als sie sich einmal über ihre Strenge bei ihrem Vater beschwerte, hatte er ihr liebevoll über den dunklen Schopf gestrichen. Dann hatte er ihr schmunzelnd gebeichtet, dass auch er als kleiner Junge hin und wieder der strengen Aufsicht seines ehemaligen Kindermädchens entflohen war.

Nachdem er in die Rheinlande gezogen war, war Mara ihrem Schützling über die Alpen gefolgt, um sich auf dem Weingut, das Caius betrieb, niederzulassen. Seither war sie die gute Seele des Hauses und half, wo sie gebraucht wurde. Sie scheuchte die Haussklaven umher und sorgte dafür, dass sie ihre Arbeit anständig verrichteten. Jedoch hatte sie für jeden, der es benötigte, ein liebevolles Wort übrig und wurde trotz ihrer Strenge von allen verehrt.

Livia blickte sich um. Was konnte sie mit ihrer freien Zeit anfangen? Obwohl die Sonne noch nicht hoch am Himmel stand, wurde es bereits drückend heiß. Sie schwitzte in ihrer schweren Kleidung und überlegte, ob sie es wagen konnte, die Stola abzulegen, die sie über der ärmellosen Tunika trug und die ihre Arme bedeckte. Kurz entschlossen löste sie die beinernen Spangen, die Fibulae, die die Stola auf beiden Schultern zusammenhielten, und schlüpfte aus dem schweren Stoff. Erleichtert seufzte sie auf. Was für eine Wohltat!

Rasch verstaute sie das blaue Gewand hinter der Säule und folgte anschließend dem Weg, der an der Seite des Herrenhauses entlangführte. Sie atmete tief durch, als sie die Ausläufer des Weinberges erreichte und verlangsamte ihre Schritte. Sie liebte diesen Ort. Schon als kleines Mädchen hatte sie ihre freie Zeit am liebsten hier verbracht. Ihr Vater hatte sie auf seinen Schultern durch die grünen Rebstöcke getragen und Livia hatte den Blick über die langen, akkurat geordneten Reihen schweifen lassen. Von oben genoss man eine sagenhafte Aussicht auf den Rhenus, der sich majestätisch durch die hügelige Landschaft schlängelte. Sie schloss die Augen und sog tief den herben, würzigen Duft der erwärmten Erde ein. So roch Heimat!

Plötzlich legte sich eine Hand schwer auf ihre Schulter. Erschrocken fuhr Livia herum.

»Vater«, seufzte sie erleichtert, als sie Caius erkannte. Der Winzer sah sie streng an.

»Solltest du nicht bei Mara sein?«

Schuldbewusst senkte Livia ihren Blick.

»Ja, Vater.«

»Was machst du dann hier? Und wie siehst du überhaupt aus?«

Livia zuckte mit den schmalen Schultern. Caius fasste unter ihr Kinn und hob es sanft an. Die Mundwinkel im wettergegerbten Gesicht ihres Vaters zuckten. Um die dunklen Augen hatten sich etliche Lachfältchen eingegraben. Livia fand jedoch, dass Caius trotz seines Alters gut aussah. Obwohl er schon jenseits der Vierzig war, war sein Haar voll und nur an den Schläfen ergraut. Er überragte sie um über eine Haupteslänge und seine Gestalt war nach wie vor sehnig und schlank.

»Livi, du erinnerst mich sehr an mich früher«, sagte er schmunzelnd. »Für mich gab es auch nichts Schöneres, als den lieben langen Tag durch die Weinberge zu streifen.«

Livia schob ihre Hand in Caius' schwielige und schenkte ihm einen liebevollen Blick.

»Dann weißt du ja, warum es mich wahnsinnig macht, wenn ich den ganzen Tag im Haus verbringen soll, um zu lernen, wie man einen Haushalt führt.«

»Ich verstehe dich sehr gut, aber du bist kein kleines Kind mehr, Livi. Du bist eine erwachsene Frau geworden und musst solche Dinge lernen.«

Ein Feldsklave näherte sich mit einer Hacke in der Hand und verbeugte sich kurz, als er seinen Dominus und dessen Tochter erkannte, bevor er seinen Weg fortsetzte.

»Wieso sollte ich all diese Dinge lernen, wenn ich sowieso nie einer Villa vorstehen werde?«, fragte Livia trotzig.

Ihr Vater verdrehte die Augen. »Fang bitte nicht wieder davon an.«

»Und wieso nicht? Ich habe nicht vor, die brave Hausfrau und Mutter zu spielen. Ich will frei sein und die Welt auf eigene Faust entdecken.« Livias Augen blitzten, als sie sich in Rage redete. »Mutter mag mit diesem Leben zufrieden sein, aber ich bin es noch lange nicht!«

Caius schob seine Tochter ein Stückchen von sich und sah ihr in die Augen.

»Deine Mutter tut alles für ihre Familie«, sagte er ernst. »Ihre Aufgabe ist es, allen, die hier wohnen, ein Heim zu bieten, alle zu versorgen und sich darum zu kümmern, dass alles seinen Gang geht. Wenn sie das nicht tun würde, würde es uns allen schlecht ergehen.« Er strich sich mit der Hand seufzend durch die Haare. »Ich glaube, du machst dir keinen Begriff von der Verantwortung, die deine Mutter trägt. Wir beschäftigen inzwischen über zwanzig Feldsklaven und zehn Haussklaven. Wer glaubst du, kümmert sich um sie alle? Deine Mutter! Und du findest, das sei keine wichtige Aufgabe?«

Livia senkte den Blick und scharrte verlegen mit einem Fuß in der rotbraunen Erde.

»Es tut mir leid, Vater. Ich wollte nicht respektlos erscheinen.« Sie sah auf und bemerkte erleichtert, dass er ihr nicht ernsthaft böse war.

»Lass mir einfach noch ein wenig Zeit«, bat sie ihn. »Nach den endlosen Unterrichtsstunden mit dem alten Tichon brauche ich einfach frische Luft und Bewegung.«

Caius nickte verständnisvoll.

»Ich verstehe dich, Kind. Mein Grammaticus Alexander hatte auch immer alle Hände voll zu tun, meine Aufmerksamkeit zu fesseln, wo ich doch viel lieber draußen gewesen wäre oder meinen Vater auf Handelsreisen begleitet hätte.

Ich habe immer davon geträumt, einst mit ihm nach Rom zu reisen.« Sein Blick schweifte in die Ferne. »Daraus ist nie etwas geworden ...«

Livias Großvater Vicinius war vor einigen Jahren in Ferrentium in der fernen Toscana verstorben. Sie hatte ihn leider nie kennengelernt, da die weite Reise über die Alpen, nicht zuletzt wegen der vielen keltischen Stämme, die den Römern nicht gerade wohlgesonnen waren, zu gefahrenreich war. Caius war ebenfalls nie in seine Heimat zurückgekehrt, da er mit der Leitung des Weingutes, das er vom Vater seiner Frau Aurelia geerbt hatte, alle Hände voll zu tun hatte. Unter seiner Führung hatte sich der Ertrag verdoppelt. Etliche neue Gebäude hatten gebaut werden müssen, um die Amphoren vollmundigen Weines zu lagern.

»Da du selbst so gerne verreist wärst, verstehst du doch sicher, dass es mich auch in die Welt hinauszieht«, sagte Livia verschmitzt lächelnd und legte den Kopf schief.

Caius lachte und strich ihr über die Haare.

»Mein kleiner Wildfang, du bist einfach unverbesserlich!«

Er nahm ihre Hand und lief mit ihr in Richtung der Villa zurück.

»Ich mache dir einen Vorschlag: Wie wäre es, wenn du dich die nächsten Tage mit Feuereifer in die Haushaltsangelegenheiten stürzt und Mara als mustergültige Schülerin begegnest?«

Livia zog einen Schmollmund und setzte an, etwas einzuwenden.

»Lass mich bitte ausreden«, sagte Caius streng. »Im Gegenzug nehme ich dich bei meiner nächsten Fahrt auf den Donnersberg mit.«

Livia jauchzte und fiel ihrem Vater um den Hals.

»Oh danke, danke, lieber Vater! Endlich darf ich Thorin wiedersehen!«

Lachend wirbelte Caius seine Tochter im Kreis herum. »Es wird ohnehin Zeit, dass wir Rowan und ihrer Familie wieder einen Besuch abstatten. Was meinst du, wollen wir deine Mutter fragen, ob sie mitkommen möchte?«

Livia strahlte.

»Ich frage sie jetzt gleich. In Ordnung?«

Sie wartete seine Antwort gar nicht mehr ab, sondern flitzte davon, um ihrer Mutter die großartigen Neuigkeiten zu überbringen.

Caius schmunzelte, als er seiner Tochter hinterher sah. Immer öfter erinnerte Livia ihn in ihrer ungestümen Art an ihn selbst. Wie öde und endlos waren ihm damals die langen Stunden mit seinem alten Lehrer vorgekommen! Wie oft war er in Gedanken woanders gewesen und hatte seinen Grammaticus zur Verzweiflung getrieben? Livia war eigentlich schon zu alt für Schulunterricht. Die meisten Jugendlichen wurden nur bis zu ihrem fünfzehnten Jahr unterrichtet, doch Aurelia hatte darauf bestanden, die Dienste des alten Tichon weiterhin in Anspruch zu nehmen, da er ohnehin vorhatte, seinen Lebensabend in den Rheinlanden zu verbringen. Sie meinte, dass Livia dann wenigstens nicht so viel Zeit hatte, andauernd irgendwelche Dinge auszuhecken oder allein herumzustromern.

Insgeheim gab Caius seiner Frau ja recht, es gehörte sich nicht für ein römisches Mädchen aus gutem Hause, den ganzen Tag draußen zu verbringen und durch die Weinberge zu laufen. Livias Haut war inzwischen tief gebräunt wie bei einem Bauern, keine Spur von der vornehmen Blässe auf die Römerinnen allgemein den allergrößten Wert legten. Aber andererseits verspürte er Mitleid mit dem lebhaften Mädchen und konnte durchaus nachvollziehen, wie wenig ihr die langen Stunden im Schulzimmer zusagten. Er nahm sich vor, mit Aurelia darüber zu sprechen. Es wurde Zeit, dass Livias Leben sich anderen Dingen zuwandte.

Caius seufzte. Allein der Gedanke daran, dass sein kleines Mädchen in Bälde heiraten könnte und ihn dann verlassen würde, verursachte ihm größtes Unbehagen.

Lautes Kinderlachen riss ihn aus seinem Grübeln. Ein großgewachsener Mann kam den Pfad entlang gelaufen, ein kleines, blondes Mädchen auf den Schultern balancierend, das fröhlich vor sich hin kicherte. Hinter ihm lief ein junger Mann mit ernstem Gesichtsausdruck, der noch ein Mädchen an der Hand hielt.

»Tito«, rief Caius erfreut, als er sah, wer da auf ihn zu kam. Er freute sich immer, wenn er seinen Freund und Vorarbeiter Tito mit dessen Familie sah. Der ehemalige Sklave war damals mit ihm über die Alpen gegangen und hatte ihn seit jeher tatkräftig unterstützt. Nachdem Caius das Weingut nach dem gewaltsamen Tod von Aurelias Vater, der bei einem Überfall der Kelten umgekommen war, übernommen hatte, hatte Tito seinem Freund mit Rat und Tat zur Seite gestanden. Tito war nicht nur sein bester Freund, er war wie ein Bruder für ihn.

Als er vor sechs Jahren dann endlich seine große Liebe Veronica geheiratet hatte, hatte Caius sich riesig für Tito gefreut. Veronicas erster Mann Flavius war bei dem Überfall ebenfalls um Leben gekommen. Die damals hochschwangere Veronica war zunächst in ein tiefes Loch gefallen, hatte sich dann aber rührend um ihren Sohn Flavius gekümmert, der kurz darauf zur Welt kam und seinem Vater so ähnlich sah, nach dem er benannt war. Sie hatte lange Zeit gebraucht, um die ganze Geschichte zu verarbeiten, bevor sie Titos Werben endlich nachgab. Im Jahr nach der Hochzeit kam Julia zur Welt und zwei Jahre später machte die kleine Claudia das Glück der Familie perfekt. Tito hatte Flavius den Vater ersetzt und wurde von diesem mit »Pater« angesprochen.

Die Kinder hatten Caius von Anfang an »Onkel« genannt, was ihm mehr als recht war. Immerhin gehörten sie zur Familie. Flavius hatte seit einiger Zeit damit aufgehört, ihn so zu nennen. Wahrscheinlich fühlte er sich zu erwachsen für so etwas.

Caius klopfte seinem Freund auf die Schulter. »Schön, euch zu sehen! Macht ihr einen Ausflug?«

»Die jungen Damen wollten unbedingt die Schiffe auf dem Rhenus sehen«, antwortete Tito schnaufend. Das Mädchen auf seinen Schultern wuschelte ihm kichernd durch die verschwitzten Haare. Caius musste lachen, sah es doch zu komisch aus, wie Titos Haare in alle Richtungen abstanden.

»Machst du deinem Vater eine neue Frisur, Claudia?«, fragte er grinsend und kniff das kleine Mädchen spielerisch in die Wange.

Sie strahlte ihn an und nickte eifrig.

Caius wandte sich Titos Begleiter zu. »Salve, Flavius. Hast du dir heute mal die Zeit genommen, deine kleinen Schwestern zu begleiten?«

Flavius nickte. »Seit Tagen belästigen mich die beiden, dass ich mir mit ihnen die Schiffe ansehen soll. Wenn ich Julia Glauben schenken darf, sind die so groß, dass unser ganzes Haus darauf passen würde.«

Er zog seine kleine Schwester liebevoll an den Haaren, die im Gegensatz zur blonden Mähne ihrer jüngsten Schwester Claudia genauso dunkel wie die ihrer Mutter Veronica und ihres Bruders Flavius waren.

Die Kleine nickte strahlend. »Das stimmt wirklich, Onkel Caius. Kommst du mit uns hoch und siehst es dir an?«

»Julia, dein Onkel hat sicher keine Zeit, mit uns herumzuspazieren«, wies ihr Vater sie streng zurecht. »Immerhin hat er ein Weingut zu führen.«

Das kleine Mädchen zog einen Flunsch.

»Aber natürlich komme ich mit«, tröstete Caius sie. »Aber nur, wenn du mir die Ehre erweist, auf meinen Schultern hochzureiten, so wie es Livia früher gemacht hat.«

Julia ließ sofort die Hand ihres Bruders los und lief quietschend vor Freude zu Caius, der sie mit einem Schwung nach oben beförderte und sie auf seine Schultern setzte. Obwohl sie bereits fünf Jahre alt war, war sie federleicht.

»Livia kannst du jetzt nicht mehr herumtragen, stimmt's, Onkel Caius?«, kicherte Julia.

»Wirklich nicht!«, sagte er und stöhnte gespielt laut. »Ich kann dich ja kaum noch tragen, wie sollte das dann mit Livia gehen?«

Sie machten sich gemeinsam auf den Weg. Die Männer liefen nebeneinander her und unterhielten sich, während die beiden Mädchen auf ihren Schultern einander an den Händen hielten. Flavius folgte der Gruppe und sprach hin und wieder mit einem der Feldsklaven, die zwischen den Rebstöcken Unkraut entfernten.

»Er ist immer so in die Arbeit vertieft«, sagte Tito leise, als Flavius wieder einmal zurückfiel. »Ich wünschte, er würde sich hin und wieder mehr Zeit für die Familie nehmen.«

Seit der Junge mit der Schulbildung fertig war, unterstützte er seinen Vater bei der Arbeit auf dem Weingut. Seit Jahren wuchs die Anbaufläche beträchtlich und Caius war froh gewesen, als Flavius sich entschlossen hatte, zu bleiben und einen Teil der Aufsicht über die Arbeit und die Sklaven von seinem Vater zu übernehmen. Tito hätte die vielen Strapazen nicht mehr lange allein stemmen können und Caius hatte sich schon ernsthaft Gedanken darüber gemacht, wie er den Freund entlasten könnte.

»Lass ihm Zeit«, erwiderte Caius. »Flavius geht ganz in seiner Arbeit auf. Er erinnert mich da an einen gewissen ...« Er legte gespielt die Stirn in Falten und überlegte. »Warte mal ... Wie hieß der noch gleich?«

Tito lachte und boxte ihm freundschaftlich in die Seite. »Ja, ja, ich weiß. Veronica sagt ja auch immer, dass der Junge mir nacheifert.«

»Sieh nur, Vater!«, wurden sie auf einmal von der glockenhellen Stimme von Julia unterbrochen, die aufgeregt auf

Caius' Schultern herumrutschte, sodass er alle Mühe hatte, sie festzuhalten.

Sie waren auf der Bergkuppe angekommen und hatten einen atemberaubenden Blick über den gigantischen Rhenus. Die Mädchen staunten mit offenen Mündern. Ein gewaltiges Handelsschiff durchpflügte gerade die Fluten des Flusses. Das große Segel des Frachters blähte sich im Wind. Von hier oben wirkten die Menschen, die darauf herumliefen, winzig klein. Die Ruder waren eingezogen worden, da das Schiff auch so genug Fahrt machte. Caius bewunderte die Kapitäne, die diese riesigen Ungetüme auf dem kurvigen Rhenus sicher navigierten.

Tito setzte Claudia ab und half Caius anschließend, Julia herunterzunehmen. Die beiden Mädchen rannten sofort auf der Kuppe herum und spielten Fangen. Tito kreiste stöhnend die schmerzenden Schultern und ließ sich auf dem Boden nieder.

»Du wirst doch nicht etwa alt?«, lachte Caius und setzte sich neben ihn. Auch ihm taten die Schultern weh, aber niemals würde er das zugeben, schon gar nicht vor Tito, den er seit jeher als agiler angesehen hatte.

Inzwischen war auch Flavius angekommen und setzte sich zu den Männern. Er berichtete ihnen von seinen Gesprächen mit den Arbeitern.

»Ich denke, über kurz oder lang werden wir einen oder zwei neue Feldsklaven anschaffen müssen«, schloss er seinen Bericht. »Dem alten Arnulf macht sein Rücken sehr zu schaffen. Er wird nicht mehr lange durchhalten können.« Er kaute nachdenklich auf einem Grashalm. »Und wenn ich mir die knotigen Hände von Tiro so ansehe, wird auch er nicht mehr lange fest zupacken können.«

Caius nickte. Tito hatte Arnulf vor vielen Jahren auf dem Sklavenmarkt im nahe gelegenen Borbetomagus gekauft. Damals war er nicht nur mit dem kräftigen Germanen, sondern auch mit einer übel zugerichteten, rothaarigen Sklavin nach Hause gekommen. Die junge Frau war Tito damals aufgefallen, weil sie trotz ihrer offensichtlichen Misshandlungen einen eigentümlichen Stolz gezeigt hatte. Rowan ...

Caius' Gedanken wanderten in die Vergangenheit zurück. Es hatte eine Zeit gegeben, in der er mehr für die stolze Keltin empfunden hatte. Als sie damals an der Seite des Kriegers weggeritten war, hatte er gedacht, sein Herz müsse zerbrechen, so hatte ihn der Gedanke daran geschmerzt, sie nie wiederzusehen. Dennoch hatte er ihr die Freiheit geschenkt. Ihm war bewusst geworden, dass Rowan nie die Seine werden würde.

Zuerst hatte er gedacht, er würde an dem Schmerz zerbrechen. Aber dann war alles anders gekommen. Er hatte sich in Aurelia verliebt. Seine Aurelia! Caius lächelte beim Gedanken an die kleine, energische Römerin, die ihm damals das Herz gestohlen hatte. Aurelia hatte ihm gestanden, schon als junges Mädchen in ihn verliebt gewesen zu sein. Sie hatte Caius auf der Alpenüberquerung kennengelernt und nachdem er ihr das Leben gerettet hatte, war für die junge Dame klar gewesen, dass sie es mit ihrem Helden verbringen wollte. Zu ihrem Leidwesen hatte Caius sehr lange nur das kleine Mädchen in ihr gesehen und erst nach dem Tod ihres Vaters war ihm bewusst geworden, dass Aurelia erwachsen geworden war. Er hatte ihre Stärke bewundert, mit der sie ihm beim Wiederaufbau des Weingutes zur Seite gestanden hatte.

»Weißt du was, Flavius? Wie wäre es, wenn du bei nächstbester Gelegenheit nach Borbetomagus reitest und dich auf dem Sklavenmarkt für uns umsiehst?«, schlug Caius dem jungen Mann vor.

Erstaunt riss der die Augen auf. »Ist das dein Ernst?«

Caius nickte. »Natürlich! Du bist inzwischen alt genug und hast deine Zuverlässigkeit mehr als einmal bewiesen.«

Ernst antwortete der junge Mann: »Ich werde dich nicht enttäuschen, Caius.« Behände sprang er auf die Beine.

»Claudia, wie oft soll ich dir noch sagen, dass du nicht so schnell bergab laufen sollst?«

Er eilte seiner kleinen Schwester hinterher, die kichernd vor ihm weglief.

»Ich danke dir«, sagte Tito und klopfte seinem Freund auf die Schulter. »Du hast Flavius einen großen Dienst erwiesen.«

»Du warst auch nicht älter, als du zum ersten Mal auf den Sklavenmarkt geschickt wurdest, Tito«, winkte Caius ab. »Es wird dem Jungen gut tun, etwas Neues zu sehen. Wer weiß,« fügte er verschmitzt grinsend hinzu, »vielleicht trifft er ja jemand Besonderen ...«

Tito lachte. »Ich wünschte, das wäre wahr!«

Lautes Protestgeheul ertönte, als Flavius Claudia erwischte und zurechtwies. Dem Mädchen kullerten dicke Tränen über die Pausbacken, während ihr Bruder leise auf sie einredete. Als er geendet hatte, streckte sie ihre kleinen Ärmchen nach ihm aus und Flavius nahm sie hoch. Sofort kam Julia angelaufen und wollte ebenfalls auf den Arm genommen werden. Caius musste lachen, als Flavius es tatsächlich schaffte, auch das zweite Mädchen hochzunehmen. Schwer beladen kam er zu den beiden Männern zurück.

»Ich glaube, wir sollten zurückgehen«, sagte er heftig atmend. »Claudia muss dringend ins Bett.«

»Muss nicht schlafen!«, schimpfte die Kleine mit ihm und sah ihren Vater flehend an.

»Na gut«, sagte Tito und stand seufzend auf. Er klopfte sich die Erde aus der Kleidung und nahm Flavius Claudia ab. Sofort schmiegte sie ihr Köpfchen an seine Schulter.

»Kommst du mit?« Fragend sah er zu Caius hinunter.

»Ich bleibe noch ein wenig. Hier geht wenigstens ein laues Lüftchen und es ist nicht so unerträglich heiß wie unten.«

Tito nickte. »Wir sehen uns später.«

»Bis bald, Onkel Caius«, verabschiedete sich auch Julia und winkte ihm mit einem fröhlichen Lächeln zu.

Die Gruppe entfernte sich schnell und Caius sah wieder zu dem gewaltigen blauen Band hinab. Das große Handelsschiff war inzwischen verschwunden. Ein kleineres Schiff fuhr gerade durch eine der Kurven, die der Rhenus in die Hügel gegraben hatte.

Der Fluss ermöglichte der Gegend schwunghaften Handel. Auch Caius verschiffte Amphoren seines Weines in größere Städte. Obwohl der Transport einiges kostete, war der Weg doch sicherer als über die üblichen Routen. Immer wieder überfielen Keltenstämme die Kaufmannszüge und raubten sie aus. Wenn die Händler Glück hatten, kamen sie mit dem Leben davon.

Caius verkaufte seinen Wein sogar im keltischen Oppidum auf dem Donnersberg. Einzig dem gut gehenden Handel mit den Kelten hatte Caius es zu verdanken, dass sein Weingut die Zeit nach dem Überfall überstanden hatte. Er hatte Unsummen für den Wiederaufbau aufbringen müssen und hätte es ohne die zusätzlichen Einnahmen im stetig wachsenden Oppidum nicht geschafft. Damals hatte er Rowan wiedergesehen und erleichtert festgestellt, dass sich seine einstige Schwärmerei für sie in eine tiefe Freundschaft gewandelt hatte. Die Keltin hatte ihre große Liebe Drystan, den Sohn des Häuptlings, geheiratet und stand infolgedessen dem Oppidum an Drystans Seite vor. Wie glücklich sie neben dem großen, kräftigen Krieger gewirkt hatte! Fortuna hatte es gut mit ihnen gemeint. Sie hatten alle einen besonderen Menschen gefunden, mit dem sie ihr Leben teilen konnten. Rowan hatte Drystan, Tito stand Veronica zur Seite und auf Caius wartete seine Aurelia.

Beim Gedanken an das keltische Oppidum wurde es Caius schwer ums Herz. Bei seinem letzten Besuchen hatte Rowan bedrückt gewirkt. Drystan verbrachte viel Zeit außerhalb der Siedlung, wo er nach wie vor nach ihrem gemeinsamen Sohn suchte, der vor vielen Jahren entführt worden war. Auch Caius hatte sich lange an der Suche nach dem Jungen beteiligt, war aber inzwischen überzeugt davon, dass sie ihn nicht mehr finden würden. Sie hatten auf der Suche nach ihm jeden Stein umgedreht, waren jeder möglichen Spur gefolgt. Vergebens! Wahrscheinlich war der Junge bei der Entführung zu Tode gekommen.

Rowan war damals untröstlich gewesen. Caius hatte ihren verzweifelten Blick noch vor Augen, als sie fassungslos nach ihrem verlorenen Sohn geschrien hatte. Inzwischen schien sie sich mit der Ungewissheit besser arrangiert zu haben als Drystan, auch wenn sich Caius sicher war, dass sie noch sehr häufig an ihren Erstgeborenen dachte. Thorin und Edana lenkten ihre Mutter von ihren Sorgen ab und wurden von ihr von Herzen geliebt. Drystan hingegen …

Caius seufzte und erhob sich. Der wortkarge Kelte würde ihm immer ein Rätsel bleiben. Ehrlich gesagt, war Caius jedes Mal froh, wenn Drystan unterwegs war, wenn er ins Oppidum kam. Auf dessen düsteren Blick verzichtete er gerne. Manchmal hatte er sich gefragt, ob der Häuptling ihn womöglich deswegen nicht mochte, weil er eine Konkurrenz um Rowans Gunst in ihm sah. Inzwischen glaubte er aber, dass Drystan gegenüber allen Römern Vorbehalte hatte und ihm deshalb lieber aus dem Weg ging.

Caius setzte sich in Bewegung und lief langsam den Weg zur Villa zurück. Es bereitete ihm ein gewisses Unbehagen, mit dem Oppidum Handel zu treiben. Immerhin überfielen keltische Stämme seit Jahren römische Kaufmannszüge und ortsansässige Weinbauern. Andererseits war Caius sich bewusst, dass auch die römischen Soldaten nicht zimperlich waren, wenn sie auf Kelten stießen. Die Lage war mehr als verzwickt. Nur seiner Freundschaft mit Rowan war es zu verdanken, dass er Gast auf dem Oppidum sein durfte. Ohne ihre Hilfe hätte er damals das Weingut womöglich verloren. Dass er dafür von seinen römischen Nachbarn schief angesehen wurde, musste Caius in Kauf nehmen.

Aber er war nicht der Einzige, der von außerhalb kam, um Handel auf dem Donnersberg zu treiben. Jedes Mal, wenn er auf den florierenden Markt im Oppidum kam, staunte er über die Vielfalt an Waren, die dort angeboten wurden. Er war jedoch der einzige Römer, der direkt in die Siedlung kam. Die anderen hatten keltische Zwischenhändler, die die Geschäfte auf dem Donnersberg für sie abwickelten.

Auf dem Weg zur Villa ließ Caius den Blick schweifen. Zahlreiche Gebäude standen in unmittelbarer Nähe und zeugten vom Wohlstand der Bewohner. So gab es ein großzügiges Badehaus, in dem er nach getaner Arbeit entspannen konnte, hölzerne Ställe für die Pferde, das Kelterhaus, das inzwischen schon zweimal hatte vergrößert werden müssen, und die Schlafbaracken für die Sklaven, die hinter einer Reihe Kastanienbäumen hervorlugten.

Caius wischte sich den Schweiß von der Stirn und trat durch den seitlichen Torbogen in den Vorhof der Villa. Kurz blieb er stehen und betrachtete das imposante Gebäude, das inzwischen über zwei Acti maß. Links und rechts der gewaltigen Holztür hielten mächtige Marmorsäulen Wache. Die fein ziselierten Kupfersockel boten nach oben und unten einen reizenden Kontrast zu dem glatten Stein. Der Grundriss des Gebäudes war viereckig, genau wie die Villa in der Toskana, in der er aufgewachsen war. In der Mitte befand sich ein quadratischer Innenhof, in dem ein steinerner Brunnen stand, den Caius gleich aufsuchen wollte, um sich etwas Erleichterung von der brütenden Hitze zu verschaffen.

Er atmete auf, als er in das kühle Haus trat. Die Hitze draußen war wirklich unerträglich. Er lief durch den dunklen Gang, um ihn gleich darauf auf der gegenüberliegenden Seite wieder zu verlassen. Der Innenhof der Villa war bis auf einen kleinen Sklavenjungen, der unter dem überdachten Rundgang im Schatten auf dem Boden saß und mit Steinchen spielte, menschenleer. Als der Junge seinen Dominus sah, sprang er flink auf die Beine und eilte zum Brunnen.

Geschwind ließ er den hölzernen Eimer hinab und drehte an der Kurbel. Er musste auf Zehenspitzen stehen, um an den Griff zu kommen. Als der gefüllte Eimer wieder nach oben kam, nahm er ihn geschickt ab, stellte ihn schwer atmend vor Caius auf den Boden und neigte ehrerbietig den Kopf. Dankbar tauchte Caius beide Arme in das kühle Nass und genoss das eiskalte Wasser auf der Haut. Dann wusch er sich das Gesicht. Wie unglaublich gut das tat! Abermals benetzte er seine Hände und fuhr sich über den erhitzten Nacken und die nackten Oberarme.

Als er fertig war, reichte ihm der Junge ein Tuch, womit er sich abtrocknen konnte, dann wartete der Kleine mit gesenktem Kopf, bis sein Herr fertig war. Caius gab ihm das Tuch zurück und strich ihm über das braune Haar. Ein großes zahnluckiges Grinsen erhellte das Gesicht des Jungen, bevor er den Eimer zurückhängte und losflitzte, um den Lappen wegzuräumen.

Caius überlegte kurz, ob er sich auf einer der steinernen Bänke, die einladend in dem schattigen Rundgang standen, niederlassen sollte, verwarf den Gedanken aber gleich wieder. Die Hitze staute sich hier gewaltig, sodass er lieber ins kühle Innere der Villa zurückkehrte. Er beschloss, Aurelia aufzusuchen, bevor er in sein Arbeitszimmer ging. Er fand seine Frau an dem runden Tisch in ihrem Zimmer, wo sie stickte. Sie war so in ihre Arbeit vertieft, dass sie ihren Mann zunächst gar nicht wahrnahm.

Caius blieb in der Tür stehen und betrachtete sie liebevoll. Sie hatte ihren Schleier gelöst und saß mit offenem Haar da. Ihre blonden Locken ergossen sich beinahe bis zum Boden. Obwohl Aurelia inzwischen ebenfalls älter geworden war, hätte Caius schwören können, dass sie genauso aussah wie früher. Ihre Figur war immer noch zierlich und graue Strähnen suchte man in ihren Haaren vergeblich, auch wenn sie schon in wenigen Jahren vierzig Lenze zählen würde.

Aurelia sah auf und erblickte ihn. Ein strahlendes Lächeln erhellte ihr Gesicht.

»Caius!«, rief sie. »Warum stehst du denn da und sagst gar nichts?«

Er lief zu seiner Frau und drückte ihr einen Kuss auf das duftende Haar. Aus der Nähe konnte er einige Fältchen ausmachen, die sich um ihre Augen eingegraben hatten. Ein kleiner Tribut an das Alter, wie Caius fand, der ihrer Schönheit aber keinen Abbruch tat.

»Ich wollte nur kurz nach dir sehen, bevor ich mich wieder an die Arbeit mache«, erwiderte er und ließ sich auf einen Stuhl fallen. »Was machst du denn da Schönes, meine Liebste?«

Aurelia hielt den hauchdünnen, türkisfarbenen Stoff, den sie gerade bestickte, hoch.

»Ich arbeite an einem neuen Schleier für Livia«, sagte sie lächelnd.

Staunend betrachtete Caius die feinen Linien, die ein wunderhübsches Muster ergaben.

»Das ist wirklich schön!«, lobte er. »Ich bin mir sicher, dass Livi begeistert sein wird.«

Aurelia nickte. »Du hast sie gerade verpasst. Am liebsten hätte sie mir den Stoff gleich aus den Händen gerissen, so hübsch fand sie ihn. Ich hatte alle Mühe, sie daran zu hindern.« Sie lachte und schüttelte leicht den Kopf. »Und wie sie wieder aussah! Wie ein einfaches Mädchen vom Land! Als ich sie gefragt habe, wo ihre Stola ist, ist sie rot geworden und wieder hinausgeflitzt. Wirklich, Caius, ich glaube, unsere Tochter wird nie erwachsen!« Aurelia seufzte übertrieben.

»Darüber wollte ich ebenfalls mit dir sprechen. Ich glaube, Livia braucht eine Veränderung in ihrem Leben. Wenn wir ehrlich sind, ist sie aus dem Alter, in dem man unterrichtet wird, doch schon längst hinausgewachsen.«

Aurelia nickte zustimmend.

»Sie wird langsam erwachsen und will etwas erleben ...«, fügte er hinzu.

»Aber Caius, sie ist eine junge Frau! Früher oder später wird sie heiraten und eine eigene Familie gründen! Es gehört sich nicht für Frauen, ›etwas zu erleben‹, wie du so schön sagst!«

»Weißt du, Aurelia, ich sehe so viel von mir in dem Mädchen. Diesen unbändigen Freiheitsdrang hat sie von mir geerbt. Da kann man wohl nichts machen!« Er grinste verschmitzt und legte eine Hand auf die seiner Frau. Aurelia seufzte.

»Manchmal gebärdet sie sich wie ein Junge!« Sie senkte die Augen. »Die Götter wissen, wie gern ich dir einen Sohn geschenkt hätte ...«

Caius stand auf, umrundete den Tisch und ließ sich auf einem Knie neben Aurelia nieder. Er hob sanft ihr Kinn an und zwang sie, ihm in die Augen zu sehen.

»Livia ist ein Geschenk der Götter«, sagte er eindringlich. »Lass uns dieses Geschenk nicht schmähen, indem wir uns Dinge erhoffen, die die Götter für uns nicht vorgesehen haben. Lass uns dankbar sein, dass wir eine gesunde Tochter haben!« Er zog Aurelia an seine Brust und strich ihr sanft über den Rücken. Sie ließ die Stickerei zu Boden gleiten und legte ihre Arme um seinen Nacken.

»Du hast ja recht, mein Geliebter«, flüsterte sie. »Verzeih mir meine unbedachten Worte!«

»Es gibt nichts zu verzeihen«, sagte er leise und küsste sie sanft auf die Lippen. Stürmisch erwiderte sie seinen Kuss, bevor sie sich lächelnd von ihm löste.

»Wie ungehörig am helllichten Tag, Dominus«, schimpfte sie augenzwinkernd. »Wo doch jederzeit jemand hereinkommen könnte!«

Geschwind schnappte sich Caius Aurelia noch einmal und stahl ihr einen weiteren Kuss.

»Ich küsse, wen ich will und wann ich will in meinem Haus«, verkündete er großspurig, bevor er sich erhob.

»Ich will doch hoffen, dass du nur mich küsst«, sagte Aurelia lachend und drohte ihm spielerisch mit dem Finger. Als ihr Blick auf den Boden fiel, seufzte sie.

»Nun sieh mal an, was du angerichtet hast! Der schöne Stoff ist ganz verknittert!«

Caius bückte sich, hob das Tuch auf und reichte es ihr. »Ach was! Siehst du? Nichts passiert!«

Er zwinkerte ihr zu und ging zur Tür. »Ach ja, hat Livi dir von unserem geplanten Ausflug auf den Donnersberg erzählt?«

Aurelia nickte. »Was denkst du denn? Ich glaube, sie hat es fertiggebracht, in drei Sätzen mindestens zehnmal Thorin zu erwähnen.« Sie sah zu ihm hoch. »Manchmal mache ich mir Sorgen, dass sie mehr für ihn empfinden könnte, als gut für sie ist.«

Caius winkte ab. »Ach was! Die beiden kennen sich ihr ganzes Leben lang, Aurelia. Der Junge ist ihr bester Freund. Bei ihm ist sie frei, das gefällt ihr. Lassen wir ihr die Freude, solange es noch geht! Wenn sie erst verheiratet ist, ist das vorbei!«

»Stimmt schon. Ich kann dir allerdings noch nicht sagen, ob ich mitkommen werde. Es ist so viel im Haus zu erledigen und gleich zwei unserer Sklavinnen stehen kurz vor der Niederkunft.«

Caius nickte. »Du musst dich nicht gleich entscheiden, mein Herz. Livia hat mir versprochen, sich von Mara bis zur Abreise in den Haushalt einweisen zu lassen, und ich habe auch noch einiges zu tun, bevor wir los können.« Er öffnete die Tür. »Bis zum Abendessen, meine Liebe.«

Aurelia winkte ihm zu, bevor sie sich wieder ihrer Stickerei widmete.

Im Gang wäre Caius beinahe mit Livia zusammengeprallt. »Was hast du denn vor?«

»Ich bin auf dem Weg zu Mara«, verkündete das Mädchen stolz. »Damit wir sobald wie möglich auf den Donnersberg fahren können.«

Caius verdrehte die Augen. »Hätte ich nur nichts gesagt!«, stöhnte er. »Wie oft wirst du damit wieder anfangen?«

»Jeden Tag, Vater«, erwiderte sie lachend. Sie drehte sich um und lief in Richtung Küche. »Jeden Tag!«, rief sie über die Schulter, bevor sie um die Ecke verschwand.

Caius schüttelte grinsend den Kopf. Das versprach ja heiter zu werden ...

3. Rache

Keltisches Oppidum auf dem Donnersberg, 73 v. Chr.

Die Tage nach der Nachricht von Halvors Tod zogen sich für Edana in schier unerträgliche Länge. Obwohl sie jede Minute ausnutzte, um neben ihren von Mareg aufgetragenen Pflichten im Tempel Kräutertränke für ihre Eltern herzustellen, blieb trotz allem noch eine gefühlt quälend endlose Zeit für Gedanken übrig. Gedanken, die sich vor allem mit dem Leid ihrer Eltern beschäftigten.

Mareg stand stets neben ihr, wenn Arlete pflichtbewusst jeden Morgen die Kräutermischungen abholte, so war nie mehr als ein kurzes Gespräch möglich. Wenn sie das Wispern der Dienstmagd richtig verstanden hatte, so schien es ihrer Mutter einigermaßen gut zu gehen. Das passte für Edana auch zu deren früherem Verhalten. Der Schatten hatte sie nie so fest im Griff gehabt wie ihren Vater. Mutters Fokus lag meist auf Thorin, ihr selbst und den Menschen der Siedlung, und so blieb nur wenig Zeit für Gedanken an Halvor. Vater jedoch ...

Edana seufzte. Seit dem Verschwinden ihres Bruders war kein Mondlauf vergangen, in dem er nicht nach seinem Sohn gesucht hatte. Oft war er mit seinen Kriegern auf Erkundungszüge gegangen, um angeblich die Sicherheit der Siedlung zu gewährleisten. Doch das Mädchen wusste, dass der wahre Beweggrund ihres Vaters etwas ganz anderes war.

Edana konnte sich gut an das Glänzen in dessen Augen erinnern, wenn er aufbrach. Es folgte stets dem gleichen Ablauf. Zuerst verabschiedete er sich von seiner Frau, indem er ihr beide Hände auf die Schultern legte und ihr etwas ins Ohr flüsterte. Sie hatte die Worte nie vernehmen können, doch war sie überzeugt, dass er ihr versprach, ihren Sohn zu finden. Das waren die wenigen Augenblicke, in denen sie den Drystan erblickte, den ihre Mutter so oft in ihren Erzählungen erwähnte: den großen, aufrecht gehenden Häuptling mit dem stählernen Blick, der Rowan einst aus der Sklaverei befreit hatte.

Für Edana reichten diese Momente jedoch nicht aus, um das andere Bild ihres Vaters, das des gebrochenen Mannes, den der Schatten fest im Griff hatte, zu verdrängen. Die blauen Augen wässrig, das Gesicht voller tiefer Furchen, die einst blonden Haare von immer mehr weißen Strähnen durchzogen ... Wie gerne wäre sie jetzt an Mutters Seite, um ihr beizustehen. Sie wusste, dass deren Sorge vor allem ihrem Gemahl galt.

Das Mädchen ließ das Kräuterbüschel, das sie sorgfältig von den nicht verwertbaren Blättern befreit hatte, in eine Schüssel fallen. Wenn sie ehrlich war, dann hatte sie Mutters Ergebenheit zu Vater nie recht verstanden. Diese unerschütterliche Liebe, die sie ihm entgegenbrachte. In Edanas Augen war es ihre Mutter gewesen, die die Siedlung zum Florieren gebracht hatte.

Rowan, die Häuptlingsfrau, war sich für nichts zu schade gewesen. Sie hatte dafür gesorgt, dass die Marktbeschicker einen Obulus für die Ärmsten der Siedlung abgeben mussten, sie hatte oft stundenlang mit Thorin und Dorran über die langen Wehranlagen und deren Wartung gesprochen, wenn der Häuptling mit dem Schatten kämpfte. Nie kam ihr ein schlechtes Wort über ihren Gemahl über die Lippen, im Gegenteil. Sie stellte ihre Taten und Entscheidungen als die des Häuptlings dar, sodass die Siedlungsbewohner diesen verehrten. Edana erinnerte sich, dass sie einst ihre Mutter darauf angesprochen hatte.

Die Antwort war schlicht gewesen: »Mein Kind, die Liebe vereint zwei Menschen in Körper und Geist. Es ist dieser Geist deines Vaters, der in mir lebt und der mein Handeln lenkt.«

Das Mädchen unterdrückte einen kleinen Schmerzensschrei, als sie den schweren Steinstößel anhob. Die Blasen auf ihren Handflächen schmerzten unerträglich durch die tagtägliche Tortur, doch aufzuhören kam für sie nicht infrage. So begann sie abermals mit der eintönigen Arbeit und versuchte, ihre quälenden Gedanken zu zähmen.

Ihre Lippen bewegten sich nach dem vertrauten Muster, als sie eines der langen rituellen Gebete an die Muttergöttin sprach, die ihr Meallá in den ersten zwei Jahresläufen ihres Tempelaufenthalts mit großer Geduld unzählige Male vorgesprochen hatte, damit sie sich diese merken konnte. Es verfehlte seine Wirkung nicht, ihr Herzschlag beruhigte sich und sie konzentrierte sich auf die Arbeit, die vor ihr lag.

Thorin wischte sich mit einem Lappen den Schweiß vom Nacken. Er hatte die langen Haare mit einem Lederband gebändigt, doch die unerbittlich herabbrennende Sonne forderte ihren Tribut.

»So eine Gluthitze«, zischte er zwischen zusammengebissenen Zähnen hervor, während er neben Dorran die Wehranlage entlangschritt. Eine gewaltige Pfostenschlitzmauer erhob sich zu ihrer Linken. Vertikal gestellte Baumstämme in anderthalb Schrittlängen Abstand verstärkten den Trockenmauerbau. Querverstrebungen der Pfosten durch Balken taten das ihrige, um die Anlage zu sichern.

Sie waren schon seit dem Wachwechsel am Morgen unterwegs und würden erst gegen Mittag mit ihrer Begehung fertig sein, so lang war die Mauer. Nicht nur die besiedelten

Flächen wurden von ihr geschützt, auch die Weide- und Ackerflächen, die sich im direkten Verbund mit ihnen befanden, umgab eine Wallanlage, auch wenn diese deutlich kleiner war. Die Anlage war zweigeteilt und trennte das eigentliche Siedlungsgebiet vom landwirtschaftlichen Teil. Die beiden Männer liefen gerade den inneren Siedlungsring ab.

Dorrans heiseres Lachen erklang. »Das ist wohl wahr.« Dann wurde sein Ton ernst: »Wenn es nicht bald regnet, werden die Bauern Schwierigkeiten mit der Ernte bekommen.«

Thorin nickte. Der alte Mann hatte recht, ging es ihm durch den Kopf. Was würde Vater an seiner Stelle machen? Da kam ihm ein Gedanke.

»Ich werde mit Mareg sprechen. Er soll ein Opfer an die Göttin vorbereiten, um sie milde zu stimmen. Dann wird es bestimmt regnen.«

Thorin bemerkte den anerkennenden Blick in Dorrans Augen, als dieser ihn ansah. »Das ist eine weise Entscheidung, mein Junge.«

Der Häuptlingssohn reckte stolz sein Kinn in die Höhe. Vergessen war die Hitze für einen kurzen Moment. Auch wenn er sich über die Ansprache ein wenig ärgerte, so freute ihn das Kompliment des gestandenen Kriegers doch. Schweigend stapften sie weiter.

»Ich hätte da auch schon eine Idee für das Opfer«, sagte Thorin plötzlich mit einem schelmischen Gesichtsausdruck.

»Ah ja? Lässt du mich an deinen Gedanken auch teilhaben, oder soll ich als alter Mann dumm sterben?«

Thorin lachte. »Unsere Spähtruppen vermelden doch immer mehr Römerpatrouillen in der Gegend. Wir schnappen uns einfach, ein, zwei von denen und zeigen ihnen, wie wir unseren Göttern huldigen.«

Jetzt war es der alte Mann, der lachen musste. »Natürlich, mein Junge. Einfach mal ein, zwei Römer aufgreifen ...« Seine laute Stimme schreckte ein Eichhörnchen auf, das flink auf einen anderen Ast sprang.

»Hast du überhaupt schon mal einen Römer aus der Nähe gesehen?«

Thorin überlegte kurz, dann hellte sich sein Gesicht auf. »Aber sicher doch! Caius ist schließlich auch Römer, oder etwa nicht?«

Dorran hielt inne, so sehr musste er aufgrund der Worte des jungen Kriegers lachen. »Dein Caius hat so viel mit einem römischen Legionär gemein wie du mit deiner Schwester.«

Thorin klopfte ihm auf den Rücken. »Wirst schon sehen, alter Freund. Bald huldigen wir der großen Mutter mit einer ganz besonderen Gabe ...« Seine Augen blitzten.

Zurück im Oppidum überlegte Thorin, wie er seinen Vater überreden konnte, ihn mit den Truppen ausfallen zu lassen, um die besondere Opfergabe aufzutreiben. Er selbst war zwar schon einige Male mit auf Patrouille geritten, aber stets war sein Vater dabei gewesen. Er trat auf das mächtige Häuptlingshaus zu, als jäh von innen die Tür aufgestoßen wurde. Er riss die Augen auf, als er sah, wer da auf ihn zuhielt. Es war der Häuptling selbst in voller Kriegermontur. Der rote Umhang, den er trotz der Temperaturen trug, bauschte sich hinter ihm auf, als er mit großen Schritten auf ihn zukam.

»Thorin.«

»Vater.«

Dieser schickte sich an, an ihm vorbeizugehen, als ihn der Junge am Arm packte.

»So warte doch, Vater.«

Der Häuptling hielt inne, drehte den Kopf zu seinem Sohn und fauchte mit blitzenden Augen: »Lass meinen Arm los, wenn du nicht willst, dass ich dir vor aller Augen« – sein Kinn deutete in Richtung Marktplatz – »das Fell gerbe.«

Thorin musste schlucken. Er wusste, dass sein Vater grob sein konnte, aber eine derartige Abfuhr hatte er noch nie erlebt. Er löste seinen Griff. Augenblicklich ging der Häuptling davon, ohne ihn eines weiteren Blickes zu würdigen.

Als Thorin sich umwandte und ratlos in Richtung Häuptlingshaus sah, bemerkte er seine Mutter, die in den Türrahmen trat.

»Tritt ein, mein Sohn.«

Ihre Stimme klang sanft, als wollte sie die derben Worte des Vaters ungeschehen machen. Er ging zu ihr und ließ es zu, dass sie ihn in ihre Arme zog. Dann traten sie gemeinsam in das Halbdunkel der großen Kate und setzten sich an den langen Holztisch. Arlete erschien mit zwei Rinderhörnern voller süßem Honigwein und drückte sie ihnen schweigend in die Hand. Ein kurzes Streichen über Thorins Schulter, schon war die Dienstmagd wieder verschwunden.

Das Horn fühlte sich glatt und kühl in seiner Hand an. Es war eines der Gefäße, die für den täglichen Gebrauch gedacht waren. Er bemerkte jedoch, dass Arlete seiner Mutter ein Trinkhorn mit einem delikat geformten bronzenen Beschlag gereicht hatte, an dessen Ende ein kleiner Widderkopf angebracht war. Er wusste, wie sehr die Magd seine Mutter vergötterte und als Häuptlingsfrau schätzte. Nie wäre es ihr in den Sinn gekommen, ihr ein einfaches Horn zu reichen.

»Du darfst es ihm nicht verübeln, Thorin.«

Die Stimme seiner Mutter klang sanft. Er fühlte, wie ihre Augen die seinen suchten, doch er wollte sie jetzt nicht ansehen und so nippte er an dem kühlen Wein. Nein, er musste nicht immer der Vernünftige sein. Halvor war tot, daran gab es nichts zu rütteln, aber er, Thorin, war am Leben! Warum behandelte ihn sein Vater wie Dreck? War er ihm nicht gut genug? Er konnte nicht mit einem Toten konkurrieren!

Er verschluckte sich und musste husten. Rowan klopfte ihm sanft auf den Rücken, bis sich der Anfall gelegt hatte. Dann ergriff sie seine Hand.

»Er liebt dich, Thorin.«

Wieso wusste sie nur immer, was in ihm vorging? Er spürte, wie sich seine Augen mit Tränen füllten. Auch das noch! Als gestandener Mann heulte man doch nicht wie ein Mädchen. Zornig wischte er sich mit dem Ärmel über das Gesicht.

Seine Mutter fuhr fort, ihre Stimme so leise, dass er den Kopf zu ihr drehen musste, um die Worte zu verstehen: »Er hat sich nie vergeben. Seit dem Tag, als Halvor verschwunden ist, macht sich dein Vater die größten Vorwürfe.«

»Aber wieso? Er konnte doch nicht ahnen, dass Berit und Kirran Halvor entführen würden. Keiner konnte das wissen!«

Rowan nickte. »Das sehe ich wie du, mein Sohn. Nur Vater sieht die Sache anders. Er hat es schon seit jeher als seine Aufgabe betrachtet, für unseren Schutz zu sorgen.«

Ihr Blick ging an ihm vorbei, als sie fortfuhr, die Gedanken in der Vergangenheit gefangen. »Als er mich damals aus der Sklaverei gerettet hat, hat er geschworen, dass er immer für die Seinen Sorge tragen wird. Dass ihm dies ausgerechnet bei seinem Erstgeborenen nicht gelungen ist, hat eine tiefe Wunde gerissen, die er nie wieder verschließen konnte.«

Thorin schwieg. Natürlich kannte er die Geschichte, wie seine Mutter einst in römische Sklaverei geraten war und wie sein Vater sie daraus befreit hatte. Zumindest auf dem letzten Weingut, auf dem sie als Sklavin gearbeitet hatte, hatte man sie gut behandelt. Sonst wäre danach kaum die Freundschaft mit Caius und Aurelia entstanden, auch wenn dies zunächst einer Handelsvereinbarung geschuldet war. Und mit Livi, ging es ihm durch den Kopf. Vor seinem inneren Auge sah er die gleichaltrige Römerin, wie sie in der für sie so typischen Art und Weise ihr dunkles Haar hinter das Ohr klemmte und ihn verschmitzt anlächelte. Caius und Aurelias Tochter war häufig mit ihren Eltern zu Besuch in der Siedlung gewesen. Sie beherrschte sogar fließend seine Sprache.

»Thorin?«

»Äh, ja, Mutter, ich verstehe.«

»Tust du das wirklich? Es ist mir wichtig, dass du weißt, dass Vater dich liebt. Ich weiß, er zeigt es dir nicht oft.« Er spürte ihre Hand auf dem Rücken.

Er legte seinen Kopf auf ihre Schulter, wie er es als kleiner Junge oft getan hatte. Sein rotes Haar vermischte sich mit ihrem. Eine Zeit lang sprach keiner von beiden, sie genossen einfach die Nähe des anderen.

»Er will sich rächen.« Die Stimme seiner Mutter klang plötzlich ernst.

Thorin fuhr auf und blickte sie an. »Rächen? Was, in Riganis Namen, hat er denn vor?«

Kurz streifte ihn ein strafender Blick, weil er den Namen der Muttergöttin gedankenlos benutzt hatte, dann seufzte sie und sagte: »Er will römische Soldaten töten. Die, die unten in der Ebene umherziehen ...«

Thorin riss die Augen auf. »Du meinst, er ist gerade losgezogen, um Römer zu jagen?«

Als seine Mutter nickte, hielt ihn nichts mehr auf dem Holzschemel. Das Möbelstück kippte nach hinten und schlug mit lautem Gepolter auf den Holzdielen auf. Das Horn ließ er aus seiner Hand gleiten, sodass es ebenso auf dem Boden landete. Goldgelbe Flüssigkeit breitete sich daneben aus.

»Ich muss los. Er muss mich mitnehmen. Er muss einfach ...«

Mit wenigen langen Schritten durchquerte er den Raum, ohne das überraschte Gesicht der Mutter zu beachten, und eilte nach draußen. Dort rannte er, so schnell ihn seine Beine trugen, in Richtung des Tors, das die Krieger nutzten, um mit ihren Reittieren in die Ebene zu gelangen. Schon von Weitem bemerkte er die Staubwolke, die sich hinter der Wehranlage erhob. Er beschleunigte noch einmal und japste nach Luft, als er am Tor anlangte.

»Vater ...«, keuchte er, »der Häuptling, wo ist er?«

Der junge Wachmann, den Thorin von den Übungskämpfen kannte und der ihm im Speerwerfen überlegen war, was ihn ärgerte, schüttelte den Kopf und sagte schlicht: »Weg ist er.«

»Wie weg? Sprich, Arto!«

Ein süffisantes Grinsen breitete sich auf dem narbigen Gesicht des Kriegers aus. Er sprach langsam, betonte jede Silbe, wie wenn er einem Kind etwas erklären würde: »Er ist weggeritten und mit ihm die versammelte Kriegermannschaft. Nur uns Wachen hat er zurückgelassen. Und dich, wie es aussieht.«

Thorin platzte fast der Kragen vor Wut. Was bildete sich dieser Bursche ein, so mit ihm zu sprechen! Ohne nachzudenken, packte er ihn an beiden Oberarmen, schüttelte ihn und brüllte: »Wage es nicht, so mit mir zu reden! Ich bin der Sohn des Häuptlings.«

Arto grinste. »Ist recht, Sohn des Häuptlings. Aber das ändert nichts an der Tatsache, dass er fort ist.«

Thorin ließ von ihm ab. Er atmete ein paarmal tief durch, um das Klopfen seines Herzens so weit zu beruhigen, dass er wieder einen klaren Gedanken fassen konnte. Was machte er hier überhaupt? Er stritt wie ein Kind mit einem Wachmann. Er fuhr sich mit der Hand durch die langen Haare.

»Lass mein Pferd holen. Ich reite hinterher.«

»Nein, das wirst du nicht tun«, erklang eine tiefe Stimme hinter ihm.

Thorin wirbelte herum und blickte in Dorrans wettergegerbtes Gesicht. Dieser fuhr fort: »Dein Vater hat verfügt, dass du dich in seiner Abwesenheit um die Siedlung kümmern sollst.«

»Aber das kann doch Mutter ...«

»Nein, Thorin. Drystan hat seinen Wunsch unmissverständlich formuliert. Du hast dich zu kümmern, nicht die Häuptlingsfrau.«

Thorin biss die Zähne zusammen. Warum wollte ihn sein Vater nicht mitnehmen? Er setzte an, Widerworte zu geben, als er sich urplötzlich der Blicke um sich herum bewusst wurde. Dorrans ernstem, Artos spöttischem und den neugierigen der vielen Siedlungsbewohner, deren Schritte sich unwillkürlich verlangsamt hatten, als sie vorbeikamen. Nein, so konnte er sich nicht bloßstellen. Er war Thorin, Sohn Drystans und künftiger Häuptling dieses Volkes. Er straffte die Schultern, reckte das Kinn in die Höhe und sagte rau: »Zurück ans Tor, Arto! Es bewacht sich schließlich nicht von allein. Und du, Dorran, schaust nach den übrigen Wachen und sorgst dafür, dass die Tore besetzt sind, Tag und Nacht.«

Thorin meinte, eine kleine Lachfalte an Dorrans rechtem Augenwinkel zu bemerken, als der antwortete: »Wird erledigt.«

Dann entfernte sich der alte Krieger nach einem kurzen Nicken und lief die Wehranlage entlang in Richtung des nächsten Tors. Arto ging, nach einem wütenden Blick auf den Häuptlingssohn, steif zurück auf seinen Platz.

Obwohl Thorin diesen kleinen Sieg durchaus genoss, spürte er doch den Zorn wieder in sich aufsteigen, der ihn vorher gepackt hatte.

Vater behandelt mich wie einen kleinen Jungen! Na warte! Wenn er zurück ist, werde ich ihm gehörig meine Meinung sagen!

Er wandte sich in Richtung Häuptlingshaus. Vielleicht konnte seine Mutter ihm mehr über Vaters Pläne erzählen, immerhin war er hinausgestürmt und hatte ihr keine Möglichkeit gegeben, etwas dazu zu sagen.

Rowan saß auf dem gleichen Hocker, auf dem er sie zurückgelassen hatte. Seiner stand wieder an dem alten Platz. Sie musste ihn aufgehoben haben. Auch der Metfleck am Boden war verschwunden. Frische Binsen bedeckten die Holzdielen um den Tisch herum. Schweigend setzte er sich, den Kopf gesenkt, die Hände auf den Knien liegend. Dann wandte er den Blick zu seiner Mutter, deren grüne Augen auf ihn gerichtet waren. Zu seiner Erleichterung las er keinen Zorn in ihrem Gesicht.

Er ergriff ihre Hände und sagte gespielt zerknirscht: »Es tut mir leid, Mutter! Ich hätte nicht so unbeherrscht sein dürfen, das ist mir inzwischen bewusst geworden.« Er hielt ihre Hände an seine rechte Wange. »Ich wollte dich nicht verletzen.«

Rowan lachte auf und Thorin fiel in das Lachen ein.

»Du hast wahrlich mein Temperament geerbt, mein Sohn.«

»Und die roten Haare«, warf er ein und sie lachten noch lauter. Arlete, die gerade von draußen hereinkam, in jeder Hand einen Wassereimer, sah sie verblüfft an.

»Was gibt es zu Essen, Arlete? Ich habe einen Riesenhunger!« Das Dienstmädchen strahlte und ging zu dem großen Kessel, der über der Feuerstelle hing.

»Lammstücke in Gerstenbrei.« Sie brauchte beide Hände, um mit dem Holzlöffel, der länger als ihre Arme war, umzurühren.

Thorin schmatzte mit den Lippen. »Mmmh, ich liebe Lamm!«

Das Mahl verlief in entspannter Atmosphäre. Er geduldete sich und mied das Thema, das ihn eigentlich zurück zu seiner Mutter getrieben hatte.

Nach dem Essen streckte Thorin die Beine aus und rieb sich zufrieden den Bauch. »Nirgendwo schmeckt es wie zu Hause.«

Arletes Wangen röteten sich vor Freude, dann verließ sie mit einem Korb voller schmutziger Näpfe die Kate, um sie in dem Trog hinter dem Haus zu säubern.

Die Häuptlingsfrau kam mit zwei Hörnern Met zum Tisch, reichte eines ihrem Sohn und setzte sich neben ihn.

»Stelle deine Fragen, Thorin«, sagte sie schlicht.

»Warum ist Vater ohne mich aufgebrochen? Wieso lässt er mich hier in der Siedlung zurück?« Seine Stimme klang leicht heiser. Er spürte, wie ihm das Blut in die Wangen schoss.

»Vater muss das allein machen, Thorin«, erwiderte Rowan eindringlich. »Ich habe vorhin versucht, dir zu erklären, wie er sich fühlt. In seinen Augen hat er versagt, damals, als Halvor uns genommen wurde. Er hat ihn nicht beschützt. Jetzt ist es an ihm, ihn zu rächen.«

Der Häuptlingssohn lauschte den Worten seiner Mutter. Widerwillig musste er sich eingestehen, dass in der einfachen Logik durchaus Sinn lag. Er nippte am Met und nickte.

Eine Weile saßen sie einträchtig beieinander, jeder in seine eigenen Gedanken versunken, dann fragte er leise: »Wann wird er zurückkehren?«

Rowan hob die Augenbrauen. »Wenn er genug hat, mein Sohn.«

Sie ergriff seine Hand und drückte sie. »Es wird sich alles zum Guten wenden. Er kann endlich abschließen und aufhören, nach Halvor zu suchen. Es ist vorbei.« Ihre Stimme klang erleichtert und traurig zugleich.

»Ja, Mutter, wir können nach vorne blicken.« Er erwiderte den Druck ihrer Hand. So saßen sie noch eine ganze Weile beieinander, jeder in Gedanken und doch die Nähe des anderen genießend.

Die Tage vergingen. Die Sommersonne brannte erbarmungslos vom Himmel, sodass das Leben in der Siedlung fast gänzlich zum Stillstand kam. Jeder, der nicht nach draußen musste, blieb in der kühlen Hütte. Nur die Bauern schleppten gemeinsam mit ihren Familien Wassereimer um Wassereimer durch das Wehrtor in den westlichen Teil der Anlage, wo einige Felder lagen. Ihr Kampf um das Überleben der Pflanzen schien hoffnungslos. Dennoch standen sie tapfer jeden Tag kurz vor Sonnenaufgang am Tor und verlangten von der Wachmannschaft, dass sie es öffneten.

Thorin, der zu der Zeit bereits oben auf der Wehranlage zu finden war, ließ sie gewähren, ungeduldig darauf wartend, dass das erste Licht die Ebene unter ihm aus den Griffen der schwarzen Nacht befreite und hoffend, seinen Vater und dessen Männer zu entdecken. Es kam schließlich der ganzen Siedlung zugute, wenn die Ernte nicht verdorrte. Kurz hatte er sogar mit dem Gedanken gespielt, Krieger zum Wässern der Felder abzustellen, diesen jedoch sogleich wieder verworfen. Sein Vater hatte die meisten Männer mitgenommen. Die wenigen, die ihm noch blieben, brauchte er, um die Wehranlage zu bemannen.

»Thorin«, hörte er eine bekannte Stimme rufen.

Er drehte sich um und blickte nach unten. »Eda, was machst du denn zu dieser frühen Stunde hier?«

Sie zuckte mit den Schultern. »Na, was wohl? Manche Kräuter müssen bei Sonnenaufgang geschnitten werden.« Sie stellte den Korb mit der Sichel darin neben sich ab. »Aber das macht mir nichts aus. Ich liebe diese Zeit! Das Zwitschern der Vögel, die Sonnenstrahlen, die langsam den noch kühlen Boden erwärmen …«

»Ja, ja, ja. Erspar mir deine Ode an die Wunder der Natur. Besprich das mit Rigani, wenn du wieder im Tempel bist!«

Edana stampfte zornig mit dem Fuß auf den Boden. »Wage es nicht, die Muttergöttin zu beleidigen, Thorin!«

Er lachte auf. »Ist schon gut, Schwesterchen. Entspanne dich.«

Die Augenbrauen seiner Schwester schnellten nach oben und erinnerten ihn unangenehm an das Gesicht seiner Mutter, wenn er etwas angestellt hatte. »Was ist los mit dir, Thorin? Du warst zwar noch nie der Gläubigste hier in der Siedlung, doch so garstig kenne ich dich gar nicht.«

Er rollte mit den Augen. *Aber sie hat ja recht,* schalt ihn eine kleine Stimme in seinem Inneren. Die Warterei auf seinen Vater zermürbte ihn.

»Es ist alles in Ordnung, Eda. Mach dir keine Gedanken.«

Er war im Begriff, sich wieder umzuwenden, da ertönte abermals ihre Stimme. »Es ist wegen Vater, nicht wahr?«

Sie kannte ihn gut, zu gut. Er wollte nicht, dass sie sich Sorgen um ihn machte.

»Lass es gut sein, Schwesterchen. Und jetzt lauf los, sonst verpasst du noch den rechten Moment, um deine Kräuter zu schneiden.«

Edana schien noch etwas sagen zu wollen, doch ein Blick auf die aufgehende Sonne ließ sie ihren Korb anheben. Sie nickte ihm zu, bevor sie weiterhastete.

Thorin war froh, seiner Schwester keine Rede und Antwort mehr stehen zu müssen. Er wusste ja selbst nicht, was ihn so beschäftigte. Immerhin hatte er eingesehen, warum Vater ohne ihn losgezogen war. Wieso also hatte er dieses dumpfe Gefühl im Magen, jedes Mal, wenn er daran dachte? War er vielleicht eifersüchtig auf einen Bruder, den er nicht einmal kannte, weil der die ganze Aufmerksamkeit seines Vaters bekam? Eifersüchtig auf seinen toten Bruder? Thorin schüttelte den Kopf, um die unangenehmen Gedanken zu vertreiben.

Sein Blick wandte sich wieder der Ebene zu. Er kniff die Augen zusammen, um besser sehen zu können. Der Horizont erschien als schimmerndes Band, als die Sonne den Kampf gegen die Dunkelheit endlich gewann. Er beobachtete, wie sich das Licht Stück für Stück über die Ebene kämpfte und die satte rote Erde zum Glühen brachte. Nur das, was er am meisten ersehnte, zeigte sie ihm nicht. Da waren keine Krieger, kein Vater. Enttäuscht wandte er sich ab.

Er wollte gerade die Wehranlage hinabsteigen, als er innehielt. Was war das? Er drehte den Kopf, um besser hören zu können. Eindeutig, es waren Pferdehufe, die im schnellen Galopp auf dem trockenen Boden aufschlugen. Seine Augen suchten die Gegend ab und erspähten eine Staubwolke, die immer größer zu werden schien, je näher sie kam. Jemand ritt auf der inneren Wehrseite in vollem Galopp in seine Richtung. Das konnte nur eins bedeuten! Sein Herz schlug schneller. Fast war ihm, als nähme es den Rhythmus des Pferdegetrappels an.

Schon kam der Reiter in Sichtweite. Er hatte recht. Es war Lorcc, ihm hatte Dorran die Aufsicht über die Krieger, die die andere Wallhälfte bewachten, aufgetragen. Das hatte ihm der alte Mann am Vorabend mitgeteilt, als er seinen mündlichen Bericht ablieferte, wie er es immer tat, bevor er sich zurückzog.

Hastig kletterte Thorin die stabile Holzleiter hinab, den Spreißel, der sich tief in seine linke Handfläche bohrte, bemerkte er nicht einmal. Mit einem Satz hüpfte er von der dritten Sprosse, die Lederstiefel berührten in dem Moment den Boden, als das Pferd direkt vor ihm gezügelt wurde. Trotz der kühlen Morgentemperaturen dampfte das Tier. Es stieg auf die Hinterbeine, bemüht, sich endlich von seinem Reiter zu trennen, doch Thorin packte geistesgegenwärtig die Zügel und brachte es zur Ruhe.

Der Krieger glitt aus dem Sattel und kam vor ihm zum Stehen. Die grün karierte Hose staubig, die blonden Haare fettig glänzend und die Fingernägel der Hand, die ihm zum Gruß hingestreckt wurde, starrend vor Dreck. Der Häuptlingssohn wusste jedoch, dass trotz seines ungepflegten Äußeren, ein tapferer und fähiger Krieger in dem Mann steckte. Er erwiderte den Handschlag.

»Hab Dank, Thorin. Wollte mich der Gaul doch tatsächlich abwerfen!« Ein abschätziger Blick traf das Tier, das friedlich an einem Grasbüschel knabberte und sich nicht weiter um seinen Reiter kümmerte.

»Was führt dich zu mir, Lorcc?« Thorins Stimme klang ruhig, was ihn freute. Er wollte einen betont gelassenen Eindruck machen und sich nicht die gleiche Blöße wie gestern geben.

»Von Norden nähern sich Reiter. Viele Reiter.«

»Unsere Männer?«

Lorcc wiegte den Kopf hin und her. »Sie sind noch zu weit weg, um das zu sagen. Aber ich hoffe es.« Er fügte leise hinzu, als ob er nicht wollte, dass sie jemand belauschte: »Wenn es nicht unsere Männer sind, dann stecken wir in gewaltigen Schwierigkeiten. Immerhin hat der Häuptling die meisten Krieger mit sich genommen. In dem Fall können wir nur die Tore schließen und hoffen, dass er uns schnell zur Hilfe eilt.«

Thorin blickte auf den um einen Kopf kleineren Krieger hinab und überlegte. Dann erwiderte er mit möglichst viel Selbstvertrauen in der Stimme: »Unsere Wehranlage wird halten, selbst wenn wir sie mit nur wenigen Männern verteidigen müssen. Ich gehe aber davon aus, dass es sich tatsächlich um unsere Leute handelt. Bei einer so großen Truppenbewegung des Feindes hätte sich längst einer unserer Spähtrupps gemeldet, die tagein, tagaus die Ebene abreiten.«

Lorccs Gesicht hellte sich auf. Die Worte des Häuptlingssohns schienen ihn zu beruhigen. Er schickte sich an, wieder aufzusitzen, was das Pferd mit einem unwilligen Schnauben quittierte, als Thorin sagte: »Schließt trotzdem die Tore. Sicher ist sicher. Sobald die Reiter näherkommen, werden wir erkennen, ob es unsere Leute sind.«

Lorcc nickte, dann packte er die Zügel und lenkte das widerwillig schnaubende Tier in die Richtung, aus der er gekommen war.

Thorin wandte sich ebenfalls um und hetzte durch das Tor, das die Ackerflächen vom Siedlungsgebiet trennte, denn dort befand sich auch die Pferdekoppel der Krieger. Er pfiff laut, was einen jungen Burschen, der gelangweilt auf einem Holzzaun saß, aufblicken und flink loshetzen ließ, als er ihn erkannte. Es war seine Aufgabe, sich um die Pferde zu kümmern und sie für die Krieger vorzubereiten. Sorgfältig legte er das lederne Zaumzeug an und drapierte die dick gewebte rote Decke auf dem Rücken des Rappen. Der Häuptlingssohn wartete ungeduldig, bis der Junge ihm endlich sein Reittier brachte. Er griff nach den Zügeln und schwang sich in einer fließenden Bewegung auf den Rücken des Tiers.

»Wann werdet Ihr wieder …«

Thorin hörte die restlichen Worte des Jungen nicht mehr, da sie im Hufgetrappel untergingen. Er musste mit eigenen Augen sehen, was Lorcc ihm berichtet hatte. So lenkte er das Tier in vollem Galopp an der Innenseite der Wallanlage entlang in Richtung des anderen Tors. Zu Pferd war es ein Leichtes die vielen Tausend Schritte zurückzulegen, und so dauerte es nicht lange, bis er das äußere Tor erspähte. Das Pferd stand noch nicht ganz, als er bereits absprang.

»Kümmere dich um das Tier!«, befahl er einem verdutzt dreinblickenden Krieger, der gerade mit einem Wasserkrug in der Hand zum Tor lief. Thorin wusste, dass die Männer versuchten, der Hitze Herr zu werden, indem sie sich in regelmäßigen Abständen eiskaltes Brunnenwasser über die langhaarigen Köpfe gossen. Sie würden warten müssen. Immerhin war es noch nicht sehr heiß.

Mit schnellen Schritten war er bei der Leiter und kletterte flott nach oben, wo ihm Lorcc bereits entgegenblickte.

»Dort, Herr.«

Ein schmutziger Finger wies die Richtung, in der der Häuptlingssohn tatsächlich eine große Staubwolke ausmachen konnte. Er spürte abermals, wie sich sein Herzschlag beschleunigte. Vater! Er musste es einfach sein! Wie sehr er es hasste, hier untätig stehen und auf die Ankunft der Krieger warten zu müssen. Das nächste Mal würde er sich nicht abschütteln lassen wie ein kleines Kind. Er würde dabei sein, wenn sie wieder losritten.

Die Sonne stieg immer höher und mit ihr Thorins Ungeduld. Die Staubwolke war bereits ein gutes Stück näher gekommen, doch der Häuptlingssohn zweifelte nicht daran, dass es noch bis zum Nachmittag dauern würde, bis die Reiter ihr Ziel erreichten. Die Ebene rund um den Donnersberg war riesig, der Blick beinahe endlos, was, wie Thorin wusste, ein gewichtiger Grund für die Ansiedlung seines Stammes hier oben war. Er hatte die Zeit genutzt, um zurückzureiten, seiner Mutter Bescheid zu geben und die Männer zu inspizieren, die den Wall überwachten. Vater sollte stolz auf ihn sein und keinen verlotterten Haufen erblicken, wenn er zurückkehrte.

Nun stand er, den Blick eisern auf die anrückende Kriegerschar gerichtet, auf dem Ringwall. Seine Späher hatten zwischenzeitlich bestätigt, dass es der Häuptling war, der zurückkam. Mutter hatte mit Arletes Hilfe einige Frauen um sich geschart und eine lange Tafel organisiert, um die Rückkehr der Männer zu feiern, so wie es in der Siedlung üblich war. Nur würde diese nicht wie sonst auf dem Dorfplatz stattfinden, sondern am Rande der Lichtung neben dem Tempel, wo große Bäume Schatten spendeten.

Er strich sich eine Strähne aus der verschwitzten Stirn. Jetzt würde es nicht mehr lange dauern, seine Ohren vernahmen bereits den schweren Hufschlag der unzähligen Reittiere. Bald würden die ersten Krieger unten am Berg in den Wald eintauchen, der kurz vor dem Ringwall oben endete.

Flink kletterte er die lange Sprossenleiter hinab und stellte sich breitbeinig in das weit geöffnete Tor. Thorin hörte hinter sich leises Gemurmel. Er wusste, es waren die Frauen, die sich im Spalier aufstellten, um ihre Männer willkommen zu heißen. Auch seine Mutter würde unter ihnen sein, denn sie nahm sich nie ein Sonderrecht heraus. Sie war eine Kriegerfrau wie sie und dafür liebten sie die anderen.

Das Getrappel wurde lauter, hier und da konnte er bereits Rufe aus der herannahenden Kriegerschar ausmachen. Thorin reckte das Kinn in die Höhe und trat einen Schritt nach vorne, als der erste Krieger in Sicht kam. Es war sein Vater!

Stolz saß der Häuptling auf seinem Pferd, den Speer locker in der linken, die Zügel in der rechten Hand haltend. Hinter ihm in einer Reihe sein engstes Gefolge. Bran lächelnd, Phelan und Egan ernst. Die Reiter boten ein wahrlich Ehrfurcht einflößendes Bild, was seine Wirkung nicht verfehlte, wie er an den vielen »Ahs« und »Ohs« hinter sich hörte. Urplötzlich kam er sich klein vor, wie die unzähligen Male in seiner Kindheit, wenn er an Mutters Hand auf die Rückkehr seines Vaters gewartet hatte.

Er atmete tief ein, straffte die Schultern und trat den Männern entgegen, die daraufhin ihre Pferde zügelten und zum Stehen brachten.

»Seid willkommen zurück in der Siedlung! Wir freuen uns, dass Rigani euch wohlbehalten nach Hause geführt hat.«

Die Menge hinter ihm signalisierte ihre Zustimmung zu seinen Worten, indem sie mit den Füßen auf den Boden stampften.

Der Häuptling schwang sich vom Pferd und klopfte ihm mit einer Hand auf die Schulter. »Hab Dank, mein Sohn.« Dann wandte er sich an die Menschen hinter ihm. »Rigani hat uns nicht nur beschützt, sie hat uns auch Jagderfolg beschert.« Das zerfurchte Gesicht verzog sich zu einem Grinsen, die blauen Augen blitzten, als er mit einem schwieligen Finger hinter sich zeigte. Thorin blickte in Richtung Waldrand, wo weitere Krieger auftauchten. In ihrer Mitte bemerkte er ein Wagengespann, konnte jedoch nichts weiter erkennen, da die Ladefläche leer schien.

Sein Vater winkte den Wagenführer heran und hieß ihn, einen kleinen Bogen zu fahren, sodass die Ladung für alle sichtbar wurde. Thorin sog scharf die Luft ein, als er drei fest verschnürte Bündel darauf bemerkte. Seine Hand ging wie von selbst an das Schwert an seiner Seite, als er erkannte, was da vor ihm lag. Sein Vater hatte es tatsächlich geschafft und römische Soldaten gefangen genommen! Das Rot ihrer Unterkleider starrte vor Dreck und dunkleren Flecken, die Thorin als Blut ausmachte. Die Brustpanzer, die unterschiedlich farbige Feldbinden zierten, lagen gemeinsam mit drei verbeulten Helmen auf einem Haufen im hinteren Teil des Wagens. Waffen konnte der Häuptlingssohn keine erkennen.

Der linke Mann starrte ihn feindselig an, das schwarze Haar hing ihm wirr ins Gesicht, eine verschorfte Wunde zog sich vom Auge bis zum Mund. Der mittlere lag auf dem Bauch und regte sich nicht. Die blonden Haare am Schädel waren rot gefärbt, daher vermutete Thorin, dass er nicht mehr am Leben war. Der rechte und kleinste der drei blickte ihm frech entgegen. Lächelte der Kerl etwa? Mit zwei schnellen Schritten überbrückte Thorin die Distanz zwischen sich und dem Wagen und zog im Laufen die Waffe. Es klirrte laut, als Eisen auf Eisen traf.

»Langsam, mein Sohn. Wir wollen unsere Göttin doch nicht um eines ihrer wohlverdienten Opfer bringen!«

Thorin ließ seinen Schwertarm sinken, sein Vater tat es ihm gleich.

Dann trat dieser einen Schritt näher an den Wagen heran. Der Kopf des Legionärs flog zurück, als ihn die Faust des

Häuptlings mitten im Gesicht traf. Thorin hörte das Knacken des Knochens, als dessen Nase brach und Blut in einem Schwall hervorschoss.

»Dem wird das Grinsen schon noch vergehen!«

Drystan lachte laut. Ein rhythmisches Geklapper ertönte, als die Krieger mit ihren Schwertknäufen gegen die Schilde klopften und Zustimmung signalisierten.

Der Häuptling packte Thorin am Arm und zog ihn mit sich in Richtung Siedlung. »Lass mich Mutter begrüßen, dann können wir reden.«

Thorin beobachtete, wie seine zarte Mutter in der Umarmung des Vaters beinahe verschwand, der trotz seines Alters von über vierzig Lenzen immer noch über eine hünenhafte Gestalt verfügte.

Der Wein war wie immer in Strömen geflossen, die Holztische hatten sich unter der Last der bereitgestellten Speisen gebogen, doch bereits am frühen Abend war Ruhe über der Siedlung eingekehrt. Die Hitze machte allen zu schaffen, gleich ob Krieger, Bauer oder Frau. Sie alle zogen sich nach dem langen Tag früh in ihre Katen zurück. Die einen, um nach den Tagen des Kriegszuges die stille Zweisamkeit zu genießen. Die anderen, in dem vergeblichen Versuch, der flirrenden Hitze zu entkommen.

Die Häuptlingsfamilie hatte sich um den Tisch in der Kate versammelt, sogar Edana durfte bis zum Einbruch der Nacht bleiben, sehr zu ihrer Freude, wie das strahlende Gesicht verriet. Sie saß zur Linken ihres Vaters, ihre Mutter saß zu seiner Rechten, Thorin gegenüber. Die Miene der Eltern wirkten entspannt. Mutter schien überglücklich, ihren Mann wieder an ihrer Seite zu wissen. Er ahnte, dass sie hoffte, dass dies das letzte Mal war, dass ihr Gatte wegen Halvor auf Kriegszug gegangen war. Ihre schmalen Hände hielten die große ihres Mannes fest umklammert, als wolle sie ihn nicht mehr gehen lassen. Auch sein Vater wirkte gelöst. So hatte Thorin ihn lange nicht gesehen. Die blauen Augen blitzten, der Mund war zu einem Grinsen verzogen, selbst die Furchen in seinem Gesicht schienen weniger tief.

»Das war eine Sache, sage ich euch! Mehr als ein Dutzend dieses Packs lagerte in der Nähe eines kleinen Flusses, als unsere Späher sie entdeckten. Wir schlugen beim höchsten Stand des Mondes zu. Ich werde ihre Gesichter nie vergessen, als sie uns erblickten. Ihre Wachen lagen zu dem Zeitpunkt bereits in ihrem eigenen Blut.«

Thorin hing an den Lippen seines Vaters. Er konnte den Schrecken in den Mienen der Römer direkt vor sich sehen, als sie die weiß gekalkten Gesichter und Oberkörper der Krieger erblickten, die mit Schwertern und Äxten über sie herfielen.

»Hör bitte mit diesen grausamen Geschichten auf, Vater«, erklang plötzlich Edanas entsetzte Stimme. Sehr zu Thorins Missfallen, lachte Drystan laut auf, folgte dann aber dem Wunsch seiner Tochter.

»Wer sind die Männer, die du mitgebracht hast?«, fragte seine Schwester weiter.

»Anführer, mein Kind, Offiziere. Die drei hatten ein eigenes Zelt, etwas abseits der anderen, mit einer Wache davor.«

»Warum hast du sie mitgebracht, Vater?« Edanas Stimme zitterte leicht, als könne sie sich die Antwort denken.

»Es sind nie die einfachen Soldaten, mein Kind, die die Befehle erteilen.« Dann wurde seine Stimme leise, der Ton rau. »Es kann einer von ihnen gewesen sein, der den Befehl zu Halvors Tod gegeben hat. Und dafür werden sie leiden ...«

Edanas entsetzter Aufschrei unterbrach den Häuptling in seiner Rede.

»Es ist genug, Drystan. Du weißt doch, dass Edana sehr feinfühlig ist.« Dann wandte sich Rowan an ihre Tochter: »Es wird dunkel, mein Kind. Zeit für dich, in den Tempel zu gehen. Soll ich dich begleiten?«

Das Mädchen nickte dankbar, verabschiedete sich artig von ihrem Vater und ihrem Bruder und verließ gemeinsam mit ihrer Mutter die Kate.

Thorin spürte den eisernen Blick des Häuptlings auf sich. »Was ist in der Siedlung geschehen, als ich weg war?«

»Nichts, was ich nicht regeln konnte, Vater. Das Einzige, was mir Sorgen macht, ist die anhaltende Dürre. Die Felder brauchen Wasser und zwar bald, ansonsten verlieren die Bauern die Ernte.«

Der Häuptling nickte ernst. Da fuhr Thorin mit einem verschmitzten Grinsen fort: »Ich hatte ja schon den Gedanken, ob vielleicht ein Opfer unsere Göttin dazu bewegen könnte, uns Regen zu schenken.«

Ein Lächeln breitete sich im Gesicht seines Vaters aus. »Drei Opfer werden die Muttergöttin sicher milde stimmen.« Dann sagte er ernst: »Und den Tod deines Bruders rächen!«

Die beiden blickten sich an, hoben die Trinkhörner und tranken auf ihren Plan.

4. Freud und Leid

Römisches Weingut in der Nähe von Borbetomagus, 73 v. Chr.

Livia klammerte sich mit beiden Händen fest, so uneben war der Weg, über den der Karren holperte. Seit gut zwei Stunden waren sie und ihr Vater unterwegs, begleitet von zwei riesigen Essenspaketen von Mara und vielen guten Wünschen ihrer Mutter, die aufgrund ihrer Verpflichtungen nun doch nicht mitkommen hatte können. Tief sog die junge Frau die frische Morgenluft ein. Sie waren gleich bei Sonnenaufgang aufgebrochen, um noch heute das Oppidum auf dem Donnersberg zu erreichen. Der Tag versprach wieder heiß zu werden. Kein Wölkchen war am strahlend blauen Himmel zu sehen.

»Au!« Der Wagen war durch ein besonders tiefes Schlagloch gefahren und Livia hatte sich heftig die Hüfte gestoßen. Mit verdrießlichem Blick rieb sie sich die schmerzende Stelle.

»Geht es wieder?« Besorgt musterte Caius seine Tochter, die tapfer nickte. »Ich wünschte, man würde die Straßen hier endlich vernünftig pflastern!«, seufzte er. »Dann bliebe uns dieses schreckliche Gerüttel erspart.« Er warf einen prüfenden Blick über die Schulter, um sicherzugehen, dass die Amphoren, die er auf Stroh gebettet, fest verschnürt auf der Ladefläche transportierte, noch sicher an Ort und Stelle lagerten. Sein Wein verkaufte sich sehr gut auf dem Oppidum, obwohl er nicht gerade billig war. Regelmäßig schickte er

Lieferungen zur keltischen Siedlung und ein beträchtlicher Teil seines Vermögens war diesem Handel zu verdanken.

»Freust du dich über unseren Ausflug?«

Livia strahlte. »Und wie! Schon seit Wochen freue ich mich unbändig darauf, Thorin und meine Freunde wiederzusehen!«

Caius schmunzelte. »Du hast deinen Teil des Versprechens gehalten, Livia. Mara war sehr verwundert über deinen plötzlichen Eifer.«

Livia nickte. »Das ist wohl wahr! Hoffentlich erwartet sie nicht, dass ich bei meiner Rückkehr tagein, tagaus den Haushalt mit ihr überwache!« Besorgt runzelte sie die Stirn.

»Weißt du, Livi, es wird langsam Zeit für dich, erwachsen zu werden«, erwiderte ihr Vater ernst.

»Ja, ja«, fiel sie ihm ins Wort, »ich weiß schon! Mutter hat mich bereits ins Gebet genommen!« Sie verdrehte die Augen.

»Ist das so?«, erkundigte sich Caius neugierig. »Was hat sie denn gesagt?«

»Na, dass ich jetzt groß bin und mich wie eine erwachsene Dame zu benehmen habe. Kein Herumrennen mehr im Haus oder auf dem Weinberg, angemessene Kleidung, Zurückhaltung bei Tisch ... Sie hat auch nicht verstanden, warum ich meine Sklavin nicht mitnehmen wollte. Das gehöre sich nicht für eine Dame.« Ihre Augen verdüsterten sich. »Außerdem soll ich bald heiraten und meinem eigenen Haushalt vorstehen.« Trotzig verschränkte sie die Arme vor der Brust.

Caius versetzte es einen Stich, als er daran dachte, dass Livia sein Haus dann verlassen würde.

»Mutter meint es nur gut mit dir, Liebes«, sagte er sanft. »Wir wollen beide nur dein Bestes, das weißt du doch.« Er fuhr ihr mit dem Handrücken über die Wange und lächelte ihr zu.

»Ja, ich weiß«, sagte sie versöhnlich. Eine Weile starrte sie still vor sich hin, während der Wagen weiterratterte.

»Vater«, fragte sie auf einmal leise, »meinst du, ich kann das mit dem Erwachsensein auf nach der Reise verschieben?« Flehend sah sie Caius mit ihren großen braunen Augen an.

»Wie meinst du das?«

»Na, du weißt schon, das mit dem langsam gehen und gesittet verhalten ...«

Caius lachte laut auf. »Mein Kind, was hast du nur wieder vor?«

»Mit Tunika und Toga streift es sich nicht so gut durch den Wald«, erklärte Livia ernsthaft, »und Verstecken spielen ist damit natürlich unmöglich!«

»Dann werden wir das mit dem Erwachsenwerden wohl noch eine Weile verschieben müssen, meine Kleine«, erwiderte er schmunzelnd.

Jauchzend fiel sie ihm in die Arme, sodass Caius alle Mühe hatte, die Zügel festzuhalten, mit denen er den Wagen lenkte.

»Dominus!«, ertönte plötzlich ein Ruf von hinten.

Caius zog die Zügel an und hielt an. Er drehte sich zur Begleitmannschaft um, die ihn auf dem langen Weg zum Donnersberg begleitete. Zu viel Gesindel trieb sich in der Gegend herum.

»Was gibt es, Sextus?«

Der Söldner hatte inzwischen zum Kutschbock aufgeschlossen. Unruhig tänzelte sein gewaltiges Ross auf der Stelle.

»Ein Seil hat sich gelöst, Dominus. Wir müssen die Ladung neu sichern.«

Caius seufzte und schwang sich vom Kutschbock, um den Schaden zu begutachten. Tatsächlich hatte sich eines der Seile vermutlich durch die vielen Schlaglöcher gelöst, aber zum Glück waren die Amphoren mit dem kostbaren Wein nicht beschädigt worden. Caius kletterte behände auf die Ladefläche und beorderte einen Mann ihm zu helfen. Nach kurzer Zeit saß das Seil wieder fest.

»Es kann weitergehen«, rief er, nachdem er vorne Platz genommen hatte. Der Wagen zuckelte los und nahm langsam Fahrt auf.

Livia genoss die lange Ausfahrt neben ihrem Vater. Sie liebte die Gespräche mit ihm. Dabei hatte sie immer das Gefühl, ihm alles anvertrauen zu können, und wusste, dass er sie ernst nahm. Im Gegenzug sprach er mit ihr offen über sein Geschäft und hielt nicht damit hinter dem Berg, dass er sich manchmal fragte, ob es moralisch vertretbar sei, mit Kelten Handel zu treiben. In solchen Momenten fühlte Livia sich furchtbar erwachsen, auch wenn sie keine Ahnung hatte, was sie ihrem Vater raten sollte. Meist beschränkte sie sich dann aufs Zuhören. Sie liebte es außerdem, durch die Gegend zu fahren und sich umzusehen. Gegen die langen Stunden im staubigen Studierzimmer war das die reinste Freude, auch wenn ihr Hinterteil auf der harten Holzbank allmählich zu schmerzen begann.

Die Sonne gewann immer mehr an Kraft, je höher sie stieg, und Livia genoss die wärmenden Strahlen auf ihrer Haut. Nicht mehr lange und es würde wieder unerträglich heiß werden, aber noch war es nicht so weit. Ihr Weg führte an saftig grünen Wiesen vorbei und hin und wieder passierten sie eine Villa Rustica, die verstreut in dem fruchtbaren Gebiet lagen. Sklaven bearbeiteten die Felder emsig mit Hacken und hatten Strohhüte umgebunden, um sich vor der sengenden Sonne schützen zu können.

Nur wenige Bäume säumten den Weg und spendeten ab und an etwas Schatten, aber Livia wusste, dass sie bald in einen großen Wald eintauchen würden, der vor der heißen Sonne Schutz bot.

Abrupt hielt ihr Vater an und Livia wurde jäh aus ihren Tagträumen gerissen. Ein einzelner Reiter näherte sich. Sie kniff die Augen zusammen, um besser sehen zu können, und erkannte, dass es ein römischer Soldat war. Neugierig betrachtete sie ihn. Der Mann trug eine rote Tunika mit kurzen Ärmeln und ein Kettenhemd darüber. Seinen Helm zierte ein gewaltiger Federbusch und die nackten Beine steckten in Ledersandalen, die bis über die Waden geschnürt waren. An der Hüfte baumelte ein Gladius in einer ledernen Scheide, den dazugehörigen Schild hatte er an der Seite des Pferdes festgebunden. Der Mann zügelte sein Ross und hob die Hand.

»Salvete!«

»Salve«, erwiderte Caius den Gruß freundlich.

»Ich bitte Euch, mit dem Wagen etwas zur Seite zu fahren«, sagte der Soldat. »Hier kommt gleich eine Einheit durch.« Er wies mit der Hand hinter sich, wo man zwar noch keine Einzelheiten, aber eine Staubwolke sehen konnte.

Caius nickte. »Ich fahre gleich dort vorne rechts ran, da ist mehr Platz.«

Der Soldat bedankte sich und ritt weiter.

Caius lenkte den Wagen wie versprochen nach rechts und winkte seiner Wachmannschaft zu, sich hinter ihm einzureihen und abzusitzen. Livia sah, dass die Staubwolke immer näher kam. Gespannt blickte sie nach vorne, um nur ja nichts zu verpassen.

»Möchtest du etwas trinken oder einen Bissen essen, wenn wir schon Pause machen müssen?«, fragte Caius, der eines der fest verschnürten Pakete von Mara nach vorne geholt hatte. Er lachte auf, als er die Unmengen an Lebensmitteln sah, die die gute Seele für sie eingepackt hatte. Ein Stapel mit duftenden Fladenbroten, ein Töpfchen mit eingelegten Oliven, ein großer Kanten Käse und jede Menge Lucanicae fanden sich in dem Paket. Caius liebte die geräucherten Würste, die er damals bei der Alpenüberquerung kennengelernt hatte. Die römischen Legionäre, mit denen er gereist war, hatten die Würste gegen Wein und Oliven getauscht.

Livia streckte dankbar die Hand nach dem Trinkschlauch aus und nahm einen großen Schluck des mit Wasser verdünnten Weins. Jetzt, wo sie an Ort und Stelle standen und kein Fahrtwind sie kühlte, brannte die Sonne unbarmherzig auf sie hernieder. Sie zog sich ein Tuch weit über den Kopf, um sich zu schützen. Dann schnappte sie sich ein weiches Fladenbrot und biss genüsslich hinein. Mit dem würzigen Käse und den Oliven ergab das eine gute Mahlzeit. Nur die Lucanicae mochte sie nicht und lehnte daher dankend ab, als ihr Vater ihr eine der langen, dünnen Würste anbot. Mara mischte immer eine großzügige Portion teuren Pfeffer in die Wurstmasse, was Caius ausgesprochen gern mochte, Livia aber zu scharf war.

Inzwischen waren die Soldaten gut zu erkennen, die in ordentlichen Zweierreihen marschierten. Der Standartenträger lief vorneweg, stolz das Zeichen seiner Einheit vor sich hertragend. Livia bestaunte das goldglänzende Abzeichen mit den roten Wimpeln. Die Soldaten hatten den Wagen inzwischen erreicht und marschierten in Reih und Glied an ihnen vorbei. Aurelia fiel der eine oder andere abschätzende Blick der Legionäre auf, weshalb sie sich ihr Tuch tiefer ins Gesicht zog. Sie fand es ungehörig, dass die fremden Männer sie so aufmerksam betrachteten, und fühlte sich unter ihren Blicken zunehmend unwohl.

Weit über hundert Mann marschierten im Gleichschritt an ihnen vorbei. Staub wirbelte unter ihren mit Nägeln beschlagenen Sandalen auf. Die Sonne reflektierte von den roten Schilden und den polierten Kurzschwertern. Auf einmal verspürte sie Mitleid mit den schwer gepanzerten Legionären, die unter ihren Helmen und der Kettenrüstung mit Sicherheit fürchterlich schwitzten. Wahrscheinlich hatten die Männer sie deswegen so seltsam angesehen, weil sie sie um den großen Weinschlauch beneideten, den sie auf dem Schoß hielt.

Plötzlich ertönten laute Schreie und Gejammer. Entsetzt sah Livia, dass hinter dem Soldatenzug eine lange Reihe Gefangener lief, die von dafür abgestellten Soldaten erbarmungslos mit Stöcken angetrieben wurden. Die Männer und Frauen waren mit dicken Seilen aneinandergebunden und boten einen erbarmungswürdigen Anblick. Ein halbwüchsiger Junge stolperte neben einer Frau, vermutlich seiner Mutter, her. Sie umklammerte fest seinen Arm, damit er nicht den Anschluss verlor. Auf einmal strauchelte er und fiel hin. Verzweifelt zerrte die Frau an seinem Arm, um ihn schnellstmöglich zum Aufstehen zu bewegen.

Ein römischer Soldat hieb ihr mit einem langen Stecken brutal auf den Rücken und schrie: »Weitergehen! Wird's bald, verlaustes Dreckspack!« Schützend hob die Frau ihre Arme über den Kopf, konnte aber nicht verhindern, einen schmerzhaften Schlag an die Schläfe abzubekommen. Ihre Haut platzte auf und ein Schwall Blut ergoss sich über ihr Gesicht. Der Junge, der sich aufgerappelt hatte, heulte laut los und klammerte sich an den Arm seiner Mutter.

Livia schlug erschrocken die Hände vor den Mund. Wieso taten die Soldaten so etwas? Ihr Vater sprang auf.

»Sofort aufhören!«, rief er wütend.

Der Legionär mit dem Stock fuhr herum. »Haltet Euch gefälligst heraus!«, schrie er mit wutverzerrtem Gesicht. Livia zitterte vor Angst, als ihr Vater vom Kutschbock sprang und auf den Soldaten zuging.

»Was fällt Euch ein, so mit dieser Frau umzugehen?«, hörte sie ihn fragen.

»Das geht Euch gar nichts an«, brüllte der Mann. »Dieses Dreckspack hat es nicht anders verdient!«

Livia sah sich die Gefangenen genauer an. Die Männer trugen wie die Frauen das Haar lang. Sie hatten zumeist Leinenhosen und karierte Hemden an, während die Frauen lange Kleider trugen, die an der Hüfte mit Ledergurten geschnürt waren.

Kelten! Ihr lief es eiskalt den Rücken hinunter. Die Männer und Frauen waren übel zugerichtet. Was, wenn einer ihrer Freunde dabei war?

Livia kletterte so schnell sie konnte vom Kutschbock hinunter und lief auf die Gruppe zu. Sie hörte ihren Vater mit dem Soldaten streiten, doch sie schenkte ihnen keine Aufmerksamkeit. Fieberhaft lief sie die Reihe entlang und betrachtete forschend die schmutzigen, hoffnungslosen Gesichter. Erleichterung durchströmte sie, als sie niemanden erkannte. Doch sofort wich das Gefühl einer großen Beschämung. Waren das nicht auch Menschen, wie Thorin und seine Familie? Was hatten sie verbrochen, dass man sie so würdelos behandelte?

Livia lief zurück und blieb bei der Frau stehen, der das Blut immer noch über das Gesicht rann. Sie holte ihr Stofftaschentuch hervor und reichte es ihr. »Ihr müsst fest draufdrücken, damit es aufhört zu bluten.«

Verwirrt starrte die Keltin sie an, nahm dann aber das Tuch entgegen und tat, wie Livia ihr geheißen hatte. Erst jetzt fiel ihr auf, dass sie instinktiv Keltisch gesprochen hatte.

»Woher sprichst eine wie du unsere Sprache?«, fuhr sie ein Hüne von einem Mann an und packte sie grob am Arm. Er klang etwas anders als die Siedler auf dem Donnersberg, trotzdem konnte sie das Gesagte verstehen.

Bevor Livia antworten konnte, fuhr der Stock auf den Mann nieder und er ließ sie schmerzerfüllt los.

»Was fällt dir ein, die Dame zu belästigen?«, brüllte der Soldat, der eben noch mit Caius gestritten hatte.

Caius trat neben Livia und legte schützend den Arm um sie.

»Was geht hier vor, Vater?«, fragte sie verzweifelt.

»Das sind keltische Gefangene. Ihr Stamm hat sich gegen die Besatzung gewehrt«, erklärte Caius leise.

»Und was geschieht jetzt mit ihnen?« Tränen rannen über Livias Wangen.

»Sie werden versklavt, meine Kleine.« Caius strich ihr tröstend über den Kopf.

»Aber das können sie doch nicht machen!«, rief Livia entsetzt. »Da sind sogar Kinder dabei!« Sie deutete auf den Jungen, der seiner Mutter half, das Blut vom Gesicht zu wischen.

»Ich weiß«, erwiderte Caius ernst. »Doch so läuft das nun einmal, Livia. Die Stämme, die sich nicht unterwerfen, werden besiegt und versklavt.«

Er nahm sie am Arm, um sie behutsam von den Gefangenen wegzuführen.

»Bitte, junge Herrin«, rief auf einmal eine leise Stimme. Sie fuhr herum und sah, dass die verletzte Frau sie heranwinkte. Sie schüttelte die Hand ihres Vaters ab und lief zurück.

»Mein Sohn hat großen Hunger«, sagte die Gefangene flehend. »Ich fürchte, dass er nicht mehr lange durchhalten wird, wenn er nicht bald etwas zu essen bekommt.«

Ein berittener Soldat kam heran.

»Was ist hier los? Warum geht es nicht weiter?«, fragte er streng.

»Die Leute hier halten uns auf«, sagte der Mann mit dem Stock und deutete auf Caius und Livia.

»So eine Unverschämtheit!«, schimpfte Caius und trat auf den Offizier zu. »Euer Soldat hat die Frau so sehr geschlagen, dass ihre Wunde versorgt werden musste. Meine Tochter hat sich liebenswürdigerweise bereit erklärt, sie zu versorgen, damit sie weitergehen kann.« Er funkelte den Offizier wütend an. »Ein wenig mehr Umgangsformen kann man von Vertretern des glorreichen römischen Reiches schon verlangen, meint Ihr nicht?«

Der Mann sah Caius abwägend an, dann nickte er kurz.

»Lasst sie die Gefangene versorgen und dann schnell weiter«, befahl er. »Ich will noch vor Anbruch der Dunkelheit im Kastell sein!« Er nickte Caius zu und preschte wieder nach vorne.

Livia eilte zum Wagen. Heimlich riss sie ein Stück ihrer Tunika ab und wickelte schnell zwei Würste hinein. Zum Glück ließen sich die weichen Würste aufrollen, sodass das Päckchen nicht sehr groß war. Sie nahm den Weinschlauch und die Stoffrolle und lief unter den Argusaugen ihres Bewachers zurück zu den Gefangenen.

»Was habt Ihr da?«, knurrte er unfreundlich.

»Nur neue Stoffbinden und etwas Wasser, um die Wunde zu säubern«, sagte Livia mit pochendem Herzen. Hoffentlich würde der Mann nicht nachsehen!

Der Soldat nickte kurz und wandte sich gelangweilt ab. Livia ging zu der Frau und rollte den Stoff auf. Blitzschnell griff diese nach den Würsten und verstaute sie in den Falten ihres Kleides. Anschließend tränkte Livia die Stoffbinde mit dem Weingemisch und drückte sie der Gefangenen in die Hand.

»Drückt das auf die Wunde«, flüsterte sie. »Dann entzündet sie sich nicht.«

Die Frau ergriff Livias Hand. »Ich danke Euch«, wisperte sie.

Livia sah, dass der hünenhafte Kelte sie argwöhnisch beobachtete. »Möge Juno schützend ihre Hand über Euch und Euren Sohn halten«, flüsterte sie zurück. Sicherlich musste die Göttin doch ihr Gebet erhören!

»Los jetzt«, unterbrach sie der Soldat. »Wir müssen endlich weiter.«

Die Frau ließ Livias Hand los und ergriff fest die ihres Sohnes. Tapfer sah sie nach vorne und blickte sich nicht mehr um, als sie weitermarschierten.

Caius stand neben Livia und sah der davonziehenden Truppe hinterher.

»Es tut mir leid, dass du das mit ansehen musstest, meine Kleine«, sagte er seufzend.

»Warum denn?«, fragte sie zwischen zusammengebissenen Zähnen. »Das ist doch etwas ganz Normales, nicht wahr? Wir setzen all jene gefangen, die sich gegen uns auflehnen!«

Mit diesen Worten drehte sie sich um und ging zum Wagen zurück. Caius folgte ihr schweigend. Eine Weile sprach keiner von ihnen, während sie weiterfuhren. Livia brütete stumm vor sich hin. Die Welt sah unversehens gar nicht mehr so heiter aus.

»Du musst das verstehen, Livia«, sagte Caius plötzlich. »Es gibt Herren und Untergebene. So ist unsere Gesellschaft nun mal aufgebaut!«

»Ach ja? Wir müssen also Frauen und Kinder gefangen nehmen und schlagen, damit unsere Gesellschaft funktioniert?«, fuhr sie ihren Vater erbost an.

Er seufzte. »Denk doch mal nach! Was wären wir ohne unsere Sklaven? Denk an Lucilla, die sich seit deiner Geburt um dich kümmert! Ist sie denn keine Sklavin? Was glaubst du, wo wir die Sklaven her haben?«

Livia war nicht gewillt, nachzugeben, trotzdem stimmten sie die Worte ihres Vaters traurig. Darüber hatte sie nie nachgedacht. Kein einziges Mal hatte sie Lucilla gefragt, woher sie eigentlich kam. Beschämt ließ sie den Kopf hängen.

»Du kannst die Welt nicht ändern«, fuhr Caius fort. »Du kannst aber sehr wohl Einfluss auf sie nehmen.« Er sah seine Tochter ernst an. »Unsere Sklaven werden von uns anständig behandelt. Einige sind beinahe wie Familienmitglieder! Tito war ein Sklave, bevor ich ihm die Freiheit geschenkt habe. Er ist wie ein Bruder für mich! Hat er uns verlassen, nachdem er frei war? Nein! Er fühlt sich ebenfalls als Teil der Familie.«

»Diese Gefangenen hätten Thorin, Edana und die anderen sein können«, wandte Livia leise ein.

Caius nickte. »Das ist richtig. Rowan war einst selbst als Sklavin bei uns auf dem Gut, wie du aus Erzählungen weißt. Inzwischen lebt sie als freie Frau des Häuptlings auf dem Donnersberg.«

»Aber wieso ist es denn so wichtig, dass die Stämme unsere Kultur annehmen?«

»Weil unsere Kultur der ihren überlegen ist«, sagte Caius nach kurzem Nachdenken. »Wenn wir sie nicht unterwerfen, werden sie uns immer wieder überfallen und versuchen, uns von hier zu vertreiben. Dein Großvater kam bei einem dieser Überfälle ums Leben, vergiss das nicht!«

Livia nickte traurig. Wie gern hätte sie ihren Großvater Quintus kennengelernt, von dem ihr ihre Mutter schon so viel erzählt hatte! Leider war er lange vor ihrer Geburt bei einem Angriff ums Leben gekommen.

»Sie greifen uns an, um uns zu vertreiben und auszurauben. Wir aber haben uns auf ihrem Land niedergelassen und versklaven sie. Das ist doch völliger Irrsinn ...«, sagte Livia leise.

Sie blickte auf die vorbeiziehenden Felder und versank erneut in Schweigen. Nach einiger Zeit erreichten sie ein lang gezogenes Waldstück. Aufatmend ließ sie ihr Tuch sinken, das sie sich zum Schutz gegen die sengende Sonne über den Kopf gezogen hatte. Caius zog an den Zügeln und der Wagen kam quietschend zum Stehen.

»Die Pferde müssen dringend getränkt werden«, rief er der Begleitmannschaft zu.

Er spannte die schwitzenden Tiere ab und führte sie zu dem nahe gelegenen Fluss, den eine schmale Brücke überspannte. Livia entschied sich, ebenfalls zum Wasser zu spazieren, um sich zu erfrischen. Zunächst allerdings verspürte sie ein dringendes Bedürfnis und erleichterte sich hinter einer dichten Hecke. Danach lief sie leichtfüßig durch den

Wald zu dem Gewässer und genoss die Bewegung nach dem langen Sitzen. Das gluckernde Wasser glitzerte verführerisch in der Sonne.

Sorgfältig sah Livia sich um und als sie niemanden entdeckte, schlüpfte sie geschwind aus ihren Sandalen, schürzte ihre Tunika und stieg vorsichtig in den Fluss. Das eiskalte Wasser, das ihre Beine umströmte, ließ sie zusammenfahren. Gänsehaut bildete sich auf ihrer Haut. Das war viel kälter, als sie gedacht hatte. Nach kurzer Zeit gewöhnte sie sich jedoch daran und tappte vorsichtig voran. Ihre nackten Füße versanken im matschigen Untergrund und verursachten beim Herausziehen ein schmatzendes Geräusch. Genießerisch steckte Livia beide Hände ins Wasser und benetzte auch ihre Oberarme und den Nacken mit der herrlichen Erfrischung.

»An diesen Anblick könnte ich mich gewöhnen«, sagte eine spöttisch klingende Stimme hinter ihr.

Erschrocken fuhr sie herum. Ein großgewachsener Mann stand mit frechem Grinsen und verschränkten Armen an einen Baum gelehnt und zwinkerte ihr zu.

»Thorin!«, rief Livia überrascht. Sie freute sich wahnsinnig, ihren Freund zu sehen, und lief auf ihn zu. Leider vergaß sie dabei, die nötige Vorsicht walten zu lassen, und glitt auf einem rutschigen Flusskiesel aus. Wild mit den Armen rudernd, versuchte sie verzweifelt, das Gleichgewicht zu halten. Zu spät! Im nächsten Augenblick würde sie im Wasser versinken. Livia schloss die Augen und wappnete sich für den Aufprall, als sie plötzlich zwei starke Arme umfassten und hochhoben.

»Das ist ja mal eine stürmische Begrüßung!«, sagte Thorin lachend, während er sie fest an sich presste.

Livia atmete heftig. Eben noch war sie im Fluss gestanden, im nächsten Moment fand sie sich in den Armen des großen Kelten wieder. Ihr Herz hämmerte wie wild, als sie in Thorins grinsendes Gesicht blickte, das dem ihren viel zu nahe war. Jäh wurde ihr die Unschicklichkeit der Situation bewusst und sie trommelte mit ihren kleinen Fäusten auf seine breite Brust.

»Wirst du mich wohl loslassen, du Wüstling! Wenn uns jemand sieht ...« Gehetzt sah sie sich um.

»Entspann dich, Livi«, erwiderte er schmunzelnd und strich ihr eine Haarsträhne aus dem Gesicht. »Es ist niemand in der Nähe. Ehrlich, wie man nur so leichtsinnig sein kann ...« Kopfschüttelnd betrachtete er die Römerin, die ihm nur bis zu den Schultern reichte. »In den Wäldern treibt sich allerlei Gesindel herum! Da muss man vorsichtig sein und kann nicht einfach so allein in den Wald gehen. Vom strömenden Wasser des Flusses, das einen jederzeit mitreißen kann, ganz zu schweigen ...« Endlich ließ er sie los und stellte sie sicher auf den weichen Waldboden.

»Das mit dem Gesindel ist mir nun auch bewusst«, sagte Livia mit strengem Unterton. Thorin hatte sie zu Tode erschreckt. Aber wenn sie ihn so ansah, konnte sie ihm unmöglich böse sein. Er trug seine langen roten Haare mit einem Lederband lässig nach hinten gebunden. Die Lederhose war triefnass, da er ihretwegen in den Fluss gesprungen war, und klebte an seinen muskulösen Beinen. Die Schnüre, die sein kariertes Leinenhemd oben zubinden sollten, waren geöffnet und ließen den Ausschnitt des Hemdes aufklaffen.

Livia schluckte. Schlagartig hatte sie einen trockenen Hals. Noch immer war ihr, als spürte sie seine festen Arme um sich, und sie bedauerte fast, dass sie ihn gebeten hatte, sie loszulassen.

Verwirrt wandte sie sich ab. Was war nur mit ihr los? Das war Thorin, ihr alter Spielkamerad und bester Freund.

»Freust du dich nicht, mich zu sehen?«, fragte er mit sanfter Stimme und griff nach ihrer Hand.

Livia wandte sich ihm zu und ergriff ebenfalls seine Hand. »Natürlich freue ich mich! Seit Wochen denke ich an nichts anderes! Wo kommst du nur so plötzlich her?«

Thorin grinste und drückte ihre Hand leicht. »Ich wollte dich überraschen, deshalb bin ich euch entgegengeritten.«

Jäh wurde Livia eiskalt. Sie dachte an die römischen Soldaten, die an ihnen vorbeimarschiert waren, und an ihre Gefangenen.

»Wenn die Wachen dich gesehen hätten ...!«

Thorin schnaubte verächtlich.

»Pah, diese Leute nennst du Wachen?« Er lachte leise. »Ich folge euch schon seit einiger Zeit, aber die würden es erst bemerken, wenn ich direkt neben ihnen stünde! Keltischen Kriegern würde so etwas niemals passieren!« Stolz warf er den Kopf zurück.

»Ja, ja«, sagte Livia lächelnd, »ich weiß! Ihr seid ja so tapfer und die dämlichen Römer können euch nichts vormachen!«

»Du hast es erfasst, meine Schöne!«

Livia errötete. Hatte er sie gerade schön genannt?

»Wie geht es euch auf dem Donnersberg? Gibt es Neues von deiner Mutter?«, fragte sie rasch, um ihn abzulenken.

Thorins Stirn umwölkte sich.

»Leider gibt es keine guten Neuigkeiten«, sagte er seufzend. »Vater hat erfahren, dass Halvor nicht mehr am Leben ist.«

Livia stieß einen kleinen Schrei aus und nahm ihn in die Arme. »Oh nein! Das tut mir entsetzlich leid!«

Thorin schien sich in ihrer Umarmung wohlzufühlen. Er zog sie noch fester an sich.

Der herbe Geruch, der von ihm ausging, war Livia seit ihrer Kindheit vertraut. Er roch nach Pferden, nach der Natur, in der er sich so gerne aufhielt, eben nach Thorin. Kurz erlaubte sie sich, die Augen zu schließen und den Moment zu genießen. Warum hatten sie das nicht schon früher getan? Siedend heiß fielen Livia die mahnenden Worte ihrer Mutter ein, sie solle sich wie eine junge Dame benehmen. So benahmen sich Damen mit Sicherheit nicht! Bedauernd schob sie ihn von sich weg.

»Ist deine Mutter sehr traurig?«

Er nickte. »Ja, sie hat viel geweint, aber ich glaube, die Gewissheit hilft ihr auch irgendwie, das Ganze endlich zu verarbeiten.«

Plötzlich ertönten Rufe in der Nähe.

»Livia?!«

Die Gesuchte fuhr zusammen.

»Was machen wir jetzt mit dir? Ich will nicht, dass die Wachen uns zusammen sehen und vom Schlimmsten ausgehen!«

Thorin grinste. »Was wäre denn das Schlimmste, Livi?«

»Na, dass du Barbar mich entführen willst«, erwiderte sie schmunzelnd und versetzte ihm einen leichten Klaps auf den Oberarm.

Thorin lachte. »So ganz abgeneigt schienst du gerade nicht, als wir uns umarmt haben …« Er legte den Kopf schief und sah ihr in die Augen.

Ein warmes Gefühl stieg in ihr empor. Gebannt sah sie in Thorins Augen, die denen seines Vaters so sehr ähnelten.

»Livia!«

Die Rufe kamen näher.

»Ich komme!«, rief sie laut und rückte ein Stückchen von ihm ab.

»Sobald die Wachen weg sind, treffe ich euch am Ende des Waldes«, raunte Thorin ihr zu. Blitzschnell beugte er sich nach vorne und küsste sie auf die Wange. Dann wandte er sich ab, um gleich darauf zwischen den Bäumen zu verschwinden.

Sie stand wie angewurzelt da, die Hand auf die brennende Wange gepresst.

»Livia!«

Die Stimme ihres Vaters hatte einen zornigen Unterton angenommen.

»Ich komme ja schon!«, rief sie. Sie schnappte sich ihre Sandalen und streifte sie eilig über. Dann lief sie zu dem Fuhrwerk zurück. Ihr Vater saß bereits auf dem Kutschbock und blickte sie strafend an.

»Ich habe mir Sorgen um dich gemacht«, sagte er mit erhobener Augenbraue.

»Das musst du nicht, Vater«, entgegnete Livia, während sie auf den Kutschbock kletterte. Vom Laufen war sie noch ganz außer Puste und ihr Herz hämmerte wie verrückt. Sie atmete ein paar Mal tief durch. »Ich bin doch schon groß und kann gut selbst auf mich aufpassen.«

Sie entschloss sich, ihrem Vater erst einmal nichts von ihrer Begegnung mit Thorin zu erzählen, obwohl sie selbst nicht so genau wusste, weshalb. Während der Wagen ächzend anfuhr, musste Livia unwillkürlich wieder an den Kuss denken. Gedankenverloren führte sie ihre Hand zur Wange. Als sie den fragenden Blick ihres Vaters auf sich spürte, riss sie sich zusammen, um sich unnötige Fragen zu ersparen. Sie wusste ja selbst nicht, wie sie die Begegnung mit Thorin einordnen sollte.

Die weitere Fahrt durch den Wald verlief einigermaßen ereignislos. Nur einmal versperrte ein abgebrochener Baumstamm den Weg und musste von der Begleitmannschaft mühevoll beiseitegeräumt werden. Obwohl Livia ununterbrochen in den Wald starrte, bekam sie Thorin nicht mehr zu Gesicht, auch wenn sie sich sicher war, dass er in der Nähe war.

»Hast du Angst vor Räubern?«, fragte ihr Vater, dem die Blicke seiner Tochter nicht entgangen waren.

»Nein, nein, alles in Ordnung. Ich dachte, ich hätte da hinten ein Reh gesehen, das ist alles«, stammelte Livia eilig und wandte ihren Kopf ab, damit ihr Vater nicht sehen konnte, dass ihr die Röte ins Gesicht gestiegen war.

Nach einer gefühlten Ewigkeit lichtete sich der Wald endlich und Caius hob abermals die Hand, um die Begleitmannschaft zu verabschieden.

»Dominus, seid Ihr sicher, dass wir Euch nicht weiterhin begleiten sollen?« Der Hauptmann der Begleitmannschaft blickte mit skeptischem Blick um sich. »Wer weiß, was für Gesindel sich hier herumtreibt!«

Caius schüttelte den Kopf. »Ich danke dir für deine Vorsicht, Lucillus. Aber ab jetzt schaffen wir es allein. Die Wachen vom Donnersberg müssten in Kürze bei uns eintreffen.«

Das Gesicht des Hauptmanns verdüsterte sich bei den Worten seines Herrn. »Dominus«, sagte er eindringlich, »diese Barbaren ...«

»Halte ein!« Gebieterisch hob Caius die Hand, um den Hauptmann zum Schweigen zu bringen. »Diese Barbaren, wie du sie nennst, sind unsere Freunde. Das mag für dich ungewöhnlich sein, aber ich weiß, dass ich mich immer auf sie verlassen kann.«

Lucillus schnaubte verächtlich, wagte jedoch nichts mehr einzuwenden.

»Ihr reitet jetzt zurück, dann seid ihr vor Anbruch der Nacht wieder auf dem Weingut«, befahl Caius mit strenger Stimme.

Der Hauptmann nickte knapp und gab seinen Leuten ein Zeichen. Sie wendeten die Pferde und ritten zurück in den Wald.

Caius wandte sich Livia zu. »Jetzt dauert es nicht mehr lange, meine Liebe.«

Sie strahlte. »Ich freue mich schon so darauf, alle wiederzusehen«, sagte sie freudig. »Rowan und Eda habe ich schon so lange nicht mehr gesehen!«

»Und Thorin«, ergänzte ihr Vater schmunzelnd.

Livia wurde rot.

»Stimmt, auch Thorin«, sagte sie leise. Jetzt würde es nicht mehr lange dauern und er würde zu ihnen stoßen.

Der Karren fuhr ruckelnd an und ließ den Wald hinter sich. Die Sonne brannte sogleich wieder unerbittlich auf die Reisenden hinab und ließ sie die Kühle des Waldes bald vermissen. Sie waren noch nicht lange gefahren, da hielt Caius abermals an.

»Was ist denn, Vater?«

»Ich glaube, unsere neue Begleitmannschaft kommt«, sagte Caius und deutete nach vorne. Eine Staubwolke kündigte Gesellschaft an. »Zumindest hoffe ich, dass sie das sind.«

Livia hörte den nervösen Unterton heraus und sah forschend ihren Vater an, der mit ernstem Gesicht nach vorne blickte. Er hatte ihr oft erzählt, dass ihnen nicht alle Kelten wohlgesonnen begegnen würden, wenn sie sie unterwegs anträfen, und momentan waren sie ohne Schutz. Livia atmete tief durch, als sie den Reiter an der Spitze der Männer erkannte, die auf sie zu galoppierten.

Thorin zog die Zügel an, als er das Gefährt erreichte. Sein Pferd riss schnaubend den Kopf nach hinten und tänzelte neben dem Wagen auf der Stelle.

»Ganz ruhig«, sagte der großgewachsene Krieger und strich über den schweißnassen Hals des Tieres. Dann richtete er sich auf und sah zum Gefährt.

»Ich grüße dich, Caius.«

»Und ich grüße dich, Thorin«, erwiderte Caius grinsend. Er wirkte sichtbar erleichtert.

»Ich grüße auch dich, Livia«, sagte Thorin und lächelte sie an.

Livia wurde es unter seinem Blick noch heißer, als ihr sowieso schon war. Plötzlich bereute sie bitterlich, ihrem Vater nichts von ihrer Begegnung im Wald erzählt zu haben. Wie peinlich, wenn er es von Thorin erfahren würde.

»Es ist schön, dich nach so langer Zeit wiederzusehen«, fuhr der Kelte fort und zwinkerte ihr zu.

Sie atmete tief durch, während Erleichterung sie durchströmte. Er würde ihr Geheimnis bewahren.

»Thorin«, sagte sie gespielt hochmütig und neigte leicht den Kopf zum Gruß.

Mit einem vielsagenden Schmunzeln wendete der Häuptlingssohn sein Pferd und die sechs Krieger, die er dabei hatte, reihten sich auf sein Zeichen hinter dem Wagen ein.

Livia kannte die meisten der Männer, die ihn begleiteten, schon seit sie Kinder waren. Oft hatte sie mit Thorin, Edana und ihren Freunden auf den Wällen rund um den Donnersberg gespielt. Sie hatten Krieger nachgeahmt und Ausschau nach Feinden gehalten. Livia hatte sich früher nie Gedanken darüber gemacht, dass die vermeintlichen Feinde Römer waren. Sie hatte sich immer mitten ins Getümmel gestürzt und einen tapferen Kelten gemimt.

Als sie ihre alten Freunde so ansah, wurde ihr klar, dass aus den Jungen, mit denen sie gespielt hatte, erwachsene Männer geworden waren. Sie boten wirklich einen eindrucksvollen Anblick, wie sie hoch erhobenen Hauptes hinter dem Sohn des Keltenhäuptlings ritten. Die meisten trugen ein Schwert an der Seite gegürtet und hatten einen langen Speer an ihrem Pferd befestigt. Ein Hüne trug eine gewaltige Axt auf seinen Rücken gebunden. Als er an ihr vorbeiritt, um hinter den Wagen zu gelangen, zwinkerte er ihr zu.

»Alles gut, Livi?«, fragte er mit rauer Stimme.

»Na klar, Ulik«, antwortete sie mit einem breiten Grinsen.

Ulik war schon immer an Thorins Seite gewesen. Sie erinnerte sich gerne an den schüchternen Riesen mit dem gutmütigen Blick. Schon früher hatte er am liebsten mit einer kleinen Axt gespielt und unzählige Holzstämme mit Kerben versehen.

Caius ließ den Wagen wieder losfahren. Als der Weg breit genug wurde, ritt Thorin neben ihnen und tauschte mit Caius Neuigkeiten aus. Dieser berichtete dem Häuptlingssohn mit ernster Stimme von ihrer Begegnung mit den römischen Soldaten und ihren Gefangenen.

Thorin sah mit grimmigem Gesicht nach vorne.

»Immer öfter werden unsere Brüder und Schwestern von den Eindringlingen verschleppt!«

Eine Zeit lang sprach keiner und jeder hing seinen eigenen Gedanken nach, bis Caius Thorin über den Markt befragte.

Livia hörte nur mit halbem Ohr zu. Sie ertappte sich dabei, dass ihr Blick immer wieder auf den Krieger fiel. Seine stolze Haltung beeindruckte sie. Er sah wie ein wahrer Anführer aus. Gleichzeitig bemerkte sie den Respekt, den ihm die anderen Krieger entgegenbrachten. Sie wusste, dass dies nicht der Tatsache geschuldet war, dass er der Häuptlingssohn war. Es war die Art von Respekt, die jemandem entgegengebracht wurde, auf den man sich uneingeschränkt verlassen konnte und dem man sein Leben anvertraute.

Die Landschaft flirrte im gleißenden Sonnenlicht. Freude durchströmte Livia, als der Donnersberg, den sie schon eine Weile am Horizont ausmachen konnte, in ihrem Blickfeld immer größer wurde. Die hohe Wallanlage des Oppidums auf dem Bergplateau war deutlich zu sehen. Die Mauer, die die Siedlung umfasste, wirkte von unten wie kleine Holzspieße, die man in die Erde gerammt hatte. Doch Livia wusste, dass sie in Wirklichkeit über zwei Mann hoch war und damit ein unüberwindliches Hindernis darstellte.

Nach einer gefühlten Ewigkeit stieg der Weg endlich an. Livia war sich dessen bewusst, dass die Wachmannschaft auf dem Donnersberg sie bereits seit Stunden beobachtete. Wie oft hatte sie selbst auf der Mauer gestanden und die Weite des Landes bestaunt, die sich vor dem Berg auftat.

Als sie endlich vor dem Tor hielten, seufzte Livia erleichtert. Ihre Tunika klebte an ihrem Körper und ihr Hintern tat so weh, dass sie eine Zeit lang freiwillig aufs Sitzen verzichten würde.

Zu ihrer großen Freude erblickte sie Rowan, die vor dem Tor stand und ihnen mit ausgebreiteten Armen entgegenkam, während sie abstiegen.

»Caius, Livia, ich freue mich so sehr, euch endlich wiederzusehen!«

Livia wartete, bis ihr Vater die Keltin begrüßt und den obligatorischen Schluck aus dem Trinkhorn genommen hatte, das ein Diener bereithielt. Dann ließ sie sich von Rowan in eine innige Umarmung ziehen und genoss das Gefühl, das sie dabei durchströmte. Rowan war wie eine zweite Mutter für sie. Livia liebte ihren Geruch, der sie immer an blühende Sommerwiesen erinnerte. Erstaunt bemerkte sie, dass sich einzelne weiße Strähnen in ihr kunstvoll aufgestecktes Haar geschlichen hatten. Natürlich ging die Zeit nicht spurlos an der eleganten Keltin vorüber, auch wenn Livia zugeben musste, dass sie mit ihrer schlanken Gestalt und der glatten Haut immer noch schön war.

»Caius«, sagte plötzlich eine dunkle Stimme.

Livia sah auf und bemerkte den Keltenhäuptling, der eben durch das Tor getreten war. Er nickte Caius knapp zu und ging zu seiner Frau, der er besitzergreifend den Arm um die Hüfte legte.

Livia sah, wie sich das Gesicht ihres Vaters für den Bruchteil einer Sekunde verdüsterte, bevor er Drystan begrüßte. Sie wusste, dass ihr Vater den Keltenhäuptling nicht besonders gut leiden konnte, während ihn jedoch mit dessen Frau eine innige Freundschaft verband.

Livia hatte aus Geschichten erfahren, dass Rowan früher als Sklavin in der Villa gearbeitet hatte, konnte sich das aber einfach nicht vorstellen. Diese starke Frau sollte einmal als Sklavin gearbeitet haben? Unvorstellbar!

»Ihr müsst hungrig und durstig sein«, sagte Rowan fürsorglich. »Kommt, lasst uns zum Häuptlingshaus gehen und eine Erfrischung einnehmen. Einer der Männer wird den Wagen hineinfahren.«

Dankbar ließ Livia sich von der Häuptlingsfrau unterhaken und zur Häuptlingskate führen. Sie hätte keine Minute länger auf dem harten Kutschbock sitzen wollen. Ihr Vater und Drystan folgten ihnen.

Im Inneren des Hauses war es einigermaßen kühl. Rowan bat ihre Gäste, sich zu setzen, damit sie über ihre Reise berichten konnten.

»Sei mir nicht böse«, wehrte Livia ab und rieb sich verstohlen den Hintern. »Ich würde mich lieber schnell umziehen und dann nach draußen gehen.«

Rowan lächelte. »Das habe ich mir fast gedacht. Eure Sachen sollten inzwischen in der Besucherkate angekommen sein. Lauf nur schnell hinüber.«

»Aber zum Abendessen bist du wieder da«, rief Caius ihr noch hinterher, als sie schon durch die Tür schlüpfte.

Sie lief so rasch sie konnte zu der kleinen Kate, die sie immer bewohnten, wenn sie auf dem Donnersberg waren. Livia konnte es kaum erwarten, endlich aus der Tunika zu schlüpfen, die sie vor allen Augen als Römerin kennzeichnete. Ihre Sachen wurden gerade abgeladen, als sie die Kate erreichte. Ungeduldig wartete Livia, bis alles hineingeschafft worden war. Als sie endlich allein war, öffnete sie ihre Reisetruhe und wühlte darin herum. Wo war nur das Leinenkleid, das Rowan ihr bei ihrem letzten Besuch geschenkt hatte? Unter ihrer Leibwäsche wurde sie schließlich fündig. Triumphierend zog sie das Kleidungsstück aus der Truhe und hob es hoch.

Es hatte ein paar Falten abgekommen, würde aber gehen. Schnell schlüpfte sie aus ihrer Tunika und warf sie auf die Bettstatt. Dann goss sie etwas Wasser aus einer bereitstehenden Kanne in eine Schüssel und wusch sich den Schweiß von der Haut. Anschließend streifte sie das leichte Leinenkleid über und band sich einen schön geflochtenen Ledergürtel um. Fertig. Als ihr Blick auf die Truhe fiel, in der ihre Kleidung nun kreuz und quer verstreut lag, seufzte sie. Hätte sie doch ihre Sklavin mitgenommen. Aber die Kleine war bei ihrem ersten Besuch auf dem Donnersberg außer sich vor Angst gewesen und hatte sich keinen Schritt vor die Kate machen trauen. Daher hatte Livia sie lieber zu Hause gelassen.

Sie beschloss, sich später um die Unordnung zu kümmern. Schnell klappte sie den Deckel zu, damit das Durcheinander, das sie angerichtet hatte, nicht allzu offensichtlich war. Dann ging sie zur Tür und trat ins Freie.

Tief durchatmend ließ sie den Blick schweifen. Wie sehr sie den Donnersberg und ihre Freunde vermisst hatte! Sie winkte der alten Frau, die in der Kate gegenüber wohnte und wie immer auf der Bank vor dem Haus saß, zu und lief los. Ihre Schritte trugen sie zuerst zum Tempel, in der Hoffnung, ihre Freundin Edana zu sehen. Als sie das Gebäude erreichte, schauderte sie wie jedes Mal, wenn sie hier war. Zu grausig wirkten die vom Wetter ausgebleichten Knochen, die den Zugang zum Heiligtum zierten. Trotzdem lief sie mutig weiter und trat ins Innere des Tempels.

Es war angenehm kühl hier, wie sie dankbar feststellte. Der dunkle Raum erstreckte sich vor ihr, nur wenig erhellt von dem ewigen Licht, das vorne munter flackerte. Livia wusste, dass es Edanas Aufgabe war, das Licht am Brennen zu halten. Leider konnte sie ihre Freundin nirgendwo ausmachen. Der Raum war menschenleer. Vermutlich hielt sich Edana im hinteren Teil der Anlage auf, doch es war ihr strengstens untersagt, diesen zu betreten.

Enttäuscht verließ sie den Tempel und streifte ziellos durch die Siedlung. Immer wieder wurde sie freundlich gegrüßt und das eine oder andere Mal in ein Gespräch verwickelt. Das Laufen tat ihren müden Knochen gut, obwohl die Hitze ihr zu schaffen machte. Als sie an der hohen Ringmauer ankam, setzte sie sich deshalb direkt vor sie in den Schatten, um kurz zu verschnaufen. Sie befand sich in der Nähe des Tores, durch das sie hereingekommen waren.

»Wen haben wir denn da?«

Livias Kopf fuhr herum. »Iain«, sagte sie wenig begeistert. »Ich grüße dich.« Sie kannte Rowans Ziehsohn schon immer, hatte sich aber nie mit ihm anfreunden können. Seine schmierige Art schreckte sie ab.

»Du hast dich verändert, seit du das letzte Mal hier warst.« Sein Blick glitt an ihrem Körper hinab und Livia lief ein kalter Schauer über den Rücken. »Wir werden alle älter, nicht wahr?«, sagte sie unverbindlich, während sie überlegte, wie sie aus dieser unangenehmen Situation entkommen konnte.

»Hast du nichts zu tun, Iain?«, unterbrach eine dunkle Stimme ihre Gedanken.

»Thorin!« Strahlend sah sie zu ihrem Retter auf, der neben seinen Vetter getreten war.

»Ich habe mich nur mit deinem Gast unterhalten«, verteidigte sich Iain. »Ist doch nicht verboten, oder?«

»Geh nach den Gefangenen sehen«, wies Thorin ihn an, ohne auf Iains Frage einzugehen.

»Zu Befehl«, sagte der spöttisch und zwinkerte ihr grinsend zu. »Wir sehen uns später.«

Livia hoffte inbrünstig, dass das nicht so bald der Fall sein würde.

Thorin ließ sich neben ihr im Gras nieder und wischte sich mit dem Handrücken den Schweiß von der Stirn. »Was machst du denn hier so ganz allein?«

»Ich wollte mir nach der langen Fahrt die Beine vertreten«, erklärte Livia wahrheitsgemäß.

Bevor sie fortfahren konnte, stand Iain plötzlich wieder vor ihnen. »Thorin, eins der Schweine sieht übel aus. Ich glaub nicht, dass der bis morgen Abend durchhält.«

»Der wird schon durchhalten«, erwiderte Thorin abwinkend. »Und jetzt geh und erledige deine Pflichten.«

Mit zusammengekniffenen Lippen wandte sich Iain ab und ging weg.

»Wovon redet er da?«, wollte Livia wissen.

»Ach, nichts weiter«, sagte Thorin, während er eine vorwitzige Fliege verscheuchte, die sich auf seiner Nase niederlassen wollte. »Nur ein paar Gefangene, die Vater mitgebracht hat.«

Sie setzte sich aufrecht hin. »Gefangene?«

»Ja.« Der Häuptlingssohn sah sie irritiert an. »Er hat sie von seinem letzten Streifzug mitgebracht.«

»Etwa Römer?«, stieß sie hervor.

Thorin kratzte sich am Kopf, was die verschwitzten Haare zu Berge stehen ließ. »Äh, ja. Römer.«

Sie sprang empört auf die Beine. »Und was bitte schön habt ihr mit den Gefangenen vor?«

Thorin erhob sich ebenfalls und sah auf die ihn wütend anfunkelnde Livia hinunter. »Livia«, sagte er ernst. »Mein Bruder wurde von Römern getötet. Was glaubst du denn, was wir mit ihnen machen?«

Livia schlug die Hände vor den Mund und zitterte. Thorin zog sie in seine Arme und hielt sie fest. Sanft streichelte er ihren Rücken, damit sie sich beruhigte. Kurz ließ Livia die Geborgenheit zu, die sie in seinen Armen empfand. Warum musste immer alles so kompliziert sein?

Dann drückte sie ihn weg und sah ihn anklagend an.

»Iain meinte, einer der Männer sei verletzt.«

Thorin nickte knapp.

»Ich will, dass du ihn behandeln lässt«, sagte Livia streng.

Seine Miene versteinerte. »Auf keinen Fall!«, erwiderte er bestimmt.

»Aber ...«

»Nichts aber!« Abwehrend hob er die Hand. »Die Männer werden morgen Abend geopfert, um die Götter gnädig zu stimmen und um Halvors Tod zu sühnen. Mehr gibt es dazu nicht zu sagen!«

Er wandte sich ab und ging mit festen Schritten davon.

Livia war vor Schreck wie gelähmt. Tausend Gedanken schossen durch ihren Kopf. Einerseits verstand sie, aus welchen Gründen die Kelten die Männer gefangen hielten, aber andererseits ... Sie waren Römer, genau wie sie!

Sie musste Rat einholen! Geschwind lief sie los und erreichte nach wenigen Minuten das Häuptlingshaus. Caius saß auf der Bank vor dem Haus, während Rowan sich mit jemandem unterhielt, der mit dem Rücken zu ihr stand. Als sie näherkam, sah sie, dass es Drystan war, der sich leise mit seiner Frau über etwas austauschte.

»Livia«, sagte Caius, als er seine Tochter bemerkte. »Mit dir habe ich ja noch gar nicht gerechnet. Komm, setz dich zu mir.« Einladend klopfte er auf die Bank. Sie ließ sich nieder und kam gleich zur Sache.

»Ich muss mit dir reden!« Mit wenigen Sätzen berichtete Livia, was sie erfahren hatte.

»Bitte, was?!« Zornig sprang Caius auf. Rowan und Drystan wandten sich, durch Caius' Schrei alarmiert, zu ihnen um. Mit hochrotem Kopf überbrückte dieser die wenigen Schritte zu Drystan und baute sich vor dem stattlichen Häuptling auf. »Ihr habt römische Gefangene hier auf dem Donnersberg?«, herrschte er ihn an.

Der sah ihm ruhig ins Gesicht, bevor er als Antwort kurz sein Haupt neigte.

»Caius ...«, wollte Rowan eingreifen. Besänftigend legte sie die Hand auf seinen Arm.

»Nein«, sagte dieser hart und entzog ihr seinen Arm. »Ich will sofort wissen, was hier los ist.« Er verschränkte die Arme und starrte Drystan durchdringend an.

Der Keltenhäuptling wirkte gänzlich unbeeindruckt von Caius' Drohgebärden und sah ihn abschätzig an. »Was willst du von mir, Römer?«, zischte er leise. »Hast du vielleicht vergessen, dass unsere Völker keine Freunde sind und nie sein werden? Denkst du, durch deine Besuche hier auf dem Donnersberg hast du den Frieden zwischen unseren Völkern für alle Zeiten gesichert?« Drystans Stimme wurde immer lauter. Livia stellte sich neben ihren Vater und ließ ihre Hand in seine gleiten. Er drückte sie fest.

»Wir sind keine Freunde«, fuhr Drystan fort. »Wir sind Feinde! Seit euer Volk hier ist, macht ihr nur Ärger! Eure Soldaten marschieren durch die Gegend, als würde ihnen alles gehören. Sie machen keine Unterschiede zwischen Frauen, Kindern und Kriegern. Sie greifen jeden auf und töten sie oder schlimmer noch, versklaven sie und nehmen ihnen ihren freien Willen!«

Unwillkürlich musste Livia an ihre Begegnung mit den Soldaten und deren Gefangenen denken. Sie schluckte. Ihr Hals fühlte sich auf einmal ganz trocken an.

»Ich kann nicht zulassen, dass ...«, wollte ihr Vater einwenden, als er jäh von Drystans spöttischem Lachen unterbrochen wurde.

»Zulassen? Du?« Er stemmte die Fäuste in die Hüfte, eine Geste, die ihn noch bedrohlicher wirken ließ. »Du hast hier nichts zuzulassen, Römer«, spie er aus. »Wenn Rowan nicht darauf bestehen würde, würde ich deine Gegenwart hier längst nicht mehr dulden.« Er schnaubte verächtlich, dann wandte er sich nach einem letzten Blick auf seine Frau ab und ging davon.

Rowan seufzte. »Caius, Livia, setzt euch bitte. Ich muss euch etwas erklären«, bat sie ihre Gäste. Widerstrebend ließen sich die beiden wieder auf der Bank nieder.

»Caius«, sagte Rowan sanft, »du hast uns nach Halvors Entführung beigestanden und das werde ich dir nie vergessen. Du hast mich aus der Sklaverei entlassen und auch dafür werde ich dir immer dankbar sein. Aber eine Sache ist klar: Niemand, wirklich niemand wird Drystan davon abhalten können, Rache zu nehmen. Er glaubt fest daran, dass unser Sohn ermordet wurde, Caius.«

Bei ihrer letzten Bemerkung blickte Caius auf, was Rowan zum Anlass nahm, ihm die ganze Geschichte zu erzählen.

Mit großen Augen lauschte er ihren Ausführungen, als sie von Drystans Suche berichtete und den schrecklichen Neuigkeiten, die er erfahren hatte. Bislang hatte er nichts davon mitbekommen.

»Rowan, bist du ganz sicher, dass die Geschichte stimmt?«, fragte Caius nachdenklich. »Wenn der alte Mann sich irrt ...«

Rowan sah ihn eindringlich an. »Drystan glaubt es! Wenn er Rache nimmt, bekommt er die Möglichkeit, die Götter zu versöhnen. Er gibt sich die Schuld, verstehst du? Die Schuld daran, seinen Sohn nicht beschützt zu haben!« Eine Träne lief ihre Wange hinunter. »Ich weiß nicht, ob der alte Mann recht hat, Caius! Aber ich hoffe so sehr, dass mir das Opfer wenigstens Drystan zurückbringt! Er ist an einem so düsteren Ort gefangen, dem er allein nicht entrinnen kann. Er muss seinen Sohn rächen, sonst ist er für alle Zeiten verloren!«

Caius blickte nachdenklich über den Platz, bevor er sich erhob. »Du wirst verstehen, wenn Livia und ich uns nun zurückziehen werden. Wir haben einiges zu besprechen«, brummte er und nahm Livias Hand. Er nickte Rowan knapp zu, bevor er sie vor der Kate zurückließ.

5. Opfer

Keltisches Oppidum auf dem Donnersberg, 73 v. Chr.

Die blutroten Schlieren, die wie Finger den noch fast schwarzen Himmel durchzogen und einen weiteren heißen Sommertag ankündigten, ließen Edana erschaudern.

Wie passend zum heutigen Menschenopfer, dachte das Mädchen, während sie mit einem leeren Wassereimer zum Brunnen lief. Meallá hatte ihr aufgetragen, den Tempelinnenraum zu schrubben, bis er blinkte und blitzte. Auch wenn die Hinrichtungen selbst am Schwurstein stattfinden würden, so erwartete die Druidin doch einen großen Menschenandrang im Tempel. Welch bessere Gelegenheit, der Göttin zu huldigen und ihr Wünsche und Sorgen vorzutragen, als an dem Tag, an dem ihr Blick mit Sicherheit auf den Donnersberg gerichtet war?

Das Seil schabte leise über das Gewinde, als Edana den Eimer in die Dunkelheit hinabließ. Ein kaum vernehmbares Plätschern zeigte ihr an, dass er sein Ziel gefunden hatte. Ihr lautes Schnaufen gesellte sich zum Schaben des Strickes, da das volle Gefäß ihr alle Muskelkraft abverlangte.

Früher hätte ich das leichter geschafft, ärgerte sie sich und blickte kurz auf ihre schmächtigen Oberarme. Bevor sie in den Tempel gekommen war, hatte sie ihre Tage mit Bäumeklettern verbracht. Ihre Haut war braun gebrannt gewesen, die Hände schwielig und die Arme stark vom vielen Klettern. Edana stellte den vollen Wassereimer auf den Boden und hüpfte einen kleinen Schritt zur Seite, um ihre weichen Lederschlappen vor dem herausschwappenden Wasser zu schützen. Dann drehte sie ihre Handflächen nach oben und betrachtete sie. Schwielig waren sie immer noch, allerdings kam das von der endlosen Arbeit mit dem schweren Steinstößel. Sie schob den Ärmel ihrer Kutte ein kleines Stück weit hoch und bemerkte, wie blass ihre Haut im Vergleich zu früher war.

Kein Wunder, dachte sie, *wenn man tagein, tagaus im dunklen Tempel sitzt und Kräutertränke zubereitet ...*

Seufzend schob sie den Stoff wieder nach unten, hob den Eimer an und lief zurück zur Tempelanlage. Das Licht des frühen Morgens ließ die Sterne bereits verblassen und sie beschleunigte ihre Schritte. Meallá war deutlich gewesen. Der Boden im Tempel musste gefegt sein, bevor die ersten Besucher kamen. Edana verstand die Wichtigkeit der Aufgabe, stand sie doch der älteren Druidin in Verehrung für die Muttergöttin in nichts nach. Dennoch wäre sie heute lieber zum Morgenmahl im Haus ihrer Eltern gewesen, um Caius und Livi zu sehen.

Ob die überhaupt zum Morgenmahl kamen?, fragte eine kleine Stimme in ihrem Kopf. Ihre Mutter hatte ihr von dem Zwischenfall gestern berichtet. Seit sie denken konnte, hatte sie noch nie ein Zerwürfnis zwischen ihren Eltern und Caius erlebt. Wie aufgebracht der Römer gewesen sein musste wegen der geplanten Hinrichtungen! Edana konnte verstehen, dass das für ihn schwer zu ertragen war, immerhin waren es Menschen seines Volkes, die ihr Leben lassen sollten. Aber verstand er Vater denn überhaupt nicht? Er musste Halvors Tod rächen! War es bei den Römern denn nicht üblich, den Tod ihrer Angehörigen zu sühnen? Sie hielt inne und überlegte kurz.

»Psst, Eda«.

Sie wirbelte herum. Wasser schwappte über den Eimerrand und landete mit einem Platschen auf ihren Lederschlappen.

»Ach, du bist es, Livi!« Ihr Herzschlag beruhigte sich, als sie ihre Freundin erkannte. Dann blickte sie seufzend auf ihre nassen Füße. »Musst du dich denn so anschleichen?«

Das glockenhelle Lachen, das sie als Antwort erhielt, ließ ihren Zorn augenblicklich verfliegen. Sie grinste, stellte den Eimer ab, dann trat sie auf die Römerin zu und umarmte sie.

»Ich habe gerade an dich gedacht«.

»So?« Livia zog ihre fein geschwungene Augenbraue nach oben. »Nur Gutes, hoffe ich?«

Edana zuckte mit den Schultern. Dann sagte sie leise: »Ich habe an das gestrige Abendmahl gedacht ...«

Livia nickte wissend, anschließend ergriff sie mit beiden Händen die der Freundin und schaute ihr in die Augen. »Ganz gleich, was heute passiert. Du und ich, wir werden für alle Zeiten Freundinnen sein.«

Edana war gerührt. Obwohl Livia einige Jahre älter als sie war und meist mit ihrem Bruder Thorin zusammensteckte, hatte sie sich von jeher immer Zeit für sie genommen. Nie hatte sie ihr das Gefühl gegeben, das fünfte Rad am Wagen zu sein.

Edana drückte die Hände der Älteren und nickte. »So soll es sein. Freundinnen auf ewig!«

Die beiden lachten, dann umarmten sie sich ein weiteres Mal.

»Was machst du denn zu so früher Stunde schon auf den Beinen, Livi?«

»Ich konnte nicht mehr schlafen.« Das Gesicht der jungen Römerin wirkte auf einmal bedrückt.

»Ist es wegen heute Abend?«, fragte Edana sanft.

Zu ihrem Erstaunen schüttelte ihre Freundin den Kopf. »Nein, also ja, schon auch, aber ...« Ihre Stimme brach ab.

»Es ist wegen meinem Bruder, habe ich recht?«

Erstaunt blickte Livia die Jüngere an.

»Jetzt komm schon, Livi, ich habe doch Augen im Kopf. Glaubst du, mir ist nicht aufgefallen, wie du Thorin ansiehst?« Dann fügte sie schelmisch zwinkernd hinzu: »Und er dich ...«

Die Römerin riss die Augen weit auf. »Meinst du wirklich? Denkst du, er empfindet etwas für mich?«

Edana grinste. »Folgt die Sonne auf den Mond?«

Plötzlich fühlte sie die Arme ihrer Freundin um sich geschlungen und spürte, wie ihre Füße den Boden verließen, als diese sie herumwirbelte.

»Ich bin so glücklich, Eda!« Livias Augen strahlten, doch unvermittelt legte sich ein Schatten darauf. »Aber ich verstehe einfach nicht, wie Thorin so grausam sein kann ... Die armen Legionäre!«

Edana ergriff abermals Livias Hände. »Livi, du bist wie eine Schwester für mich. Seit ich denken kann, hast du immer wieder Zeit auf dem Donnersberg verbracht. Du müsstest unsere Gepflogenheiten doch mittlerweile kennen, oder etwa nicht? Du beherrschst unsere Sprache, als wärst du eine von uns. Du kleidest dich wie wir, wenn du hier bist. Ein Fremder würde dich bestimmt nicht als Römerin erkennen, sähe er dich hier oben. Warum aber fällt es dir so schwer, unsere Gebräuche zu akzeptieren? Ja, du kanntest Halvor nicht, genauso wenig wie ich. Nichtsdestotrotz war er Thorins und mein Bruder, der Sohn des Häuptlings und zukünftiger Anführer der Menschen hier. Römische Legionäre haben ihn umgebracht und das muss gerächt werden! Wäre es dein Bruder, würdest du ihn nicht auch rächen wollen?«

Ihr Gegenüber lauschte schweigend, dann antwortete sie: »Ich kenne eure Bräuche sehr wohl, Eda. Ich liebe die Feste, die ihr zu Ehren eurer Götter begeht, und ich bin davon überzeugt, dass unsere Völker eigentlich gar nicht so verschieden sind. Ja, wir wohnen anders als ihr, kleiden uns anders, aber tief im Inneren sind wir uns doch sehr ähnlich. Familie ist das Wichtigste im Leben und für sie tun wir alles, was in unserer Macht steht.« Dann fügte sie leise hinzu:

»Und ja, wäre es mein Bruder, ich würde ihn eigenhändig rächen.« Sie seufzte. »Aber Eda, wer sagt denn, dass es die drei Legionäre waren, die Halvor auf dem Gewissen haben?«

Edana zuckte mit den Schultern. »Es tut nichts zur Sache, wer die eigentlich Schuldigen sind. Sie nahmen uns einen der unseren, nun nehmen wir uns drei der ihren ... Halvors Tod muss gesühnt werden, versteh das doch!«

»Ich bin auch Römerin, Eda.« Livias Stimme klang traurig.

Edana nickte, dann ergriff sie abermals deren Hände. »Ja, das bist du. Aber du bist auch meine Freundin und Schwester. Lass uns daran festhalten, um unbeschadet durch diese Zeit zu kommen.«

Ein letzter herzlicher Druck, dann verschwand Livia in die Morgendämmerung. Erschrocken blickte Edana nach oben.

So hell war es schon? Meallá würde mit ihr schimpfen. Sie ergriff den Eimer und eilte zum Tempel, um ihr Tagwerk zu verrichten.

Voller Elan schwang Thorin die langen Beine aus der hölzernen Bettstatt. Er hatte hervorragend geschlafen und seine Laune war ausgezeichnet. Heute würde diese elende Sache mit den Römern endlich beendet werden!

Er schlüpfte in die Bracae, die unterhalb der Knie endeten, und zog die Lederbänder fest. Ein breiter Gürtel befestigte seine Hose um die Leibesmitte und sorgte gleichsam dafür, dass das lange, dunkelblaue Hemd beim Reiten nicht aufbauschte. Es war noch früh am Morgen, trotzdem schwitzte er bereits. Obwohl die Bracae kurz waren, waren sie wegen der verarbeiteten Wolle recht warm. Da er heute, wie jeden Tag, die Wallanlage abreiten musste, hatte er sich für das langärmlige Hemd entschieden. Seine Haut war empfindlich für die Sonne, was ihm unangenehm war. Er konnte sich gut daran erinnern, wie ihn die anderen Jungen aufgezogen hatten, als er klein war, wenn er wieder einmal von der Sonne verbrannt worden war.

»Schaut mal, Thorins Haut ist so rot wie seine Haare!«

Dies und Ähnliches hatte er sich anhören müssen, bis er eines Tages mit den Fäusten geantwortet hatte. Seither war Ruhe. Er wusste, dass es heute niemand mehr wagen würde, ihn, den Sohn des Häuptlings, zu beleidigen. Doch so eine Verbrennung konnte höllisch wehtun, da war ein wenig Schwitzen einfacher zu ertragen.

Beschwingt schob er das große Tuch zur Seite, das seinen Schlafplatz vom Hauptraum der Häuptlingskate abtrennte.

»Schon so früh auf den Beinen?«, vernahm er Arletes Stimme, die an der Feuerstelle stand und im gewaltigen Kessel rührte. »Bis der Morgenbrei fertig ist, dauert es noch ein wenig.«

»Ist schon gut. Ich bin nicht besonders hungrig.«

»Nanu, bist du etwa krank, mein Junge? Du bist doch sonst immer am Verhungern.«

Thorin musste lachen, als er den verblüfften Ausdruck im Gesicht der Dienstmagd wahrnahm.

»Ich habe gestern beim Abendmahl so viel verdrückt, dass ich immer noch pappsatt bin. Du hast wie immer hervorragend gekocht!«

Arlete errötete, dann ging sie zu dem jungen Mann, stellte sich auf die Zehenspitzen und strich ihm über die Wange.

»Du bist mein Guter!«

Sie drehte sich um und widmete sich weiter ihrer Aufgabe. Thorin betrachtete sie einen Moment liebevoll. Arlete war mehr als nur eine Dienstmagd für ihn. Sie war seine Kinderfrau gewesen, die ihm stets allerlei Leckereien zugesteckt und immer ein offenes Ohr für seine Sorgen gehabt hatte. Wie oft hatte sie ihn und seine Schwester getröstet, wenn der Schatten bei den Eltern war.

»Nein, *du* bist die Beste!«, rief Thorin ihr zu, bevor er sich umwandte und zur Tür hinaus trat. Er blickte zum wolkenlosen Himmel empor und überlegte. Vielleicht sollte er noch kurz nach den Gefangenen schauen? Nicht, dass einer von ihnen die Nacht nicht überlebt hatte und sie der Göttin nur zwei anstelle von drei Opfern darbringen konnten.

Entschlossen ging er in Richtung der großen Kate, in der die jungen Krieger untergebracht waren und neben der sich eine fest verriegelte Kammer befand, in der man die Gefangenen festhielt. Der lang gezogene Bau beherbergte zwanzig Jungkrieger, die gemeinsam ihre Ausbildung durchliefen. Thorin wusste von seiner Mutter, dass die Kate stetig gewachsen war, ebenso wie die Zahl der Krieger und die der Siedlungsbewohner. Er wollte gerade gegen die grobe Holztüre drücken, als diese von innen aufgezogen wurde.

»Thorin! Was führt dich hierher? Du willst doch nicht etwa zu uns einfachen Kriegern ziehen?«

Der Häuptlingssohn zog die Augenbrauen hoch. »Iain, lass gut sein. Ich bin nicht hier, um mir deinen Spott anzuhören. Ich will die Gefangenen sehen.«

Ein leicht heiseres Lachen ertönte. »Du warst noch nie besonders gut darin, Scherze zu ertragen.«

Thorin rollte mit den Augen. Wenn es denn nur Scherze wären, die sein Ziehbruder von sich gab ... Iain schaffte es jedes Mal, einen wunden Punkt bei ihm zu treffen, und ihm fiel nie eine passende Antwort ein, was ihn sehr ärgerte. Auch der Kommentar eben, hatte darauf abgezielt, ihn zu kränken. Als Jungkrieger wäre sein Platz eigentlich hier gewesen. Aber als Häuptlingssohn gebührte ihm ein eigener Schlafplatz, was Iain sehr wohl wusste.

Grob schob er den um einen Kopf kleineren Mann zur Seite und stapfte in das düstere Innere des Gebäudes. Leichte Übelkeit stieg in ihm hoch, als er die herbe Mischung aus Schweiß, Essensresten und sonstigen Ausdünstungen roch.

»Eure Kate ist ein Schweinestall, Iain! Du bist Vorsteher der Jungkrieger, also bring sie auf Vordermann und sorge dafür, dass hier aufgeräumt wird. Und lass die Tür auf, Mann! Den Gestank erträgt ja kein Mensch.«

Er ignorierte den bohrenden Blick im Rücken und schritt auf die Tür am Ende des Raumes zu. Er löste das Seil, mit dem der Türgriff gesichert war, dann tastete er sicherheitshalber nach dem Kurzschwert an seiner Seite und trat ein. Es dauerte einen Moment, bis sich Thorins Augen an die Dunkelheit gewöhnt hatten und er etwas erkennen konnte. Die Kammer besaß keine Öffnung nach außen, sodass das einzige Licht aus dem großen Raum hinter ihm kam. Der Gestank, der ihm entgegenschlug, raubte ihm den Atem.

Dagegen riecht es in der Kriegerbehausung geradezu wie auf einer Blumenwiese, dachte er grimmig.

Er bemühte sich, durch den Mund zu atmen. Seine Augen suchten den Boden ab und erkannten nach und nach drei Bündel, die fest verschnürt waren. Ein leises Stöhnen drang an sein Ohr und der Mann, der an der rechten Raumseite lag, sagte etwas in einer fremden Sprache zu ihm. Die Stimme klang belegt. Er trat auf ihn zu und stupste ihn mit seinem Fuß unsanft an.

»Ist es Wasser, das du willst, Römerschwein?«

Ein flehender Blick richtete sich auf ihn. Thorin nahm den Lederschlauch vom Gürtel, in dem er Wasser für seinen späteren Ritt mit sich führte, und trat einen Schritt auf den Gefangenen zu.

»Das kannst du haben, du elendes Schwein!« Mit einem Schwung leerte er den Beutel über dem Mann aus und lachte, als er dessen gedemütigten Blick sah.

»Ihr habt meinen Bruder getötet! Es geschieht euch recht, dass ihr hier elendig verreckt!« Er ging wieder in Richtung Tür, dann drehte er sich abermals um. »Aber keine Sorge! Euer Leid wird nicht mehr lange dauern. Schon heute Abend wird euch die Muttergöttin als Opfer annehmen.« Er wusste, dass die Gefangenen kein Wort verstanden, dennoch war es ihm eine Genugtuung, sie über ihr Schicksal zu unterrichten.

Die anderen beiden rührten sich nicht. Der Blondhaarige schaute kurz auf. Seine gebrochene Nase machte ein eigenartiges pfeifendes Geräusch beim Atmen und verlieh ihm durch die Schwellung und blau-violette Schattierung ein kurioses Aussehen.

Plötzlich war Iain neben ihm. Er ging auf den blonden Soldaten zu und trat ihm voller Wucht in den Bauch.

»Hör auf, uns anzustarren, Dreckskerl!«, knurrte er. Dann zog er sein Kurzschwert und hielt es dem Legionär an den Hals. Seine Augen funkelten und Thorin bemerkte, dass die Schwertspitze leicht zitterte. Er legte eine Hand auf Iains Arm.

»Halte ein! Wir brauchen ihn lebend. Zumindest bis heute Abend!« Er hoffte, dass diese Worte genügen würden, seinen aufgebrachten Ziehbruder zu beruhigen. Sonst war es an ihm, dem Vater zu erklären, warum es nur zwei Opfer geben konnte. Ein paar endlos wirkende Herzschläge später senkte Iain endlich das Schwert.

»Wenn ich nur derjenige sein dürfte, der ihnen den Garaus macht!«, knurrte er.

»Du weißt, dass das Aufgabe des Häuptlings ist.«

Ein Augenrollen antwortete ihm. »Ja, ja. Ist ja schon gut.« Er drehte sich um und ging als erster aus der Kammer. Thorin folgte ihm, schloss die Tür und verknotete anschließend sorgfältig das Seil an dem angebrachten Haken. Kurze Zeit später trat er zu seinem Ziehbruder in das gleißend helle Sonnenlicht hinaus.

»Du hast es gut. Eines Tages bist du Häuptling!« Unverhohlener Neid schwang in Iains Stimme mit. »Auch wenn ich in der Häuptlingskate aufgewachsen bin, so bin ich doch nur ein einfacher Krieger und werde nie etwas anderes sein.«

Thorin legte eine Hand auf den Unterarm seines Ziehbruders. »Du bist jetzt schon mehr als ein einfacher Krieger. Du stehst den Jungkriegern vor! Eine Ehre, die Vater dir zuteil hat werden lassen. Vergiss das nicht.«

Iain starrte ihn einen Moment lang an, dann nickte er knapp. Er drehte sich um und lief in Richtung der geöffneten Toranlage.

Thorin schüttelte den Kopf und wischte eine vorwitzige rote Strähne, die ihm ins Gesicht gefallen war, ungeduldig zur Seite. Was war nur in seinen Ziehbruder gefahren? Ja, er hatte schon immer geahnt, dass er ein wenig eifersüchtig auf ihn war, doch das Ausmaß erschreckte ihn. Vielleicht sollte er mit seiner Mutter darüber reden? Immerhin lag ihr ihr Ziehsohn am Herzen. Sie hatte ihn stets liebevoll behandelt und keinen Unterschied zwischen ihm und ihren leiblichen Kindern gemacht. Doch scheinbar war das Iain nicht genug gewesen ...

Thorin schüttelte abermals den Kopf, dann wandte er sich um, um zu den Ställen zu laufen. Wenn er sich beeilte, konnte er die Runde um die Wallanlage bewältigen, bevor die Sonne ihren höchsten Punkt erreichte.

Eine feierliche Stille hatte sich in der Siedlung ausgebreitet, als Thorin am späten Nachmittag zurück zur Häuptlingskate ging. Die Menschen, denen er begegnete, lächelten ihn an und neigten ihre Häupter. Sie hatten sich für die Huldigung der großen Mutter herausgeputzt. Glänzend polierte Hornfibeln hielten die bunt karierten Kleider der Frauen an den Schultern zusammen. Wer es sich leisten konnte, trug Armreife und sonstige Schmuckstücke zur Zierde. Männer schleppten Holzbänke und -tische auf den Marktplatz, wo später ein Festmahl zu Ehren Riganis stattfinden sollte. Kleine Mädchen streuten kichernd frisch gezupfte Blütenköpfe über die Tischreihen, während ein paar Jungen umherstoben und den einen oder anderen Tadel kassierten, weil sie den Männern zwischen die Beine gerieten.

Thorin lächelte. Sein Herz war leicht, wie schon seit langer Zeit nicht mehr. Er wusste, nein, er fühlte tief im Inneren, dass sich alles mit dem heutigen Abend verändern würde. Vater würde endlich mit Halvors Tod abschließen können und auch Mutter konnte Frieden finden. Der Schatten war ein für alle Mal Vergangenheit!

»Hoppla!« Thorin musste zwei Frauen ausweichen, die schwer beladene Körbe voller Köstlichkeiten heranschleppten. Sie steuerten nicht den Marktplatz an, sondern schlugen den Weg in Richtung Tempel ein.

Arme Eda, ging es ihm durch den Kopf. Er konnte sich gut vorstellen, wie viel Arbeit seine kleine Schwester am heutigen Tag hatte. Seit er von der Runde um die Wallanlage zurückgekehrt war, war der Strom der Menschen, die zum Tempel zogen, um der Göttin ein Opfer an diesem besonderen Tag zu erbringen, nicht abgerissen.

Er blickte den Frauen nach und strich sich mit dem Handrücken über die verschwitzte Stirn. Bei so vielen Opfergaben musste die große Mutter einfach ihre schützende Hand über die Siedlung halten. Er war zwar nicht sehr gläubig, aber der festlichen Stimmung, die heute auf dem Donnersberg herrschte, konnte auch er sich nicht entziehen.

Sein Blick fiel auf seine staubige Kleidung, als er abermals ausschritt, um zur Häuptlingskate zu gelangen. Er musste sich beeilen, um sich vor der Hinrichtung und der anschließenden Feierlichkeit zu säubern und umzuziehen. Schließlich konnte er nicht mit schmutzigen Kleidern an der Zeremonie teilnehmen. Was würden da die Leute sagen?

Und Livi, wisperte eine kleine Stimme in seinem Kopf. Thorin grinste. Ja, auch für sie wollte er sich herausputzen. Sie sollte sehen, wie er neben dem Häuptling stand, als dessen direkter Nachkomme, der eines Tages selbst die Geschicke der Siedlung leiten würde.

Ob Livi überhaupt kommen wird? Er hielt kurz inne. Der Gedanke erschreckte ihn ein wenig, denn an diese Möglichkeit hatte er nicht gedacht.

Ach was, natürlich wird sie kommen, versuchte er, sich selbst zu beruhigen. Sie hatte früher schon öfter Opferzeremonien erlebt, auch wenn es sich dabei nicht um Menschen-, sondern um die häufiger vorkommenden Tieropfer gehandelt hatte.

An der Häuptlingskate angekommen, zog er die schwere Holztüre auf. Er blinzelte zweimal, wie so oft, bis sich seine Augen an die plötzliche Düsternis gewöhnt hatten.

»Mein Sohn, du kommst spät«, erklang die tadelnde Stimme Drystans.

Sein Vater trat ihm entgegen und blickte mit hochgezogenen Augenbrauen auf Thorins vor rotem Staub starrender Kleidung. Bevor er ihn weiter ermahnen konnte, schlüpfte Thorin geschwind an ihm vorbei in den hinteren Bereich der Kate, wo eine große Schüssel Wasser für ihn bereitstand. Daneben lagen eine frische Tunika und seine lange Lederhose fein säuberlich auf einem Stapel. In Gedanken dankte er der tüchtigen Arlete, die das alles gewissenhaft für ihn vorbereitet hatte. Eilig schlüpfte er aus den schmutzigen Kleidern. Das kalte Wasser fühlte sich herrlich auf seiner verschwitzten Haut an. Diese war noch leicht feucht, als er die frische Kleidung überstreifte, doch das scherte ihn nicht weiter.

»Vergiss nicht, dein Haar zu kämmen«, ertönte plötzlich die Stimme seiner Mutter hinter ihm.

Er drehte sich um und für einen kurzen Moment verschlug es ihm die Sprache.

Rowan lachte auf. »Warum starrst du mich so an, mein Sohn?«

»Mutter, du siehst einfach umwerfend aus«, stammelte er, dann schnappte er sich den breiten Ledergürtel und band ihn um die Taille. Es war ihm ein wenig peinlich, dass ihn der Anblick seiner Mutter kurz aus der Fassung gebracht hatte. Das grüne Kleid, das mit goldenen Spangen an den schmalen Schultern zusammengehalten wurde, bot einen reizenden Kontrast zu ihren roten Haaren. Thorin hatte seine Mutter schon immer für eine schöne Frau gehalten, aber das innere Strahlen, das heute ihr äußeres Erscheinungsbild ergänzte, hatte ihm kurz die Sprache verschlagen. Er lächelte, als er sein Kurzschwert umband. Er hatte recht gehabt. Mit dem heutigen Abend würde sich alles ändern.

Vaters tiefer Bass erklang, als er die beiden zur Eile antrieb.

»Was ist mit Eda?«, fragte Thorin. »Kommt sie nicht mit uns zum Schwurstein?«

Rowan schüttelte den Kopf. »Sie ist schon dort. Die Druiden vollziehen ein lang andauerndes Ritual, um den Ort besonders empfänglich für das Opfer zu machen.« Kurz zog sie die Stirn in Falten. »Armes Mädchen, es war bestimmt ein anstrengender Tag für sie.«

»Sie hat es sich so ausgesucht.« Drystans Stimme klang barsch. Thorin sah ihm an, dass er ungeduldig war. Er konnte es seinem Vater nicht verdenken, immerhin hatte er seit langer Zeit auf diesen Moment gewartet. Stattlich sah er aus, wie er im Türrahmen stand. Trotz der Hitze trug er den langen, roten Häuptlingsumhang, mit einer blütenweißen Tunika darunter. Eine lange Lederhose, die der Thorins glich, bildete den Abschluss. Das blonde Haar, mit den vielen weißen Strähnen, hing sauber gekämmt auf die breiten Schultern. Ein grimmiger, aber auch seltsam entspannter Ausdruck lag in Drystans zerfurchtem Gesicht, was Thorins Vermutung, dass sich für seinen Vater vieles mit dem heutigen Abend verändern würde, bestätigte.

»Seid ihr nun endlich so weit?«

Rowan trat auf ihren Mann zu und legte beschwichtigend die Hand auf dessen Arm. »Ja, mein Lieber, wir sind so weit.« Etwas leiser fügte sie hinzu: »Was ist mit Caius und Livia?«

Thorin horchte auf, als er den Namen der jungen Römerin vernahm.

Drystans Stimme klang hart, als er antwortete: »Was soll mit ihnen sein? Ich hoffe, sie kommen nicht auf die Idee, sich heute Abend blicken zu lassen. Sie gehören nicht hierher und ich will ihnen nicht geraten haben, die Zeremonie in irgendeiner Weise zu stören.«

Thorin fühlte einen Stich im Inneren, als er die Worte vernahm. Wie konnte sein Vater nur so über Livi reden? Sie gehörte hierher, seit sie geboren wurde. Sie gehörte doch zu ihm ...

»Drystan, sei nicht ungerecht,« erklang zu seiner Erleichterung die sanfte Stimme seiner Mutter. »Caius, Livia und Aurelia gehören zu unserer Familie. Hast du etwa vergessen, wie Caius und du euer Blut vermischt habt, als ihr gemeinsam geschworen hattet, Aurelia und Halvor zu suchen?«

Drystans Stirn umwölkte sich, als er die Worte seiner Gattin vernahm. »Das war etwas anderes.«

»Nein, Drystan. Das war nichts anderes. Dein Blut fließt in Caius' Adern und umgekehrt. Das macht ihn zu deinem Bruder.«

Der Häuptling antwortete mit einem missbilligenden Grunzen und trat hinaus in den Sonnenschein, um weiteren Worten seiner Frau zu entgehen.

Rowan drehte sich zu ihrem Sohn um. »Er wird sich schon wieder beruhigen, Thorin. Mach dir keine Gedanken.« Mit einem letzten langen Blick in seine Augen hob sie vorsichtig ihr Kleid an, um den Saum nicht zu beschmutzen, und folgte ihrem Gemahl nach draußen.

Thorin schluckte kurz. Was hatte seine Mutter mit diesen Worten gemeint? Wusste sie etwa um seine Gefühle für Livi?

Er hörte seinen Namen, den sein Vater mehr bellte als rief, und beeilte sich, nach draußen zu treten. Dort nahm er den langen Speer, der an der Hauswand lehnte, in die Hand und folgte seinen Eltern. Diese gingen gemäßigten Schrittes in Richtung Schwurstein. Wo auch immer sie entlangkamen, blieben die Leute ehrfürchtig stehen und verstummten beim Anblick der Häuptlingsfamilie. Nach und nach bildete sich ein langes Spalier von Menschen, durch deren Mitte Thorin mit seinen Eltern entlang schritt. Hinter ihnen schloss sich die Gasse wie von Geisterhand und die Leute folgten schweigend.

Die tiefer stehende Sonne ließ den Schwurstein rot aufleuchten, als sie endlich auf die große Lichtung traten, an deren Rand sich bereits etliche Menschen versammelt hatten. Das in den Felsblock geschlagene Symbol, eine sich in sich windende Sonne, glänzte fast schwarz. Der Häuptling hatte es einst in den Schwurstein hämmern lassen, als Zeichen seiner Liebe zu Rowan. Die gleiche Sonne trugen die Eltern jeweils zur Hälfte geteilt um den Hals, ein Geschenk Drystans an seine Frau.

Thorin erblickte Edana, die vor dem Stein kniete und leise betete, während vor ihr ein Kräuterbüschel in einer Schale brannte. Sie hob die Hände und wedelte den aufsteigenden Rauch sanft in Richtung des Sandsteins. Auch Meallá hielt ein schwelendes Bündel in ihren Händen und umschritt mit grazilen Bewegungen den großen Stein. Eine ehrfürchtige Stille hatte sich über den Platz gelegt. Selbst die Vögel im nahen Wald schienen die besondere Stimmung wahrgenommen zu haben, denn sie blieben ebenso stumm wie die vielen Insekten, die sonst ihren wilden Tanz auf der großen Wiese abhielten.

Plötzlich erklang ein einzelner Trommelschlag in der Ferne. Edana erhob sich, begab sich zu ihrer Lehrmeisterin und gemeinsam stellten sie sich mit dem Rücken zum Stein, den Blick auf den Häuptling gerichtet. Thorin staunte, als er seine kleine Schwester so sah. Sie wirkte so erwachsen, trotz ihrer zarten Statur. Ernst blickte sie ihrem Vater entgegen, der mit langen Schritten auf sie zu kam. Ein weiterer Trommelschlag erklang, diesmal deutlich näher.

»Drystan, Häuptling dieser Siedlung, was ist dein Begehr?« Meallás Stimme hallte laut über den Platz.

Drystan stellte sich mit einem letzten langen Schritt ihnen gegenüber. Er rammte seinen Speer in den Boden, dann ließ er sich auf ein Knie sinken.

»Ich, Drystan, möchte heute der großen Mutter im Namen unseres Volkes ein Opfer darbringen. Gleichzeitig soll mit diesem Opfer ein großes Verbrechen gesühnt werden. Der Tod meines Erstgeborenen.« Seine Stimme klang fest, doch er hielt kurz inne. Dann fuhr er fort: »Möge die große Mutter mit Gnade auf unser Volk schauen, uns Regen und eine reiche Ernte schenken, sowie uns vor unseren Feinden schützen.«

Ein dritter Trommelschlag erklang, als Drystan das letzte Wort gesprochen hatte, und die Menschenmenge wich auseinander. Thorin erblickte Ulik, der hinter dem Trommelträger einherschritt, die breite Axt auf den Rücken geschnallt und Stricke in der Hand haltend. Wie Opfertiere führte der Hüne die drei Männer, die mehr vor sich hin stolperten als liefen, auf den Richtplatz.

Meallás Stimme erklang abermals. »So erhebe dich, Drystan, Häuptling dieses Volkes. Rigani segne dich und die Opfer, die du ihr zu Ehren heute erbringen wirst. Sie halte ihre schützende Hand über uns und segne uns mit Wohlstand und Ruhm.«

Mit einem Satz war der Häuptling auf den Beinen, während Meallá und Edana auf Thorin und seine Mutter zukamen und sich neben sie stellten. Er nickte seiner Schwester kurz zu, doch sie schien ihn nicht wirklich wahrzunehmen.

Auf ein Nicken Drystans hin, zog Ulik abermals an den Stricken und führte die Legionäre direkt vor den Häuptling.

Dort angekommen, trat er hinter sie und sorgte mit einem gezielten Tritt in ihre Kniekehlen dafür, dass sie sich vor ihm niederknieten. Thorin vernahm ein Schluchzen von dem jungen Mann mit den dunklen Haaren und verzog spöttisch den Mund. Nicht einmal ehrenhaft in den Tod gehen konnten diese Römerschweine, dachte er. Auch der Legionär in der Mitte schien zu weinen, wie dessen zuckende Schultern verrieten, wenn auch kein Laut über seine Lippen kam.

Der Einzige, der aufrechten Hauptes und mit trotzigem Blick auf den Häuptling sah, war der blonde Legionär. Thorin hätte ihn kaum wiedererkannt, so stark hatte sich der Bluterguss in dessen Gesicht weiter verfärbt. Die gebrochene Nase stand schief und auch seine leicht zur rechten Seite geknickte Haltung verriet, dass er beim Kampf mit den Kriegern seines Vaters eine stärkere Verwundung abbekommen hatte. Oder lag es an Iains Tritt, der ihm möglicherweise ein paar Rippen gebrochen hatte. Wie auch immer, diese Verletzung würde in Kürze seine geringste Sorge sein, dachte Thorin grinsend, bevor er seine Aufmerksamkeit wieder seinem Vater zuwandte.

Der streckte eine Hand aus, woraufhin Ulik vortrat und mit einer schnellen Bewegung die gewaltige Streitaxt zog, sie umdrehte und den Stiel in Drystans Hand legte.

Thorin konnte spüren, wie sich die Menschen um ihn herum anspannten. Wie mochte es Livi gerade ergehen, schoss es durch seinen Kopf. Kurz ließ er den Blick über die Menge schweifen, doch er konnte sie nirgendwo entdecken. Er fühlte eine seltsame Mischung aus Erleichterung und Enttäuschung in sich aufsteigen, bei dem Gedanken, dass sie an der Feierlichkeit wohl doch nicht teilnahm.

Drystan zeigte mit dem Kinn auf einen der Legionäre. Es war der Dunkelhaarige, dessen Schluchzen nun in lautes Flehen überging, als ihn Ulik auf die Beine zog. Erst jetzt wurde Thorin des kleinen Sandsteins gewahr, der direkt vor dem Schwurstein platziert worden war. Dorthin schleifte Ulik den jammernden Soldaten, um ihn dort abermals in die Knie zu zwingen. Die vor Schmutz und Blut starrende Leinenhose des Mannes färbte sich im Schritt dunkel, als der Hüne dessen Kopf auf den Stein drückte und zwei Krieger ihn mit einem Seil befestigten, sodass er sich nicht mehr rühren konnte.

Drystan hob die Axt gen Himmel. »Rigani, nimm dieses Opfer an.« Mit einer geschmeidigen, kreisförmigen Bewegung ließ er die Axt nach unten sausen. Lauter Jubel brandete auf, als der Kopf des Mannes auf den Boden fiel. Iain trat heran, packte den Kopf an den Haaren und ließ ihn mit einem spöttischen Grinsen im Gesicht in einen Korb fallen, der zu diesem Zweck bereitstand. Später würden die Druiden die abgetrennten Köpfe bekommen und dafür Sorge tragen, dass sie auf langen Spießen vor dem Tempel zur Schau gestellt wurden. Zwei Krieger schleiften den Leichnam zur Seite, eine lange Blutspur hinter sich herziehend.

Auf Drystans Zeichen hin lief Iain, nicht ohne im Vorbeigehen auf die beiden noch lebenden Legionäre zu spucken, wieder zurück zu seinen Männern, die sich am Rand versammelt hatten und ihm feixend auf die Schulter klopften.

Drystan hob die Hand. Schlagartig breitete sich erneut Stille auf der Lichtung aus. Ulik trat vor und wollte den mittleren Kerl auf die Beine zerren, als sich dieser, sehr zu Thorins Erstaunen, plötzlich erhob und von selbst zum Richtblock stapfte. Der blonde Legionär rief ihm etwas zu, was der andere mit einem leichten Nicken beantwortete, bevor er sich schließlich nach einem tiefen Atemzug auf die Knie begab und den Kopf auf den Stein legte. Thorin konnte nicht umhin, den Mut des Mannes zu bewundern. Kurz darauf zischte die Axt durch die Luft und ein lautes Klirren erklang, als sie durch Fleisch und Knochen fuhr und auf den darunter liegenden Stein traf.

Abermals brandete Jubel auf und Thorin vernahm verschiedene Namen, die in der Menge gerufen wurden. So skandierten einige Menschen den Namen des Häuptlings, aber auch den der großen Mutter und den seines toten Bruders. Iain kam wieder nach vorne und trat den Kopf des getöteten Legionärs so hart mit dem Fuß, dass er in hohem Bogen über die Wiese flog. Thorin runzelte die Stirn. Auch wenn er ein Römer war, so war der Geopferte doch ein Soldat gewesen, der tapfer seinem Tod entgegengesehen hatte. Er war froh, als Drystan Iain unmissverständlich zu verstehen gab, mit dem Gefeixe aufzuhören. Grimmig dreinblickend folgte der dem Befehl und trollte sich dann zurück zu seinen Männern.

Drystan wandte sich erneut an die Menge. »Möge Rigani auch unser letztes Opfer annehmen.« Seine stahlblauen Augen sahen durchdringend auf den noch immer knienden Legionär, der den Blick des Häuptlings tapfer erwiderte. Ein leises Stöhnen entfuhr dem jungen Mann, als er versuchte, eigenständig aufzustehen. Eine Hand fest auf die Seite gepresst, bemühte er sich hochzukommen. Doch er war zu schwach und knickte ein. Er streckte Ulik eine zitternde Hand entgegen, der diese ergriff und ihn mit einem Ruck hochzog. Der Legionär unterdrückte einen Schmerzensschrei, bevor er langsam und immer wieder vor Schmerzen stöhnend zur Richtstätte humpelte. Thorin musste den Mut dieser Römer wirklich bewundern und fragte sich insgeheim, ob er wohl ebenso tapfer wie der junge Soldat dem Tod entgegenblicken würde, wenn die Zeit gekommen war.

Am Richtblock angekommen, wandte sich der Mann an die Menschenmenge. Er sprach, erst zittrig, dann immer fester. Sein Blick war starr auf Thorin und dessen Familie gerichtet. Anschließend hob er erschöpft beide Arme und wiederholte seinen Spruch.

»Er betet zu Mars, dem Gott des Krieges, dass er ihm Kraft schenken möge in dieser schweren Stunde«, wisperte plötzlich eine leise Stimme hinter ihm.

Thorin fuhr herum. »Livi!«

»Pst, ja, ich bin gekommen, auch wenn ich nicht gutheiße, was hier passiert.« Sie atmete tief ein. »Den Männern hätte man zunächst einmal den Prozess machen müssen, bevor man sie zum Tode verurteilt. Aber ich weiß auch, dass deine Kultur anderen Regeln folgt, und mir ist bewusst geworden, dass ich mich nicht wie ein kleines Kind verstecken, sondern das tun sollte, was ich kann. Ich werde hier und jetzt zu den Göttern *unseres* Volkes beten und sie bitten, sich der Männer anzunehmen.« Sie machte eine kurze Pause, dann fuhr sie fort: »Unsere Völker sind verschieden, Thorin. Doch ich gehöre trotz allem zu dir. Daran ändert sich nichts!«

Er spürte, wie sich ihre zarte Hand in seine große schob, und drückte sie sanft. Sein Herz fühlte sich an, als wolle es vor Glück zerspringen.

Die letzten Worte des Mannes verstummten und Thorin zwang sich, sich wieder dem Geschehen zuzuwenden, auch wenn er Livi am liebsten in den Arm genommen und geküsst hätte. Doch er wusste, dass das nicht möglich war. Er schüttelte den Kopf. Gerade wurden drei Römer hingerichtet und er, der Sohn des Häuptlings, machte sich ernsthaft Gedanken über eine Verbindung mit einer Römerin. Darüber würde er später nachdenken, jetzt musste er sich konzentrieren. Sein Blick streifte seine Schwester. Ihr Gesicht war unendlich blass. Selbst ihre Lippen wirkten so, als hätte alle Farbe sie verlassen.

Der Mann kniete bereits mit dem Kopf auf dem vom Blut glänzenden Richtblock, als Thorin seinen Blick wieder nach vorne richtete. Die Axt seines Vaters glänzte im letzten Tageslicht, als urplötzlich ein lauter Schrei neben ihm ertönte.

»Halte ein, Vater! Du darfst ihn nicht töten!«

Drystan bremste im allerletzten Moment den Schwung der Axt ab und ließ sie vor sich auf den Boden sinken. Eine steile Zornesfalte breitete sich angesichts der Störung auf seiner gefurchten Stirn aus.

Thorin blickte überrascht zu seiner Schwester, die nun beide Hände fest an die Brust gepresst hielt, den Mund vom Schrei immer noch leicht geöffnet. Sie schien in Schockstarre gefangen, ihr Atem ging keuchend und er fürchtete, dass sie gleich in Ohnmacht fallen würde. Auf einmal ging jäh ein Ruck durch ihren Körper und sie trat einige Schritte nach vorn. Thorin sah, wie ihr der Häuptling zornig entgegenlief.

Arme Edana! Was auch immer sie bewogen hatte, die Zeremonie zu unterbrechen, sein Vater würde ihr das nie verzeihen! Er erwog kurz, an ihre Seite zu eilen, um ihr beizustehen, doch da war Drystan bereits bei ihr angekommen.

»Du wagst es ...!« Die Stimme des Häuptlings donnerte über die Lichtung. Die Menschen zogen die Köpfe ein, beobachteten aber gebannt aus dem Augenwinkel die Szene vor sich. Edana wirkte in ihrem langärmligen, weißen Gewand beinah durchscheinend, wie sie vor ihrem hünenhaften Vater stand und zu ihm aufblickte. Auch Thorin verschlug es den Atem, denn er wusste nicht, was in seine Schwester gefahren war, und fürchtete um sie. Er hatte seinen Vater schon häufig zornig erlebt, aber das, was sein Gesicht nun ausdrückte, stellte alles bereits Gewesene in den Schatten.

Edanas helle Stimme erklang, als sie einen Arm in Richtung des knienden Legionärs ausstreckte und auf ihn zeigte.

»Vater, wenn du dieses Opfer bringst, wirst du keine Freude in deinem Leben mehr verspüren. Denn mit diesem Opfer«, sie holte Luft, bevor sie fortfuhr, »verlierst du deinen Sohn.«

Thorin spürte kurz den Blick seines Vaters auf sich, bevor der sich wieder seiner Schwester zuwandte. Eine Gänsehaut hatte sich bei ihren Worten auf seinen Armen ausgebreitet. Was hatte er denn mit der Sache zu tun? Warum sagte sie, Vater würde ihn verlieren?

Der Häuptling holte nun seinerseits tief Luft, um seinem Zorn freien Lauf zu lassen, da erklang plötzlich eine weitere Stimme.

»Sie hat recht, Drystan. Höre auf deine Tochter und halte ein, wenn dir dein Leben etwas wert ist.«

Der Häuptling wirbelte herum und starrte Caius entgegen, der ruhigen Schrittes den Platz durchmaß und sich neben Edana stellte.

»Willst du mir etwa drohen, Römer?«, knurrte Drystan und ging auf ihn zu.

Thorin vernahm das schnelle Atmen seiner Mutter neben sich. Gebannt, eine Hand auf ihr Herz gepresst, verfolgte sie die Szene. Er ergriff ihre andere Hand, die sich eiskalt anfühlte, und drückte sie leicht. Was musste sie gerade erleiden?

Urplötzlich spürte er eine unbändige Wut auf Edana und Caius in sich. Hatten sie denn nicht gesehen, wie sehr Mutter und Vater all die Jahre unter Halvors Verschwinden gelitten hatten? Er wollte gerade nach vorne gehen, als er aus dem Augenwinkel sah, dass sich ein Krieger an den noch immer knienden Legionär herangeschlichen hatte und im Begriff war, sein Schwert zu ziehen.

»Vater, pass auf!«, rief er und deutete nach hinten.

Drystan wirbelte herum und warf in einer flüssigen Bewegung die schwere Axt, die sich direkt vor die Füße des Kriegers bohrte. Als dieser aufsah, erkannte Thorin seinen Ziehbruder, der seinem Vater mit hasserfülltem Blick entgegensah.

»Wage es nicht, Iain«, sagte Drystan eisig. »Ich bin der Häuptling, daher bin ich es, der das Opfer vollbringen wird.«

»Dann tu es auch und töte dieses Römerschwein. Aber du lässt dich ja von diesem Mädchen«, Iains Kopf deutete auf Edana, bevor sein verächtlicher Blick Caius streifte, »und diesem verdammten Römer von deiner Pflicht abhalten.«

Drystan trat auf Iain zu und schlug ihm mit offener Hand ins Gesicht, sodass dessen Kopf herumgerissen wurde. Als er ihn wieder hob, tropfte Blut von seiner Lippe und besudelte sein Hemd. Wütend wischte Iain es mit dem Handrücken weg. »Nicht ich bin es, den du züchtigen solltest, sondern diejenigen, die das heilige Opfer unterbrochen haben. Ich wollte nur richten, wozu du nicht in der Lage zu sein scheinst.«

Bevor Drystan abermals ausholen konnte, lief Iain los und tauchte in der Menge unter.

Thorin verstand die Welt nicht mehr. Erst verhinderte Edana, dass Vater das dritte Opfer vollbringen konnte, dann tauchte plötzlich Caius auf und schließlich die Sache mit Iain. Er atmete ein paar Mal tief durch, dann ergriff er mit seiner freien Hand die von Livi, die kreidebleich neben ihm stand. In dem Moment war es ihm gleichgültig, was die Menschen dachten. Mutter und Livi litten beide unter der Situation. Rowan fürchtete um Eda, Livia um ihren Vater. Alles, was er tun konnte, war ihnen beizustehen.

Drystan baute sich abermals vor Edana und Caius auf, die ihm ruhig entgegenblickten.

»Bist du, Drystan, denn so blind vor Hass, dass du deinen eigenen Sohn nicht erkennst?«, fragte Caius ernst. »Selbst deine Tochter, die ihn nie mit eigenen Augen gesehen hat, weiß, dass dieser junge Mann«, er blickte auf den knienden Legionär, der schlapp über dem Richtblock hing, da er zwischenzeitlich vor Schmerzen das Bewusstsein verloren hatte, »dein Sohn ist.«

Rowan entfuhr ein heiserer Schrei. Sie löste ihre Hand aus Thorins und rannte mit gerafftem Rock auf die Lichtung.

»Mein Sohn? Was redest du für einen Irrsinn, Römer?« Drystan schien noch immer nicht zu verstehen.

Rowan war unterdessen bei dem jungen Soldaten angekommen und strich das wirre blonde Haar aus dessen Gesicht. Thorin hörte, wie sie etwas flüsterte, doch er konnte die Worte nicht verstehen.

Edanas Stimme erklang: »Vater, der Soldat, den du gerade richten wolltest, ist kein anderer als dein erstgeborener Sohn Halvor. Als er die Arme erhoben hat, um seinen Gott anzurufen, ist ihm ein Medaillon aus der Tunika gerutscht. Ich habe das Zeichen darauf sofort erkannt.« Sie deutete mit dem Finger auf den Schwurstein.

Caius nickte. Auch ihm war das Medaillon gleich aufgefallen.

Nun war es der Häuptling, der blass wurde. Er wandte sich um und blickte seine Frau an, deren Finger das Medaillon um den Hals des Mannes zärtlich streichelten. Tränen rannen über ihr Gesicht. »Er ist es, Drystan. Es ist Halvor.«

6. Schmerz

Keltisches Oppidum auf dem Donnersberg, 73 v. Chr.

Edana vernahm die Schritte ihrer Mutter, die vor dem Heilhaus angespannt auf und ab lief. Sie seufzte leise, als sie das mittlerweile warme Leinentuch von der Stirn des Mannes nahm, der auf der Liege vor ihr lag und unablässig im Fieberschlaf Worte murmelte.

»Ganz ruhig, Bruder«, wisperte sie, als sie ihm ein neues, in kühles Wasser getränktes Tuch auflegte. Sie erschrak, als der Mann jäh die Augen aufschlug und sie anstarrte. Doch sein Blick schien durch sie hindurchzugehen. Schon schloss er sie wieder und abermals erklang das unermüdliche Gemurmel. Sie vermeinte »Claudius« zu vernehmen, konnte es aber nicht einordnen. Sie würde Livi um Hilfe bitten müssen. Die junge Römerin würde ihn bestimmt verstehen.

Aufmerksam betrachtete sie das Gesicht des Mannes vor ihr, der ihr Bruder sein sollte, doch so sehr sie sich auch bemühte, sie konnte keinerlei Ähnlichkeit zu Thorin oder gar sich selbst erkennen.

Kein Wunder, so blau und grün, wie alles verfärbt ist, dachte Edana. Wenigstens die Nase stand nicht mehr schief im Gesicht. Mareg hatte sie gerichtet, kurz nachdem Drystan seinen Sohn eigenhändig in die Heilerhütte getragen hatte.

»Lass ihn nicht sterben, Druide«, hatte der Häuptling geknurrt, als er Halvor auf die Liege legte. Dann war er wieder davongelaufen. Nur Rowan war geblieben. Erst als der Heiler ihr ausdrücklich untersagte, im Heilhaus zu verweilen, war sie gegangen. Mareg hatte ihr klargemacht, dass es für den Verletzten am besten war, so viel Ruhe wie möglich zu haben, um überleben zu können.

Edana konnte einfach nicht fassen, dass Halvor lebte! Ihr Instinkt hatte sie also doch nicht getrogen, als sie die Geschichte des alten Mannes angezweifelt hatte. Wenn ihr Vater nicht so verbissen gewesen wäre, wären die beiden anderen Soldaten wohl noch am Leben und Halvor wäre nicht so schwer verletzt! Andererseits hätte sie ihren Bruder niemals wiedergefunden, wenn alles anders verlaufen wäre. Edana stützte den Kopf in die Hände. Es war alles so verwirrend.

Fünf Tage waren vergangen, und jeden Morgen, kurz nach Sonnenaufgang, wartete ihre Mutter bereits vor der kleinen Kate auf sie, wenn sie zur Pflege des Verletzten kam. Jeden Morgen spürte sie deren Arme um sich und vernahm die immer gleichen Worte: »Durch dich hat Rigani uns unseren Sohn wiedergegeben. Ich danke dir von ganzem Herzen, mein Kind.« Sie musste sich regelrecht aus den innigen Umarmungen befreien, um ihren Dienst antreten zu können. Es war ihr ein wenig peinlich, dass ihre Mutter *ihr* dankte, war es doch die Muttergöttin gewesen, die dafür gesorgt hatte, dass sie im richtigen Moment zur Stelle war.

Edana wusste, dass es Rowan auch ein Trost war, dass ihre Tochter bei Halvor sein konnte, wenn sie sich schon nicht kümmern durfte. Sie selbst war sogar ein wenig stolz, dass Mareg ihr die Pflege des Verletzten aufgetragen hatte. Aber tief in ihrem Inneren verspürte sie etwas anderes. Etwas, das sie nicht zur Ruhe kommen ließ. Was, wenn ihr der Bruder unter den Händen wegstarb? Würde sie die Schuld dafür bekommen?

Es war bislang keine Nacht vergangen, in der sie nicht aufgestanden und aus der Hütte geschlichen war, die sie mit Meallá teilte, um nach ihrem Patienten zu sehen. Sie wusste, dass nicht nur sie unter dem Verlust leiden würde. Vater würde sich sein restliches Leben Vorwürfe machen, den eigenen Sohn auf dem Gewissen zu haben. Den Sohn, den zu finden er sich zur Lebensaufgabe gemacht hatte. Edana hoffte inständig, dass Maregs und ihre Heilkünste ausreichten, um Halvor am Leben zu erhalten. Zur Sicherheit murmelte sie schnell ein Gebet an Rigani.

Ein leises Stöhnen erklang von der einfachen Pritsche und sie wandte ihre Aufmerksamkeit ihrem Patienten zu. Mit kritischem Blick betrachtete sie ihn. Die Wunde an seiner Seite war tief. Sie stammte wohl von einem Speerstoß, den er bei seiner Festnahme erlitten hatte. Mareg hatte Pasten zubereitet und es war ihre Aufgabe, zweimal am Tag die damit bestrichenen Binden zu wechseln und neue anzulegen. Der Druide schien zufrieden mit der Wundheilung. Mehr Sorgen bereitete ihnen jedoch das Fieber, das gestern eingesetzt hatte. Die kühlen Umschläge brachten kaum Linderung und Mareg war davongeeilt, um einen Trank zuzubereiten, der helfen sollte. Wo blieb er nur? Besorgt strich Edana über das schweißnasse Haar ihres Bruders.

»Bleib bei uns, hörst du, Halvor? Du darfst jetzt nicht einfach gehen. Wir haben dich doch gerade erst wiedergefunden!«

Edana erschrak, als ihr bewusst wurde, dass sie laut gesprochen hatte. Die Schritte vor der Kate verstummten abrupt. Was, wenn ihre Mutter die Worte vernommen hatte? Sie ängstigte sich sowieso schon so sehr ... Nein, jetzt hörte sie Stimmen. Kurz darauf öffnete sich die Tür und der großgewachsene Druide duckte sich wie immer beim Eintreten. In seinen Händen trug er einen kleinen Kessel, aus dem es dampfte.

»Hier ist der Trank, der hoffentlich das Fieber brechen wird.«

Er nahm ein sauberes Leinentuch, tränkte es in dem Sud und hielt es dem Verletzten an die ausgedörrten Lippen. Gebannt starrte das Mädchen auf den Mund des Mannes, der sich zunächst nicht öffnen wollte. Da! Seine Zunge erschien im Mundwinkel und leckte an dem Stoff. Zufrieden betrachtete Mareg seinen Patienten, dann wandte er sich ihr zu.

»Es ist deine Aufgabe, ihm immer wieder davon anzubieten. Lass ihn zunächst am Tuch nuckeln. Wenn er wacher ist, darf er auch aus dem Horn trinken.«

Edana nickte pflichtbewusst und nahm dem Druiden das Leintuch ab, um es abermals in dem Sud zu tränken.

Der Heiler beobachtete seinen Schützling bei ihrer Aufgabe, dann betrachtete er ein letztes Mal den Patienten. Er wirkte zufrieden, was sie mit Stolz erfüllte. Sie schien ihre Sache gut zu machen. Mit einem kurzen Nicken verabschiedete er sich von ihr und verließ die Kate.

Die Zeit verging trotz der eintönigen Arbeit recht schnell und sie erschrak, als es plötzlich dunkel wurde und die Tür abermals geöffnet wurde. Meallá erschien im Eingang

»Ich lasse dir ein dickes Bündel Stroh bringen und ein Tuch, sodass du hier nächtigen kannst.« Sie lächelte milde.

Überrascht riss Edana die Augen auf.

Das Lächeln der Druidin wurde breiter. »Ja, glaubst du denn, ich habe deine nächtliche Herumschleicherei nicht bemerkt? Ich habe mit Mareg gesprochen. Er meinte, es spräche nichts dagegen, dass du hier bleibst.«

Edana strahlte die Druidin dankbar an.

Diese erhob einen mahnenden Finger. »Unter einer Bedingung. Du verlässt die Kate zweimal am Tag, um zu essen und um dich zu reinigen. Einmal täglich gehst du in den Tempel und betest.« Sie zwinkerte ihrer Schülerin zu. »Wir wollen doch die große Mutter nicht vergessen, wo sie gerade den Häuptlingssohn zurückgebracht hat.«

Das Mädchen nickte heftig. Sie spürte eine tiefe Dankbarkeit für die Frau, die seit Jahren eine Art Mutterrolle für sie übernommen hatte. Auch wenn sie ihre eigentliche Mutter nach der anfänglichen Trennung wieder täglich sehen durfte, so war zwischen ihr und der Druidin doch ein enges

Band entstanden. Sie unterdrückte den Impuls, zu ihr zu eilen und sie zu umarmen. Jeglicher Ausdruck körperlicher Zuwendung wurde von den Druiden vermieden, um, wie man ihr erklärt hatte, auf eine höhere geistige Ebene zu gelangen.

Als sie anfangs im Tempel lebte, hatte ihr das gefehlt, und noch heute kämpfte sie mit diesem Bedürfnis. Zu ihrer Erleichterung waren Mareg und Meallá nicht ganz so streng mit ihr, was das anbelangte, und ließen Umarmung mit ihrer Familie und engen Freunden zu. Edana wusste jedoch, dass es nur eine Frage der Zeit war, bis sie ihr das verbieten würden.

Die Druidin ging zur Tür und rief etwas nach draußen. Kurz darauf brachte der junge Bursche, der ab und an Hilfsarbeiten im Tempel verrichtete, zwei Arme voll Stroh, das er in die Ecke legte, sowie ein sauber gefaltetes Leinentuch. Nachdem sich die beiden verabschiedet hatten, schichtete Edana das nach Sommer und Sonne duftende Stroh geschickt zu einem länglichen Haufen auf und breitete das Tuch so darüber, dass sie eine bequeme Bettstatt hatte. Noch einmal flößte sie ihrem Bruder den Trank ein, dann ließ sie sich auf ihr Nachtlager sinken und fiel in einen traumlosen Schlaf.

»Pst, Eda, wach auf.«

Erschrocken fuhr das Mädchen hoch. Hatte sie etwa die ganze Nacht geschlafen? Hektisch drehte sie den Kopf zur Bettstatt, auf der Halvor lag.

»Keine Angst. Er schläft.«

Verwirrt strich sie sich das lange Haar aus den Augen und blickte in das Gesicht ihrer Freundin.

»Livi! Was machst du denn hier?«

»Nach dir schauen. Was meinst du denn? Seit Tagen bekomme ich dich nicht zu sehen.« Ihr Blick wanderte zur Liege. »Kein Mensch spricht über das, was geschehen ist. Das ganze Dorf scheint in einer Art Schockstarre gefangen zu sein. Auch deine Eltern sagen kein Wort über ihn.« Ihr Kinn wies auf den Verletzten.

Edana sprang auf und umarmte ihre Freundin. »Es ist so schön, dich zu sehen, Livi. Auch wenn ich wirklich dankbar bin, dass ich meinen Bruder pflegen darf, so bin ich doch auch ein wenig einsam.«

Die junge Römerin zupfte ein paar Strohhalme aus Edanas Haar. »Das glaub ich dir gerne.«

Unvermittelt erklang wieder das Gemurmel des Verletzten. Die Mädchen ließen einander erschrocken los und traten an die Liege heran. Edana wollte gerade einen in Sud getränkten Leinenstreifen an den Mund des Mannes führen, als sie die Hand ihrer Freundin auf der ihren spürte.

»Nicht, Eda. Ich will hören, was er sagt.«

Dann beugte sich die junge Römerin über ihn, sodass ihr Ohr direkt über seinem Mund schwebte. Gebannt betrachtete Edana das Geschehen. Nach einer ihr endlos lange vorkommenden Zeit erhob sich Livia wieder.

»Und? Was sagt er?« Das Mädchen spürte, wie ihre Wangen vor Aufregung rot geworden waren.

Ihre Freundin runzelte die Stirn. »Ich bin mir nicht sicher. Es sind vor allem Namen, die er murmelt. Appius und Claudius höre ich heraus. Ansonsten kann ich nicht viel verstehen.« Sie zuckte mit den Schultern.

»Versuch es doch bitte noch einmal!« Edana blickte ihre Freundin flehentlich an, doch diese schüttelte den Kopf.

»Es hat keinen Sinn, Eda. Er ist nicht wach.« Ihr Blick richtete sich auf das enttäuschte Gesicht der jungen Heilerin und sie fügte schnell hinzu: »Aber wenn du willst, kann ich ihm etwas von dir mitteilen.«

Edana riss die Augen auf. »Das ist eine wunderbare Idee!« Sie überlegte kurz. »Bitte sag ihm Folgendes: Halvor, du bist wieder zu Hause im Kreise deiner Familie. Du wirst wieder gesund werden und alles wird sich zum Guten wenden.«

Strahlend blickte sie ihre Freundin an, während diese ihre Worte übersetzte. Obwohl sich der Mann nicht regte, fühlte sie sich erleichtert. Eine plötzliche Zuversicht durchströmte sie. Ihr Bruder war nach Hause gekommen!

Als Edana am nächsten Morgen erwachte und sich zu ihrem Patienten umdrehte, erschrak sie, denn der Mann auf der Liege war nicht nur wach, er schaute sie sogar unverwandt an. Sie konnte zwar aufgrund der immer noch beachtlichen Schwellungen kaum seine Augenfarbe ausmachen, aber er war wach, so viel stand fest.

Zögerlich erhob sich Edana und strich ihr einfaches Leinenkleid glatt. Der Blick des Mannes folgte ihr, als sie auf ihn zuging.

Sie wollte nach dem Becher greifen, um ihm zu trinken zu geben, da umklammerte er mit eiserner Hand jäh ihren Unterarm. Sie schrie überrascht auf und versuchte, sich aus der Umklammerung zu lösen, doch es gelang ihr nicht. Die Tür flog auf und plötzlich war ihre Mutter neben ihr. Der Mann hob den zweiten Arm, wie um sie abzuwehren, doch es war die Seite, auf der er verwundet worden war, und er war zu schwach. Rowan redete mit sanfter Stimme auf ihren Sohn ein.

»Ganz ruhig, Halvor. Wir sind es, deine Mutter und deine Schwester. Wir tun dir nichts.«

Doch er bäumte sich auf und versuchte abermals, die beiden Frauen abzuwehren. Da betrat Mareg die Kate. Augenblicklich hatte er das Geschehen erfasst. Mit zwei Schritten war er an der Bettstatt des Kranken. Aus dem Lederbeutel an seinem Gürtel holte er ein kleines Tongefäß hervor und kippte es dem sich windenden Mann in den Mund. Auch wenn das meiste daneben ging, so schien die Menge doch ausgereicht zu haben. Seine Bewegungen wurden schwächer, bevor er die Augen verdrehte und sich nicht mehr regte.

Rowan schrie vor Wut auf. »Was hast du mit meinem Sohn gemacht?«

Mareg nahm ein Leintuch, tränkte es mit Wasser und wischte dem Kranken die klebrig schimmernde Flüssigkeit aus dem Mundwinkel.

»Er schläft, Rowan«, sagte er schlicht.

Die Häuptlingsfrau wollte aufbegehren, da ergriff er ihre Hände und blickte ihr in die Augen. »Dein Sohn hat Furchtbares erlebt. Soweit er weiß, wurden er und seine Freunde gefangen genommen und diese wurden vor seinen Augen hingerichtet. Er hat keine Ahnung, wo er ist, noch wer wir sind. Wir müssen ihm Zeit geben, sonst kann er nicht heilen.«

Edana, die die Szene mit weit aufgerissenen Augen beobachtet hatte, fasste sich und legte ihre Hand auf den Arm ihrer Mutter. »Er hat recht. Halvor kennt uns nicht. Er weiß nur, dass Vater seine Freunde getötet hat.«

Eine einzelne Träne stahl sich über Rowans Wange, als diese nickte.

Sie fixierte den Heiler mit einem durchdringenden Blick. »Ich will sofort Bescheid bekommen, wenn er wieder wach ist.«

Der Druide neigte zustimmend das Haupt, dann geleitete er sie nach draußen.

Edana atmete einige Male tief durch, bevor sie das verschüttete Wasser aufwischte. Der Atem des Mannes ging langsam, sodass sie sich sicher war, dass er schlief. Geschickt nahm sie ihm den alten Verband ab, säuberte die Wunde und legte einen neuen an. Zufrieden wusch sie sich anschließend die Hände in dem für diese Zwecke bereitstehenden Eimer und ließ sich an der Seite ihres Bruders nieder, um über seinen Schlaf zu wachen.

Nach einiger Zeit öffnete sich abermals die Tür der Kate und Mareg trat mit einem Begleiter ein. Edana riss die Augen auf, als sie Caius erkannte. Was wollte der Römer hier? Schlagartig kam ihr ein Gedanke. Bestimmt hatte der Druide diesen mitgebracht, um als Unbeteiligter mit Halvor zu sprechen. Bevor sie ihn fragen konnte, trat der großgewachsene Heiler an die Bettstatt und zog einige lange Leinenstreifen aus seinem Beutel. Mit gerunzelter Stirn beobachtete Edana, wie er einen davon um jedes Handgelenk ihres Bruders band.

»Warum tust du das?«, fragte sie besorgt.

»Ich trage dafür Sorge, dass er sich nicht verletzen kann«, lautete die simple Antwort. Dann schlang er die Enden ineinander, sodass Halvors Hände zusammengebunden waren. Ein langes Stück machte er abschließend an der Bettstatt fest.

Edana fragte sich, wie ihr Bruder auf die Tatsache reagieren würde, dass er sich nicht mehr rühren konnte, wenn er wach wurde. Andererseits war es wahrscheinlich besser so, denn sie hatte am eigenen Leib miterlebt, wie viel Kraft er trotz seiner Verletzung hatte.

Ein leises Geräusch erklang, das er nicht ausmachen konnte. Da, er vernahm es wieder! Warum war es dunkel? Verwirrt versuchte der junge Mann zu blinzeln, doch seine Augenlider wollten ihm nicht gehorchen. Was war nur los? Das Geräusch erklang ein weiteres Mal und er begriff, dass es ein Stöhnen war, das aus seinem eigenen Mund entwichen war. Er versuchte sich aufzusetzen, doch ein scharfer Schmerz fuhr plötzlich in seine Seite, als er die Bauchmuskeln anspannte. Auch die Arme wollten ihm nicht gehorchen.

Ganz ruhig, Lucius, sagte er zu sich selbst. Es war nicht das erste Mal, dass er in einer verzwickten Lage war. Er war Soldat und nicht nur das, er war ein Decurio und verantwortlich für zehn Legionäre. Deshalb konnte er es sich nicht leisten, einfach aufzugeben. *Reiß dich zusammen, du musst herausfinden, was los ist und dich um deine Männer kümmern!*

Mit eisernem Willen versuchte er abermals, die Lider zu heben. Diesmal gelang es ihm besser und er musste blinzeln, als ihn das helle Licht blendete. Er konnte eine Gestalt ausmachen, die sich über ihn beugte. Erst verschwommen, dann immer deutlicher. Ein Mann mit dunklem Haar, das von einigen Silberfäden durchzogen wurde, sah ihn mit ernstem Blick an.

»Ave, Halvor.«

Wer war Halvor?

»Ave«, wiederholte der Mann sanft.

»Ave«. Er erschrak, als er seine eigene Stimme vernahm, die eher einem Krächzen glich. Dann fuhr er fort: »Wo bin ich hier? Wer bist du?«

»Mein Name ist Caius. Du befindest dich in Sicherheit.«

»In Sicherheit?« Wovon sprach der Mann? Hatte es einen Kampf gegeben? Er versuchte, sich zu erinnern, doch er fand nur undurchdringlichen Nebel in seinem Kopf.

»Wo bin ich?«, wiederholte er die Frage.

Der ältere Mann seufzte. »Du bist in einer Siedlung auf dem Donnersberg.«

»Auf dem Donnersberg?« Der Name weckte Erinnerungen. »Dort befindet sich eine große Siedlung der Barbaren! Wir müssen hier sofort verschwinden!«

Caius schüttelte den Kopf und seufzte erneut. Was sagte ihm der ältere Mann nicht? Was ging hier vor sich?

»Hör mir zu, Halvor, dann erzähle ich dir die ganze Geschichte. Aber du musst mir versprechen, dass du still liegen bleibst. Du wurdest verletzt und deine Wunde muss noch heilen.«

Verletzt? Er hob den Kopf an und blickte an sich herunter. Was war das an seinen Händen? Er versuchte, sie zu bewegen, aber eine Art Seil spannte sich an und verhinderte dies.

»Was geht hier vor sich?« Seine Stimme klang scharf. »Und warum nennst du mich die ganze Zeit Halvor? Mein Name ist Lucius Varius.« Er versuchte wieder, seine Hände zu befreien. »Mach mich sofort los!«

»Das werde ich dann tun, wenn ich mir sicher sein kann, dass du keine Dummheiten anstellst. Ich habe dir bereits gesagt, dass du verletzt bist! Und jetzt hör endlich zu, wenn du Antworten auf deine Fragen willst!« Die Stimme des Mannes war lauter geworden.

Ich habe keine andere Wahl, erkannte der junge Römer, nachdem er ein letztes Mal an den Stricken gezogen hatte. Er konnte sich nicht befreien.

Ergeben nickte er in dessen Richtung. »Dann sprich!«

Sein Gegenüber schien kurz zu überlegen, dann sagte er: »Die Geschichte, die ich dir zu erzählen habe, beginnt vor vielen Jahren ...«

Ohne ihn ein einziges Mal zu unterbrechen, lauschte Halvor den Ausführungen des Römers. Als Caius schließlich geendet hatte, schloss er die Augen und drehte seinen Kopf zur Hüttenwand.

»Ich denke, es ist besser, ich lasse dich jetzt allein, damit du in Ruhe über alles nachdenken kannst«, vernahm er die Stimme des Mannes. Als er nicht antwortete, hörte er Schritte und die Tür. Er war allein.

Halvor drehte sich wieder auf den Rücken und starrte zur Decke. Sein Brustkorb hob und senkte sich in dem immer schnelleren Rhythmus seines hämmernden Herzens. Er konnte nicht fassen, was er eben gehört hatte! Was für eine absurde Geschichte hatte sich dieser Mann da zusammenfabuliert? Er, der erstgeborene Sohn eines Barbarenfürsten? Pah! Ja, seine Mutter hatte ihm einst erzählt, dass er ein Findling gewesen war, den sein Vater auf einer seiner Spähtouren gefunden und mitgenommen hatte. Sie selbst hatte erst zwei Tage zuvor eine Totgeburt erlitten, weshalb sie sich ohne Zögern des Säuglings angenommen hatte. Aber das bedeutete noch lange nicht, dass er der Sohn von Barbaren war!

Bei dem Gedanken schüttelte er unwillig den Kopf, was ihm unwillkürlich Schmerzen in der Seite verursachte. Der verdammte Kerl hatte auch seine Handfesseln nicht abgenommen, wurde ihm plötzlich bewusst. Er fühlte, wie sein Herz vor Zorn heftiger klopfte, und versuchte, sich durch tiefes Ein- und Ausatmen zu beruhigen. Die ganze Sache war einfach nur lächerlich! Es würde sich schon herausstellen, dass die Geschichte erfunden war! Sein Herzschlag beruhigte sich etwas bei dem Gedanken. Er war urplötzlich unendlich müde und ließ es mit einem Gefühl der Dankbarkeit zu, dass ihn der Schlaf übermannte.

»Halvor, Halvor, hörst du mich?«

Schon wieder dieser unsägliche Name! Unwillig öffnete er die Augen. Es war abermals der Mann, der sich als Caius vorgestellt hatte, doch diesmal war er nicht allein. Neben ihm stand eine feingliedrige Frau mit langen roten Haaren. Die eine oder andere silberne Strähne verriet, dass sie sich etwa im Alter des Römers befand, auch wenn ihre Haut noch ebenmäßig war. Die Frau blickte ihn unverwandt an.

»Wer ist das?«, fragte er mit leicht krächzender Stimme, woraufhin ihm seine Besucherin einen Becher mit wunderbar kühlem Wasser an die Lippen hielt. Dankbar nahm er einen großen Schluck, dann wiederholte er seine Frage.

»Ich bin deine Mutter, Halvor.« Ihre grünen Augen suchten seine blauen, doch er wich ihrem Blick aus.

Mutter? Das sollte seine Mutter sein? Ihm kam ein Gedanke.

»Der Mann da,« er zeigte mit dem Kinn auf Caius, »hat behauptet, dass meine Mutter eine Barbarin ist. Und du sprichst vorzügliches Latein.« Mal sehen, was sie dazu zu sagen hatte!

Doch die Frau zuckte mit keiner Wimper. »So ist es. Ich war als Sklavin für einige Jahre auf einem römischen Weingut. Dort habe ich die Sprache gelernt.« Er spürte wieder ihren Blick auf sich, woraufhin er demonstrativ den Kopf zur Wand drehte.

»Ich weiß, dass dies alles sehr viel für dich ist, mein Sohn. Doch so wahr ich hier stehe, du bist mein Erstgeborener, der mir einst genommen wurde.«

Halvor reagierte nicht auf ihre Ansprache, was die Frau jedoch nicht davon abhielt, weiterzusprechen.

»Caius hat dir die Geschichte um deine Geburt und dein Verschwinden erzählt. Wir haben nie aufgehört, nach dir zu suchen. Rigani hat dich schließlich zu uns geführt.«

Rigani? Er hatte keine Ahnung, wovon sie sprach. Der Name kam ihm bekannt vor, aber er konnte ihn nicht einordnen.

»Ihre Wege sind oftmals unergründlich. Erst durch das Opfer der deinen hat sie dich uns offenbart.«

Ihm wurde urplötzlich heiß. Opfer der seinen? Abgeschlachtet hatte dieser Barbar seine Freunde! Jetzt fiel ihm auch wieder ein, woher er den Namen kannte. Die Barbaren hatten ihn im Chor gerufen, jedes Mal, wenn die Axt nach unten fuhr ...

Er drehte seinen Kopf zu ihr und zischte: »Opfer? Dieser Barbar hat meine Freunde getötet und dafür soll ich jetzt vielleicht auch noch dankbar sein?« Anschließend wandte er sich abermals der Wand zu.

Die Frau seufzte leise. Dann hörte er Caius etwas zu ihr sagen und kurz darauf das Klappern der Holztür. Ein Blick über seine Schulter verriet ihm, dass der Römer noch da war.

»Du sprichst die Sprache dieser Barbaren?« Halvors Stimme triefte vor Abscheu. »Kein Wunder! Ein Verräter am eigenen Volk bist du! Treibst dich hier herum und benimmst dich, als wärst du einer von ihnen!«

Er konnte an dem leichten Zittern der Hände erkennen, dass seine Worte Wirkung bei seinem Besucher zeigten. Zufrieden fuhr er fort. »Schämen solltest du dich! Kein echter Römer lässt sich mit Barbaren ein!«

Caius' Gesicht färbte sich rot. Er atmete einige Male tief ein und aus, bevor er antwortete: »Ich verzeihe dir deine Worte, denn was du in den letzten Tagen durchgemacht hast, wünsche ich meinem ärgsten Feind nicht. Du kannst deinen Zorn gern an mir auslassen, aber ich sage dir eins« – plötzlich wurde er von dem älteren Römer am Kragen gepackt, dessen Gesicht schwebte direkt über seinem – »lass Rowan in Ruhe. Sie hat jahrelang unter deinem Verlust gelitten und sie ist deine Mutter!«

Halvor blinzelte zweimal überrascht, da ließ der Mann wieder von ihm ab. Die Barbarin bedeutete ihm etwas! Das wurde ja immer verrückter!

Caius starrte ihn einige Augenblicke lang an, dann drehte er sich um und verließ ebenfalls die Kate.

So ein Mist! Er war immer noch gefesselt! Seine Handgelenke taten langsam weh. Er wollte gerade rufen, da betrat Edana den Raum.

Gut! Sie würde ihn losmachen. Auch wenn er die letzten Tage und Nächte oft nicht ganz bei Sinnen gewesen war, so waren sie und ihre Hilfsbereitschaft ihm doch aufgefallen.

»Mach mich los«.

Das Mädchen kam an seine Bettstatt und hob die Augenbrauen.

»Da, die Fesseln, sie tun mir weh. Mach mich los!« Mit dem Kinn deutete er auf seine Handgelenke.

Das Gesicht des Mädchens hellte sich auf. Sie griff nach einem Becher und hielt ihn ihm hin.

Seufzend nahm er einen Schluck und wollte abermals ansetzen, ihr zu erklären, was er wollte, doch seine Zunge gehorchte ihm nicht mehr. Ein letzter erstaunter Blick in ihr lächelndes Gesicht und er war eingeschlafen.

Edana trat aus der Kate in das gleißend helle Sonnenlicht, wo ihre Mutter sie mit fragendem Blick erwartete.

»Er schläft jetzt wieder«, gab sie Antwort auf die unausgesprochene Frage.

Rowan nickte, doch ihre Körperhaltung verriet, wie es in ihr aussah. Caius, der neben ihr stand, legte eine Hand auf ihren Unterarm.

»Es ist besser so, Rowan. Du hast Mareg doch gehört. Schlaf ist das Wichtigste, was wir jetzt für ihn tun können. Die Nachricht von seiner Abstammung hat ihn viel zu sehr aufgewühlt, als dass er in den Schlaf hätte finden können.«

Rowan wandte sich zu ihm und lächelte schwach. »Mir ist das alles bewusst, Caius. Dennoch tut es mir in meiner Seele weh, ihn so zu sehen. Alles in mir brennt darauf, zu ihm zu gehen und ihn in meine Arme zu nehmen. Er ist doch mein Sohn!«

Der Römer räusperte sich leicht und Rowan sah über ihre Schulter. Sie wandte sich um.

»Thorin!«

Der großgewachsene Kelte, der unbemerkt herangetreten war, blickte mit hochgezogenen Augenbrauen auf die Szene vor ihm. Sein Gesichtsausdruck verriet, dass er die Worte seiner Mutter vernommen hatte. Dann trat er auf sie zu.

»Wie geht es ihm?« Sein Blick ging zur Heilhütte.

Edana, die sah, dass ihre Mutter mit der Fassung rang, antwortete an ihrer statt: »Es geht ihm den Umständen entsprechend gut. Das Fieber ist gebrochen, die Wunde heilt. Doch sein Gemütszustand ist besorgniserregend ...«

Thorin blickte seine Schwester fragend an, also fuhr sie fort: »Caius hat ihm die Wahrheit gesagt.«

Der junge Mann sog scharf die Luft ein. Dann wandte er sich an Caius. »Wie hat er reagiert?«

Der Römer zuckte mit den Schultern. »Wie wohl? Er glaubt die Geschichte nicht. Wer kann es ihm verdenken, nach all dem, was vorgefallen ist. Wir können nicht mehr tun, als ihm Zeit zu geben.«

Thorin nickte. Dann sagte er: »Ich will meinen Bruder sehen.«

Caius und Edana schüttelten entsetzt die Köpfe.

»Lasst ihn ruhig zu ihm gehen«, erklang Rowans Stimme. »Immerhin ist er Halvors Bruder. Vielleicht tut ihm seine Nähe ja gut.«

Dunkelheit umfing ihn, als er die kleine Kate betrat. Er bemühte sich, leise zu sein, als er auf die Bettstatt zuging, doch das tiefe Atmen, das er vernahm, zeigte an, dass sein Bruder tief und fest schlief. Er trat näher und beugte sich über den Schlafenden.

Seltsam! Das sollte der Bruder sein, von dem er sein Leben lang gehört hatte? Er betrachtete ihn eingehend, doch die Blessuren verhinderten, dass er eine genaue Vorstellung davon bekam, wie er aussah. Jeder sagte zu ihm, er, Thorin, wäre ganz der Vater, auch wenn er die Haare seiner Mutter geerbt hatte. Halvor war blond wie Drystan, so viel konnte er erkennen. Das erstaunte ihn nicht wirklich, denn seine Mutter hatte oft von seinem blonden Haarflaum erzählt.

Sein Bruder ... Er horchte in sich hinein, doch außer Zweifeln und ein wenig Staunen, die miteinander rangen, war da nichts. Kein Gefühl, das ihm sagte: Ja, das ist er. Er empfand auch kein wirkliches Schuldgefühl, dass er, als Halvor schwer verletzt in der Gefangenenkammer gelegen hatte, dessen Wunden nicht versorgt hatte. Vielleicht brauchte es aber einfach auch noch Zeit, um die Situation annehmen zu können? Wie musste es Halvor erst ergehen? Er war verletzt, eine Wunde, die ihm vielleicht sogar der eigene Vater beigebracht hatte! Er hatte mit ansehen müssen, wie dieser seine Mitgefangenen geopfert hatte. Nein, das würde keine einfache Zeit für den Mann vor ihm werden.

»Halte durch, Bruder. Rigani wird alles richten.« Er wunderte sich kurz, dass ausgerechnet ihm der Name der Göttin über die Lippen kam, doch in Zeiten wie diesen konnte er sich keine bessere Verbündete vorstellen. Dann verließ er die Kate und nahm seine verloren wirkende Mutter in die Arme.

Die nächsten Tage vergingen eintönig. Edana umsorgte Halvors Wunden. Die rothaarige Frau, die angeblich seine Mutter war, kam täglich vorbei und saß an seiner Bettstatt, doch er weigerte sich beharrlich, mit ihr zu sprechen.

Als er an diesem Morgen aufwachte, vernahm er das Geräusch von prasselndem Regen. Es freute ihn, mal etwas anderes zu hören als die Stille um ihn herum. Auch erhoffte er sich ein wenig Linderung von den hohen Temperaturen, die auch Einzug in seine Krankenkammer gehalten hatten. Er würde die kleine Heilerin bitten, die Tür offen zu lassen, wenn sie nachher zurückkam. Just öffnete sich die Tür und er erwartete, das ihm mittlerweile etwas vertrautere Gesicht der Frau zu sehen, die Rowan hieß, oder die Druidin, doch eine kleinere, dunkelhaarige Frau schlüpfte zur Tür rein.

»Ave Halvor!« Eine Römerin! An der Art, wie sie seinen Keltennamen aussprach, merkte er, dass sie keine Barbarin war. Sie rollte das »R« nicht so stark.

»Ave«, erwiderte er und blickte sie neugierig an.

Sie lachte kurz auf, was kleine Grübchen in ihre Wangen zauberte. »Ich Dussel habe mich ja noch gar nicht vorgestellt! Du hast sicher keine Ahnung, wer ich bin!«

Er lächelte zurück. Es tat gut, mit einem anderen jungen Menschen aus dem eigenen Volk sprechen zu können. Den älteren Mann mochte er nicht. Er stand zu seiner Meinung, dass dieser ein Verräter war!

»Ich bin Livia. Aber meine Freunde nennen mich Livi.« Sie lächelte abermals.

»Ich heiße Lucius«, antwortete er. »Auch wenn mich hier jeder, einschließlich dir, Halvor nennt!«

»Oh entschuldige! Ist es dir lieber, wenn ich dich Lucius nenne? Ich kenne dich nur schon seit ich auf der Welt bin als Halvor. Da wird es mir nicht leicht fallen, dich plötzlich anders zu nennen.«

Sie kannte ihn? Wovon sprach sie?

Livia, die seinen fragenden Gesichtsausdruck richtig gedeutet hatte, erklärte: »Ich bin halb hier und halb auf dem Weingut meines Vaters aufgewachsen. Du kennst meinen Vater übrigens. Er heißt Caius«, beim Erwähnen dieses Namens umwölkte sich seine Stirn, doch Livia fuhr unbeirrt fort, »und gemeinsam mit meiner Mutter betreibt er ein sehr erfolgreiches Weingut. Wir kommen oft her, ich kenne hier alle sehr gut und spreche auch ihre Sprache.« Ihr Ton wurde etwas nachdenklicher, als sie sagte: »Ich dachte mir, du brauchst vielleicht jemanden zum Reden? Vater hat mir erzählt, dass du weder ihm noch Rowan Antwort gibst?«

Halvor überlegte kurz, ob er auch ihr die Antwort verweigern sollte, doch der offene und herzliche Blick, mit dem sie ihn unverwandt ansah, ließ ihn sagen: »Sie haben mir die seltsamsten Geschichten erzählt. Über eine Entführung und über eine jahrelange Suche ...«

Livia nickte eifrig. »Oh ja, das ist alles wahr! Ich war zwar noch nicht auf der Welt, als das passiert ist, aber es verging kein Mal, dass ich hier oben auf dem Donnersberg war, und man nicht von dir gesprochen hat!«

Erstaunt horchte er auf.

Die junge Frau fuhr fort. »Rowan, deine Mutter, und Drystan, der Häuptling und dein Vater, haben sich sehr gegrämt über dein Verschwinden. Es war damals nicht leicht für Thorin und später auch für Edana, mit dem Schatten zu leben. So nannten die beiden es, wenn deine Eltern wieder einmal in ihrer Trauer um dich versanken. Vater erzählte mir, dass er Drystan kaum wiedererkannt habe, keine zwei

Jahre nach deinem Verschwinden. Sein Haar war überwiegend weiß geworden, die Haut zerfurcht von der ewigen Sorge um dich ...«

Livia plapperte eifrig weiter. Halvor konnte sich, selbst wenn er gewollt hätte, ihrer arglosen und freundlichen Art nicht entziehen und lauschte gebannt der Geschichte, die er schon einmal vernommen hatte. Seltsam. Jetzt klang das Ganze irgendwie anders. Echter, sinnvoller, wahrscheinlicher ... Wahrscheinlicher? Was dachte er sich bloß? Nur weil ihm dieses Mädchen eine Fabel erzählte, wurde sie nicht wahr. Er schüttelte den Kopf und sah auf seine Hände, die glücklicherweise seit einigen Tagen nicht mehr ganz so fest angebunden waren. Ein längerer Strick verhinderte zwar, dass er aufstehen konnte, doch immerhin konnte er sich einigermaßen bewegen.

Er bemerkte, dass sie aufgehört hatte zu reden und spürte ihren aufmerksamen Blick auf sich.

»Es tut mir leid, wenn ich zu viel geredet habe.« Leise fuhr sie fort: »Ich dürfte eigentlich gar nicht hier sein. Wenn Vater erfährt, dass ich ohne Begleitung zu dir gegangen bin ...«

Sie rollte theatralisch mit den Augen und er musste lachen. »Was dann? Hat er Angst, dass ausgerechnet *ich* dir etwas antue? Inmitten einer Siedlung voller Barbaren?« Er schnaubte. »Hier, sieh nur, wie sie mich behandeln. Wie ein Stück Vieh binden sie mich an.« Demonstrativ hob er seine Hände hoch, dass die Seile sichtbar wurden.

Die Römerin wurde ernst. »Es ist zu deinem Schutz, Halvor, nicht zu ihrem. Sie haben Angst, dass du dich zu sehr bewegst und deine Wunde wieder aufgeht.«

Da war es wieder ... Halvor. Aber seltsamerweise störte es ihn nicht aus ihrem Mund. Ihre Erklärung hatte ihm eingeleuchtet. Sie kannte ihn nur so.

So wie alle hier, meldete sich eine kleine Stimme in seinem Kopf.

»Ich lass dich jetzt wieder ruhen. Sonst reißt mir deine Schwester den Kopf ab. Sie hat mir zwar erlaubt zu kommen und steht draußen Wache, aber ich musste ihr versprechen, dass ich nur einen kurzen Moment bleibe.«

Sie wandte sich zur Tür.

»Livi?«

Sie hielt inne und blickte über die Schulter. »Ja, Halvor?«

»Kannst du mich morgen wieder besuchen?«

Ihre Augen strahlten, als sie antwortete: »Mit dem allergrößten Vergnügen.«

Der Tag zog sich endlos in die Länge und auch die Nacht über machte er kaum ein Auge zu. Fast wünschte er sich den Trank der jungen Heilerin herbei, der ihn ins Vergessen schickte. Immer und immer wieder kreisten seine Gedanken um die Geschichte seiner Herkunft. Konnte es wahr sein? Alles in ihm sträubte sich dagegen, doch ein kleiner Funke tief im Inneren sagte ihm, dass es durchaus möglich war. Die Geschichte, die ihm seine Zieheltern erzählt hatten, passte zu der, die er hier gehört hatte. Aber was bedeutete das für ihn? Er hatte vor, bei der ersten Gelegenheit, die sich ihm bot, zu fliehen und sich zurück zu seiner Legion zu schlagen. Er war kein Narr und wusste, dass die Seile nicht seinem Schutz dienten. Sie sollten verhindern, dass er weglief. Doch konnte er überhaupt unbemerkt aus der Siedlung entkommen? Er hatte zwar nicht viel gesehen, als er schwer verwundet auf dem Karren den Berg hochgefahren worden war, aber an die beeindruckende Wallanlage konnte er sich gut erinnern.

Sie schützen die ihren, wie wir die unseren, kam es ihm in den Kopf. Er drehte sich, so gut es ihm möglich war, auf die Seite, doch auch so wollte ihm der Schlaf keine Ruhe vor den endlosen Gedanken schenken.

Endlich ging die Sonne auf, wie er an den heller werdenden Ritzen der ihn umgebenden Bretterwand erkennen konnte. Kaum hatte er sich wieder auf den Rücken gedreht, öffnete sich die Tür und das Heilermädchen brachte einen vom immer noch anhaltenden Regen frischen Windhauch mit herein.

Sie lächelte ihn an. »Ave, Halvor.«

Erstaunt riss er die Augen auf. »Du sprichst Latein? Warum hast du denn nie etwas gesagt?«

Ein abermaliges Lächeln zierte ihr Gesicht, als sie sagte: »Ave, Halvor.«

Er begriff. Sie hatte nur das eine Wort gelernt. Wahrscheinlich hat Livi es ihr beigebracht ... Bei dem Gedanken an das dunkelhaarige Mädchen bemerkte er, sehr zu seinem Erstaunen, dass er sich auf ihren Besuch freute. Sie hatte ihm gut getan. Gut gelaunt ließ er es zu, dass ihn das Heilermädchen wusch und seine Wunde versorgte. Als er die Verletzung vor ein paar Tagen das erste Mal gesehen hatte, war er erschrocken. Er kannte niemanden, der eine solche Verletzung überlebt hatte. Die Kleine hatte wahrlich heilende Hände. Dankbar lächelte er sie an. Sie erwiderte sein Lächeln, bevor sie seinen Becher mit frischem Wasser füllte und ihm ein großes Stück Fladenbrot auf ein sauberes Tuch vorlegte.

Mit einem Nicken verabschiedete sie sich von ihm und überließ ihn seinem Morgenmahl. Die Tür ließ sie dankenswerterweise einen Spalt geöffnet, sodass frische Luft in die Kate strömte. Hungrig langte er zu. Das Brot schmeckte herrlich würzig. Komisch, das war ihm vorher noch gar nicht aufgefallen. *Es ist ja auch das erste Mal, dass ich wieder einigermaßen Appetit verspüre,* schalt er sich. Das war ein gutes Zeichen! Er brauchte Kraft, um von hier wegzukommen.

Kurze Zeit später betrat Rowan die Kate. Sie hatte eine kleine Amphore bei sich, die sie vorsichtig auf den Tisch stellte.

»Ich habe dir etwas von Caius' ausgezeichnetem Wein abgefüllt. Ich dachte mir, dass du bestimmt mal wieder etwas anderes als Wasser trinken möchtest. Vielleicht erinnert er dich ja an deine Heimat?« Sie zog ein kleines Trinkhorn aus den Falten ihres Gewandes und legte es daneben. Dann wandte sie sich wieder zum Gehen.

»Ro... Rowan?«

Er bemerkte den Glanz in ihren Augen, als sie ihren Namen aus seinem Mund vernahm.

»Ja, mein Sohn?«

»Danke für den Wein,« sagte er schlicht, dann drehte er sich wieder zur Wand.

Erst als sie das Heilhaus verlassen hatte, setzte er sich, soweit er konnte, auf. Die Amphore war in Reichweite und bereits als er den dunkelrot glänzenden Wein in den kleinen Becher füllte, der neben seiner Bettstatt stand und eigentlich für Wasser gedacht war, roch er die Süße der Früchte.

»Hmmm.« Schon lange hatte er keinen so guten Wein mehr bekommen. Wenn er ehrlich war, erst einmal, im Zelt des Zenturios, als der ihn belobigt hatte. Er selbst konnte sich so einen edlen Tropfen nicht leisten. Er konzentrierte sich voll und ganz darauf, wie der Wein fruchtig und süß seine Kehle hinabrann.

»Na, dir scheint der Wein meines Vaters ja gut zu munden«, vernahm er plötzlich eine lachende Stimme vom Eingang.

»Livi!« Er verschluckte sich beinahe und hatte Mühe, den Becher samt seines kostbaren Inhalts nicht zu verschütten.

Ihr Blick streifte das kleine Trinkhorn. Sie nahm es auf, blickte auf die Amphore und fragte: »Darf ich?«

Er nickte ihr zu und beobachtete, wie sie sich einschenkte.

Ihr Blick traf seinen. »Du wolltest wohl nicht aus dem Horn trinken, Halvor?«

Er schüttelte den Kopf. »Es ist eine barbarische Sitte.«

Das Mädchen lachte laut auf. »Na, dann bin ich wohl auch eine Barbarin, denn ich trinke aus Hörnern, seit ich ein kleines Mädchen war.« Sie setzte es an die Lippen und nahm einen großen Schluck. »Siehst du? Es ist ganz einfach.«

Sie hielt ihm das Horn hin. »Hier probier es doch einfach mal!«

Zögerlich streckte er eine Hand nach dem Gefäß aus. Seine Finger berührten ihre, als er ihr das Horn abnahm.

»Livia!«, bellte plötzlich eine Stimme vom Eingang.

Das Mädchen fuhr herum und Halvor erschrak beim Anblick des großgewachsenen Kriegers, der den Türrahmen ausfüllte, dermaßen, dass er seinen restlichen Wein verschüttete.

»Thorin«, hörte er die Römerin sagen, als sie aufsprang und dem Kelten entgegenlief.

Für einen kurzen Moment hatte er geglaubt, es wäre der Mann, der seine Kameraden getötet hatte. Dessen Statur war sehr ähnlich, doch beim näheren Hinsehen, wurde ihm klar, dass hier ein viel jüngerer Mann stand. Seine roten Haare erinnerten ihn an Rowans. Halvor wurde mit einem Mal bewusst, dass sein Bruder vor ihm stand. Er schluckte.

Dieser sprach sehr laut und herrisch mit der Römerin, die ihm mit ruhiger und sanfter Stimme antwortete. Den Inhalt konnte er nicht verstehen, da sie sich auf Keltisch unterhielten. Doch es war nicht zu übersehen, dass sein Bruder nicht glücklich war, sie hier bei ihm anzutreffen. Waren die beiden etwa ein Paar? Gespannt beobachtete er den kurzen Disput. Das Gesicht des Kriegers drückte Wut aus, doch Livia legte einfach ihre kleine Hand in seine große und zog ihn an die Bettstatt.

Sie sagte etwas zu ihm, woraufhin dieser schnaubte, ihn aber kurz ansah. Dann wandte sie sich an ihn: »Halvor, das ist dein Bruder Thorin. Er ist ein rechter Dickschädel, aber ansonsten ist er ein richtig lieber Kerl.« Kein Zweifel! Sie war in seinen Bruder verliebt! Der Blick, mit dem sie ihn anstrahlte, ließ keinen anderen Schluss zu.

Halvor musterte den großgewachsenen Kelten kurz. Er ähnelte stark dem Mann, der ihn gefangen genommen hatte. Diesem Drystan, dem Häuptling der Siedlung. *Deinem Vater,* wisperte eine kleine Stimme in seinem Kopf.

»Ave, Thorin.« Er war froh, dass seine Stimme nicht zitterte. Er wollte nicht schwach wirken vor diesem Hünen.

Ein abermaliges Schnauben antwortete ihm, gefolgt von einem Ellbogenstoß Livias in dessen Seite.

»Ave, Halvor«. Es war Thorin deutlich anzusehen, wie sehr er es hasste, das lateinische Wort aussprechen zu müssen. Livia strahlte übers ganze Gesicht, sagte etwas zu Thorin und zog ihn dann aus der Tür.

»Bis morgen, Halvor«, rief sie über die Schulter, dann war sie weg.

Er sank zurück auf seine Bettstatt. Er fühlte sich verwirrt und ausgelaugt. Das war also sein Bruder! Und Livia war in ihn verliebt! Halvor schüttelte den Kopf. Eine Römerin liebte einen Barbaren! So etwas Unglaubliches hatte er noch nie gehört.

Seine Hand ertastete etwas Feuchtes. Stimmt, er hatte ja den Wein verschüttet, als Thorin hereingepoltert kam. Er beugte sich vor und versuchte, ein sauberes Tuch zu greifen, das das Heilermädchen hiergelassen hatte. Ein scharfer Schmerz durchfuhr ihn und ihm wurde urplötzlich übel. Schweiß perlte von seiner Stirn, als er versuchte, sich aufzurichten. Er hörte ein Geräusch, konnte es aber nicht einordnen. Es war eine Art Stöhnen, doch die Übelkeit wurde so stark, dass er nicht zuordnen konnte, woher es kam. Sein Gesichtsfeld wurde kleiner, als sich Dunkelheit über ihn senkte. Er öffnete den Mund zu einem Schrei, bevor er die Besinnung verlor.

Die kühle Hand auf seiner Stirn tat ihm unendlich gut. Langsam öffnete er die Augen. Das Heilermädchen lächelte ihn an. Wie war noch mal ihr Name?

Sie rief etwas über ihre Schulter, das er nicht verstand. Plötzlich stand Rowan neben ihr und blickte ihn an. Seltsam, wieso war ihm noch nie aufgefallen, wie ähnlich sich die beiden sahen? Das Mädchen hatte zwar blonde Haare, aber die feinen Gesichtszüge ihrer Mutter geerbt.

»Halvor«, Rowans Stimme klang ein wenig zittrig, was ihn wunderte, »du hast uns allen einen Riesenschrecken eingejagt.«

Er zog die Augenbrauen hoch. Was meinte sie bloß? Er konnte sich noch daran erinnern, dass dieser rothaarige Wilde in seiner Kate war, dann war da nichts mehr.

»Du hast dich wohl zu heftig bewegt und deine Wunde ist wieder aufgegangen«, erklärte Rowan, die ihm seine Verwirrung angesehen hatte.

Er fasste an seine Seite. Wie weh das tat! Das Mädchen sagte etwas zu ihrer Mutter, die daraufhin ihre Hand auf die seine legte und sanft von der Wunde wegzog.

»Du sollst sie möglichst nicht berühren. Die Wunde braucht Ruhe, um sich wieder schließen zu können.«

Halvor nickte. Ein Geräusch von der Tür verriet einen weiteren Besucher. Vielleicht war Livi gekommen, um nach ihm zu sehen? Er drehte den Kopf und erstarrte.

»Was will der hier? Er soll verschwinden!«

Rowan sah über ihre Schulter. Ihr Blick traf den ihres Mannes, der sich langsam näherte.

»Halvor, er ist dein Vater. Er …«

»Dieses Ungeheuer ist nicht mein Vater!«, schrie er aufgebracht, doch ein jäher Schmerz ließ ihn aufstöhnen und verstummen.

»Halvor«, die tiefe Stimme des Kelten klang rau. Er streckte die Hand aus, wie wenn er ihm über den Kopf streichen wollte, doch Halvor drehte ihn schnell zur Seite.

Rowan sagte etwas zu dem Kelten, woraufhin dieser ein Schnauben von sich gab, die Kate anschließend aber wieder verließ. Er atmete auf. Er konnte die Anwesenheit dieses Barbaren nicht ertragen!

»Halvor, du musst verstehen, dass es auch für ihn sehr schwer ist. Er hat dich jahrelang gesucht und nun findet er dich als ...«

»Als was? Als Römer?«

»Als Feind«, flüsterte Rowan schwach. Etwas energischer fügte sie hinzu: »Aber er liebt dich, er hat dich immer geliebt und wenn du ihm nur ein wenig Zeit gibst, dann ...«

»Dann was? Dann wird er mir ein guter Vater sein? Pah! Ich habe schon einen Vater. Einen echten, einen gutherzigen, keinen Schlächter und Barbaren, wie er einer ist!«

Rowan seufzte. »Drystan ist ein guter Mensch, Halvor. Du kennst ihn nicht. Gib euch Zeit.«

Nun war es Halvor, der schnaubte. »Wenn er ein so guter Mensch ist, wie du behauptest, dann sag ihm, dass er mich hier wegbringen lassen soll. Zurück zu meinem Volk!«

Der Keltin, die seine Mutter war, entwich ein kleiner erstickter Laut. Doch sie fasste sich schnell wieder und sagte: »Ich verstehe deinen Wunsch. Lass mich mit Drystan darüber sprechen.« Sie überlegte kurz, dann fügte sie hinzu: »Und mit Caius, immerhin ist er Römer und kann die Situation bestimmt besser einschätzen.«

»Pah, ein echter Römer würde nicht mit den Wilden Handel treiben!«

Er sah den Schmerz in den Augen seiner Mutter, just in dem Moment, als er die Worte gesprochen hatte. Er wollte dieser sanften Frau nicht wehtun. Sie hatte sich um ihn gekümmert, genau wie das Heilermädchen. Ihnen schuldete er Dank.

»Es tut mir leid, Rowan.«

Sie lächelte ihn an. »Ich weiß, mein Sohn. Ich weiß.« Dann drehte sie sich um und verließ die Kate.

7. Heilung

Auf dem Weg zum römischen Weingut, 73 v. Chr.

Ein tiefes Schlagloch erschütterte die Liegefläche und riss Halvor jäh aus seinem Schlaf, in den ihn das sanfte Schaukeln des Karrens eingelullt hatte. Verwirrt blinzelte er in die grelle Sonne. Mist! Er hatte doch nicht einschlafen wollen! Wie sollte er sich sonst den Weg merken, den das Gefährt nahm? Vorsichtig drehte er seinen Kopf zur Seite und betrachtete verstohlen die beiden Menschen, die vor ihm auf dem Kutschbock saßen. Der Mann, der den Wagen lenkte, unterhielt sich angeregt mit der jungen Frau neben ihm.

Halvor staunte über die Verwandlung, die seit ihrer Abfahrt mit Livia vorgegangen war. Nichts an ihr erinnerte mehr an das Mädchen in der wilden keltischen Kleidung, in der sie auf dem Donnersberg herumlief. Sie sah aus wie eine zivilisierte, anständige Römerin! Die Stola aus einem zarten, hellblauen Stoff fiel in schönen Falten über ihren Rücken und wurde an den Schultern von bronzenen Fibeln zusammengehalten. Darunter konnte Halvor eine blütenweiße Tunika erahnen. Auf den hochgesteckten braunen Haaren trug Livia einen durchsichtigen Schleier, der diese umschmeichelte, jedoch nicht verbarg. Wie vornehm sie wirkte!

Er war froh, sie kennengelernt zu haben. Auch wenn seine Umstände erbärmlich waren, festgebunden auf einer Pritsche, hatte er sich nach und nach auf ihre wenige gemeinsame Zeit gefreut. Sie hatte ihn von seinen Sorgen abgelenkt und ihn vergessen lassen, in welcher Lage er sich befand.

Plötzlich vermeinte Halvor, seinen Namen zu vernehmen. Er strengte sich an, über das Knirschen der Räder und das Schnauben der Pferde etwas verstehen zu können.

»Ich wünsche ihm so sehr, dass er herausfindet, wer er wirklich ist«, sagte Livia gerade zu ihrem Vater, der daraufhin nickte.

Pah! So ein Unsinn! Er wusste genau, wer er war! Und wenn sie ihn tausendmal mit Halvor ansprachen, sein Name war Lucius und würde es immer bleiben! Nie im Leben würde er den Namen annehmen, den diese Wilden ihm vor einer halben Ewigkeit gegeben hatten! Entsetzen ergriff ihn bei dem Gedanken daran, dass aus ihm beinahe ein ebenso unzivilisierter Barbar geworden wäre wie aus dem rothaarigen Jungen, der angeblich sein Bruder war! Gänsehaut breitete sich bei dieser Vorstellung auf seinen Armen aus.

Unwillkürlich musste er an den Anführer der Siedlung denken. Ausgerechnet der Mann, der seine Freunde ohne mit der Wimper zu zucken hingerichtet hatte, sollte sein Vater sein! Nein, sein Vater war Gaius Varius! Der sanftmütige Riese hatte ihn zusammen mit seiner Frau Quinta an Kindes statt angenommen und aufgezogen. Von Anfang an hatten seine Eltern kein Geheimnis daraus gemacht, dass er nicht ihr leiblicher Sohn war, dennoch hatten sie ihm nie das Gefühl gegeben, dass sie ihn nicht wie einen solchen liebten!

Ihr leibliches Kind hatte den Tag seiner Geburt nicht überlebt und so hatte es Gaius als Fingerzeig der Götter angesehen, als er kurz darauf den winzigen, verlassenen Säugling am Ufer eines Bächleins fand. Er hatte den Kleinen mitgenommen und das greinende Bündel seiner trauernden Frau in die Arme gelegt. Von da an war er ihr Sohn gewesen. Seine Eltern hatten ihm diese Geschichte Hunderte Male erzählen müssen, zu spannend fand sie der kleine Lucius. Wie gut mussten es die Götter mit ihm gemeint haben, dass ausgerechnet Gaius Varius ihn gefunden hatte und seiner Frau damit der Lebensmut zurückgegeben wurde!

Alles, was der Junge bei sich gehabt hatte, war das Tuch, in das er gewickelt war, und ein Amulett, das der Säugling um den Hals getragen hatte. Quinta hatte die Dinge sorgfältig aufbewahrt und als Lucius alt genug war, hatte er sich entschlossen, das geheimnisvolle Schmuckstück zu tragen, da es ihm wie ein schicksalhaftes Symbol der Götter erschien, das ihn zu seinen Zieheltern gebracht hatte.

Gaius Varius war als Praefectus Castrorum der Kommandant eines Feldlagers und Versorgungsführer einer ganzen Legion. Darauf war der kleine Lucius immer besonders stolz gewesen, weshalb es für ihn keine Frage war, dass er ebenfalls zum Militär gehen wollte, wenn er alt genug dafür wäre. Und genauso hatte er es gemacht und hatte es selbst inzwischen bis zum Decurio gebracht. Er wusste, dass sein Vater unbändig stolz auf ihn war, wie ihm die vielen Briefe verrieten, die ihm sein alter Herr schickte.

Nach seinem Ausscheiden aus dem Militär und Quintas Tod, die unerwartet an einem Fieber verstorben war, hatte es Gaius zurück in die Heimat gezogen. Er verbrachte seinen Lebensabend auf einem kleinen Landgut, ganz so, wie er es sich immer gewünscht hatte.

»Ich glaube, er ist wach«, riss ihn Livias helle Stimme aus seinen Erinnerungen.

Schnell kniff er die Augen zusammen und stellte sich schlafend. Er hatte keine Lust, sich mit ihr oder ihrem Vater zu unterhalten. Gegen Livia hatte er ja gar nichts einzuwenden. Sie war nun mal so aufgewachsen und von ihrem Vater unerklärlicherweise immer wieder zu den keltischen Barbaren geschleppt worden. Aber Caius fand in Halvors Augen keine Gnade. Er ging schließlich aus freien Stücken zu den Wilden und trieb sogar Handel mit ihnen! Außerdem war er der Frau des Anführers in Freundschaft verbunden.

In Gedanken sah er die schlanke, hochgewachsene Rowan vor sich, deren Blick stets voller Sorge auf ihn gerichtet gewesen war. Zugegebenermaßen passte die stolze Frau so gar nicht zu dem Bild der verrohten Barbaren, das er gehabt hatte. Ihr Erscheinungsbild war immer makellos gewesen und ihre Umgangsformen hatten keinen Anlass zur Beanstandung gegeben. Sie hatte sich in seiner Gegenwart meist im Hintergrund gehalten, doch es war ihm immer bewusst gewesen, dass sie da war. Sie hatte ihn beobachtet und über ihn gewacht.

Halvor hatte an ihrem Hals das gleiche Amulett gesehen, das auch er trug: eine in sich verschlungene Sonne. Diese Frau, die ihm so fremd war, war seine Mutter! Unfassbar! Hätten es die Götter nicht so eingerichtet, dass er eine Verbindung zu ihr spüren müsste, wenn das wirklich der Wahrheit entsprach? Wie war es möglich, dass er ihr nach zwanzig Jahren gegenüberstand und nichts fühlte? Er nahm das als weiteren Beweis dafür, dass die Götter das Band zu seinen leiblichen Eltern gekappt hatten, als sie ihn zu Gaius und Quinta brachten.

Über seinen Grübeleien musste Halvor eingenickt sein. Als er wieder erwachte, dämmerte es bereits. Er versuchte, sich aufzurichten, um sich zu orientieren, sank aber gleich wieder mit einem Stöhnen auf sein weiches Lager zurück, das ihm Caius und seine Tochter aus einer dicken Schicht Stroh und einem Leinentuch gerichtet hatten.

»Das solltest du nicht tun«, vernahm er eine Stimme von vorn. Livia hatte sich auf dem Kutschbock umgedreht und sah ihn besorgt an. »Wenn du dich zu sehr bewegst, platzt deine Wunde wieder auf«, warnte sie ihn.

Halvor fuhr sich mit der Hand an die Seite und berührte den dicken Verband. Er fühlte sich nicht nass an, die Wunde war folglich noch geschlossen.

»Wir sind gleich da«, teilte Livia ihm mit. »Nur noch zwei Kurven, dann sind wir zu Hause.«

Ihre Worte bewahrheiteten sich, als der Karren kurze Zeit später knirschend zum Halten kam. Von seiner Liegeposition aus konnte Halvor eine imposante Villa ausmachen, die zu seiner Erleichterung römisch anmutete. Vorsichtig drehte er sich auf die Seite, um sich von da aus zu einer sitzenden Position aufzurichten. Eine Frau mit langen blonden Haaren kam aus dem Haus gelaufen und fiel Caius, der den Kutschbock bereits verlassen hatte, in die Arme. Die Ähnlichkeit zu Livia wies sie ohne Zweifel als deren Mutter aus. Auch sie wurde von der Frau geherzt. Dann fiel der Blick der Frau auf ihn. Bei seinem Anblick stockte sie und riss überrascht die Augen auf.

»Aurelia, das ist ...«, wollte Caius eben erklären, wurde jedoch durch eine Handbewegung von ihr jäh unterbrochen.

Sie trat an den Wagen heran und betrachtete ihn intensiv. Halvor wurde unter den forschenden Blicken der Frau unbehaglich zumute.

Plötzlich streckte sie die Hand aus und strich ihm zärtlich über die Haare. Verblüfft ließ er es geschehen.

»Ave, Halvor«, sagte Aurelia mit leiser Stimme. »Wie schön, dass du endlich zurückgefunden hast!«

»Mein Name ist Lucius Varius«, knurrte er verärgert.

Sie drehte sich zu ihrem Mann und sah ihn fragend an. Caius winkte ab und gab ihr zu verstehen, dass er ihr später von den Ereignissen berichten würde.

Inzwischen war Livia auf den Wagen geklettert und streckte Halvor die Hand entgegen. »Komm, ich helfe dir aufzustehen. Bestimmt willst du dich in deiner Kammer von den Strapazen der Fahrt erholen und anschließend etwas essen.«

Halvor nickte dankbar und ließ sich von ihr aufhelfen. Für eine junge Frau hatte sie ganz schön viel Kraft. Inzwischen waren zwei Sklaven hinzugetreten und mit ihrer Hilfe gelang es ihm, das Gefährt unbeschadet zu verlassen. Schwankend stand er vor dem Wagen und presste die Hand auf die pochende Wunde. Ihm war schwindlig und die verdammte Schwäche, die ihn lähmte, beschämte ihn zutiefst.

»Bringt ihn gleich zu mir in den Krankentrakt«, sagte eine resolute Frau, die aus dem Eingang getreten war und sich die Hände an einem Tuch abtrocknete.

»Wird gemacht, Lucrezia«, entgegnete Caius gehorsam und wies die Sklaven an, Halvor in die Villa zu bringen. Zu gerne hätte der junge Mann ihre Hilfe abgelehnt, aber seine Beine wollten ihm einfach nicht gehorchen. Die beiden Sklaven fassten beherzt zu und halfen ihm so, die wenigen Schritte zum Haus zurückzulegen.

Im Inneren mussten sich seine Augen erst an die Dunkelheit gewöhnen. Die Villa machte einen äußerst gepflegten Eindruck und erinnerte ihn an die Landvillen römischer Adeliger, die er mit seinem Vater hin und wieder besucht hatte. Seine Seite schmerzte immer stärker, sodass Halvor mehr als froh war, als endlich eine Tür vor ihm aufgestoßen wurde und man ihn in eine geräumige Kammer bat. Gegenüber der Tür befand sich ein großes Fenster, das weit geöffnet war und warme Luft hereinließ. Links neben der Tür stand ein einladendes Bett, dessen weiße Laken nur darauf zu warten schienen, dass er sich endlich darauf niederließ. Sein ganzer Körper sehnte sich danach, sich fallen zu lassen.

»Gleich dürft Ihr Euch hinlegen«, sagte die resolute Frau von vorhin, die hinter ihm in die Kammer getreten war. »Doch zuerst muss ich mir Eure Wunde genauer ansehen und mit Verlaub, eine gründliche Körperwäsche würde Euch ebenfalls gut tun. Mein Name ist übrigens Lucrezia. Ich kümmere mich hier um die Kranken.«

Halvor lief rot an. Die Frau verlangte doch nicht allen Ernstes von ihm, dass er sich vor ihr auszog?

»Aulus, Manius, helft dem jungen Mann vorsichtig dabei, seine Tunika auszuziehen«, befahl sie da schon den beiden Sklaven, die ihn hergebracht hatten. Bevor er protestieren konnte, zogen sie ihm das Gewand über den Kopf. Die plötzliche Bewegung ließ den Schmerz in der Wunde wieder aufflammen und er fuhr zusammen.

»Ihr Tölpel!«, schimpfte Lucrezia laut. »Seht, was ihr angerichtet habt!« Sie deutete auf den Verband, auf dem sich ein frischer roter Fleck zeigte. »Raus mit euch! Ihr seid doch zu nichts zu gebrauchen! Schafft warmes Wasser herbei und Tücher! Das werdet ihr doch wohl noch hinkriegen!«

Mit gesenkten Häuptern folgten die beiden Sklaven Lucrezias Anweisungen und verließen die Kammer. Sie trat an Halvor heran und löste vorsichtig die Schleife, die den Verband an Ort und Stelle hielt. Scharf sog er die Luft zwischen den Zähnen ein, als sie das letzte Stückchen Tuch von der Haut entfernte, das an der Wunde klebte.

»Sieht ja gar nicht mal so übel aus«, befand sie nach einem kundigen Blick auf die Narbe. »Wer auch immer das versorgt hat, versteht etwas von seinem Handwerk.« Sie nahm ein Tuch und tupfte vorsichtig das frische Blut weg, das aus der Wunde ausgetreten war. »Ist nicht so schlimm, wie es aussah«, sagte sie erleichtert. »Das bekommen wir wieder hin.«

Die Tür öffnete sich und die beiden Sklaven von vorhin schleppten in ihrer Mitte einen großen Eimer mit dampfendem Wasser herein und jeder trug einen Stapel Tücher über dem Arm. Ächzend stellten sie den Eimer ab, wobei ein kleiner Schwall Wasser überschwappte.

»Jetzt seht euch nur die Bescherung an«, schimpfte Lucrezia und scheuchte die Sklaven kopfschüttelnd aus dem Zimmer. Seufzend nahm sie eines der mitgebrachten Tücher und wischte damit geschwind über den Boden.

Dann wusch sie sorgfältig ihre Hände in einer bereitstehenden Schüssel, tauchte ein Tuch in das warme Wasser und rieb mit kräftigen Strichen Halvors Oberkörper ab. Was war er froh, dass er wenigstens noch sein Subligaculum trug. Das Tuch, das zwischen den Beinen durchgezogen war und seine empfindlichsten Stellen bedeckte, war fest an der Hüfte verknotet. Vorsichtig betupfte Lucrezia die Wundränder und entfernte eingetrocknetes Blut. Anschließend trocknete sie ihn ab und strich eine feste, wohlriechende Paste auf seine Narbe. Dann nahm sie frische Leintücher und wickelte sie fest um seinen Oberkörper.

»So, nun waschen wir mal den Rest«, sagte Lucrezia und griff, zu seinem Entsetzen, nach einem der Knoten, die sein Subligaculum festhielten. Schnell ergriff Halvor ihre Hand, um sie davon abzuhalten.

»Das schaffe ich allein«, sagte er mit fester Stimme.

Zweifelnd sah sie ihren Patienten an, bevor sie sich schulterzuckend abwandte.

»Na gut, wenn Ihr meint. Über der Truhe liegt ein neues Tuch und eine frische Tunika findet ihr dort auch«, ließ sie ihn wissen. »Ich warte vor der Tür. Sagt Bescheid, wenn Ihr fertig seid.«

Halvor sah der kleinen, rundlichen Frau nach, als sie die Kammer verließ. In Wirklichkeit war er sich selbst nicht sicher, ob seine Kraft ausreichen würde, um sich zu waschen. Doch niemals würde er es zulassen, von ihr gewaschen zu werden! Er wickelte das Tuch von seinen Hüften ab und warf es zu der restlichen schmutzigen Kleidung auf den Boden. Dann tauchte er einen Lappen in das Wasser und wusch sich gründlich. Es ging besser, als er gedacht hatte, dennoch war er froh, als er damit fertig war. Seine Lider drückten schwer auf seine Augen. Das Ganze hatte ihn doch sehr angestrengt. Nachdem er sich angekleidet hatte, öffnete er die Tür und ließ Lucrezia wieder herein.

»Legt Euch gleich hin«, wies sie ihn an. »Ihr müsst unbedingt ruhen. Die Strapazen der Reise haben Euch wahrlich nicht gut getan.« Sie nahm seinen Arm und führte ihn zum Bett.

»Am besten setzt Ihr Euch auf den Rand und lasst Euch auf Eure linke Seite nieder. Dann hebt Ihr die Beine an und könnt euch anschließend auf den Rücken drehen. Das entlastet Eure Wunde.«

Halvor tat, wie ihm geheißen, und tatsächlich ziepte es nur kurz, als er sich hinlegte. Wohlig seufzend streckte er sich auf dem weichen Bett aus. Er war so müde, dass er nur noch am Rande mitbekam, dass Lucrezia eine Decke über ihn ausbreitete und leise die Kammer verließ.

Er musste lange geschlafen haben, denn als er erwachte, war es draußen dunkel. Vorsichtig setzte er sich auf. Eine beinahe heruntergebrannte Kerze auf dem Tisch beleuchtete seine Kammer spärlich. Halvor stand auf und stützte sich an der Wand ab, als ihn Schwindel ergriff. Doch schon kurze Zeit später ging es ihm besser und er konnte weitergehen. In der Ecke fand er ein Gefäß, das ihm als Nachttopf dienen sollte. Dankbar erleichterte er sich, bevor er sich zum Tisch begab. Neben der Kerze lagen in einer Schale ein großes Stück kalter Braten, Oliven, ein ordentlicher Kanten Käse und zwei kleine Fladenbrote. Ein Krüglein mit verdünntem Wein und ein bereitstehender Tonbecher fehlten ebenfalls nicht. Halvors Magen knurrte vernehmlich, als er die Köstlichkeiten sah. Hungrig stürzte er sich auf das Essen.

Als er sich kurze Zeit später pappsatt zurücklehnte, seufzte er zufrieden. Seine Lage hatte sich sehr zum Besseren verändert, wie er meinte. Er war aus der keltischen Siedlung entkommen und wohnte nun frei und ohne mit Stricken gebunden zu sein in einer römischen Villa. Gleich am Morgen würde er Livia bitten, einen Boten zu seiner Einheit zu schicken, um sie von seinem Schicksal in Kenntnis zu setzen.

Beim Gedanken daran, dass er sie ebenfalls vom gewaltsamen Tode seiner Kameraden unterrichten musste, verdüsterte sich seine Miene. Plötzlich lief es ihm eiskalt den Rücken hinunter. Wie sollte er nur erklären, wie er überlebt hatte? Er konnte ja schlecht ins Lager spazieren und sagen: »Ach übrigens, ich bin eigentlich Kelte, deshalb haben die Barbaren nur meine Freunde getötet und mich verschont!«

Halvor schüttelte entsetzt den Kopf. Er musste unter allen Umständen verhindern, dass seine Einheit etwas von seiner Abstammung mitbekam! Er stützte den Kopf in beide Hände und grübelte, wie er mit der Situation umgehen sollte. Ein fernes Klappern schreckte ihn aus seinen Gedanken. Er hob den Kopf und stellte überrascht fest, dass es draußen bereits dämmerte. Die Sklaven fingen mit ihrem Tagwerk an, wie die leisen Geräusche verrieten. Halvor gähnte und streckte sich vorsichtig. Die nächtliche Grübelei hatte ihn mehr angestrengt als erwartet. Langsam ging er zurück zum Bett und legte sich wieder hin, in der Hoffnung, noch ein wenig Schlaf zu finden, bevor Lucrezia auftauchte.

Als er wieder erwachte, war es in seiner Kammer taghell. Verwirrt rieb er sich über die Augen, als ihn eine helle Stimme aufschreckte.

»Na, du Schlafmütze! Wachst du auch einmal auf?«

Halvor fuhr hoch, was ihm einen wütenden Stich in die Seite einbrachte.

»Vorsichtig!«, ermahnte Livia ihn, die lächelnd auf einem Stuhl vor seinem Bett saß. »Sonst bekommen wir beide Ärger mit Lucrezia und das wollen wir wirklich nicht!«

»Was machst du denn hier?«, fragte Halvor erstaunt.

»Nach dir sehen, was sonst?«, entgegnete Livia verschmitzt grinsend. »Ich konnte ja nicht ahnen, dass du den lieben langen Tag im Bett verschläfst!«

»Den ganzen Tag? Wie spät ist es denn?«

»Mittag durch«, antwortete Livia schmunzelnd. »Du hast das Frühmahl verpasst, aber wie ich sehen konnte, hast du ja irgendwann in der Nacht bereits etwas zu dir genommen.«

Halvor schaute zum Tisch, der jedoch sauber war. Irgendjemand musste abgeräumt haben, während er schlief.

»Hast du Hunger?«, fragte Livia, seinem Blick folgend.

Er nickte. »Ich würde nicht nein sagen, wenn ich noch etwas bekommen könnte.« Er schämte sich ein wenig für seinen Hunger, doch seit es ihm besser ging, wuchs auch sein

Appetit wieder. Er hatte schon immer Unmengen verzehren können, sehr zum Leidwesen seiner Mutter.

Livia erhob sich. »Dann werde ich mal dafür sorgen, dass du etwas zu essen bekommst.« Sie ging zur Tür. »Bis gleich! Lauf nur nicht weg!« Sie zwinkerte ihm zu und verließ die Kammer.

Halvor setzte sich an die Bettkante und strich seine Tunika glatt. Sein Blick fiel auf eine gefüllte Waschschüssel auf dem kleinen Seitenregal. Dankbar wusch er sich mit dem kalten Wasser das Gesicht und fuhr sich mit den nassen Händen durch die verstrubbelten Haare, um sie zu glätten.

»Euch scheint es ja wieder ganz gut zu gehen«, sagte eine Stimme in seinem Rücken. Halvor drehte sich um und sah Lucrezia hinter sich stehen, die ihn aufmerksam betrachtete.

»Der viele Schlaf tut Euch gut«, befand die kleine Frau, während sie mit kräftigen Armbewegungen sein Bett aufschüttelte und zurechtzupfte. »Ich möchte mir Eure Wunde noch einmal ansehen. Bitte zieht schon mal die Tunika aus oder benötigt Ihr dabei Hilfe?«

»Nein, das kann ich allein«, sagte Halvor trotzig, hatte dann aber doch große Mühe, sich aus seinem Gewand zu befreien. Vorsichtig wickelte Lucrezia die Leinenbinden ab und besah zufrieden die Verletzung.

»Es hat sich nichts entzündet und die Wundheilung verläuft äußerst zufriedenstellend, vorausgesetzt, Ihr verhaltet Euch vorsichtig und lasst der Wunde Zeit, ordentlich zu heilen.«

»Wann kann ich wieder reiten?«, fragte Halvor bang. Er wollte so schnell wie möglich wieder zu seiner Einheit zurück.

Lucrezia legte zweifelnd den Kopf schief. »Damit werdet ihr euch noch einige Wochen gedulden müssen, junger Herr. Seht Euch doch nur an! Ihr seid ja nur noch Haut und Knochen.« Sie tippte mit dem Finger gegen seine deutlich sichtbaren Rippen. »Aber das Essen wird Euch wieder zu Kräften bringen. Langt nur tüchtig zu! Dann wird es Euch bald wieder so gut gehen, dass Ihr reiten könnt.«

Lucrezia hatte die Wunde abermals mit einer Paste bestrichen und einen neuen Verband angelegt. »Fertig.« Zufrieden betrachtete sie ihr Werk. Die Tür ging auf und Livia kam herein, eine große Schüssel Getreidebrei balancierend.

»Oh«, sagte sie mit erröteten Wangen, als sie Halvor nur mit seinem Lendentuch bekleidet erblickte. Hastig stellte sie die Schüssel ab und wandte sich beschämt um.

Ihm schoss ebenfalls die Röte in die Wangen. Wie unendlich peinlich! Schnell schlüpfte er in die Tunika, die ihm die grinsende Lucrezia bereitgehalten hatte. Dann trat er an den Tisch und setzte sich. Livia hatte die Bewegung wahrgenommen und drehte sich wieder zu Halvor um, ihr Gesicht immer noch verräterisch gerötet.

»Lass es dir schmecken«, sagte sie, bevor sie sich ebenfalls an den Tisch setzte.

»Ich werde später wieder nach Euch sehen«, kündigte Lucrezia an und verließ den Raum.

Halvor ergriff den hölzernen Löffel und tauchte ihn in den dampfenden Getreidebrei. Als er den ersten Bissen kostete, riss er vor Erstaunen die Augen weit auf. Das schmeckte ja köstlich! Ganz anders als die fade Pampe, die man morgens beim Militär in sich hineinstopfte.

Die junge Römerin lachte. »Dir schmeckt's also, ja?«

Halvor nickte begeistert und schob einen weiteren Löffel hinterher.

»Das Geheimnis ist Malabatrum«, verriet Livia schmunzelnd. »Vater bringt das Gewürz von seinen Handelsreisen mit, weil Mutter es so liebt. Außerdem gibt Mara immer einen gewaltigen Löffel Honig hinein.«

»Mara?«, fragend sah Halvor auf.

»Mara war Vaters Kinderfrau und sie ist ihm über die Alpen gefolgt, um sich weiterhin um ihn und uns zu kümmern. Ihr wurde längst die Freiheit geschenkt und dennoch will sie ihren Lebensabend hier verbringen. Ich kenne sie seit meiner Geburt und will sie nicht missen.«

Er nickte, bevor er mit seiner Mahlzeit fortfuhr. Nach kurzer Zeit war alles aufgegessen und er hatte sogar die Reste am Rand der Schüssel zusammengekratzt, um sich keinen Bissen der Köstlichkeit entgehen zu lassen. Zufrieden lehnte er sich zurück.

»Möchtest du noch eine Portion?«

Erschrocken wehrte er ab. »Nein, danke. Ich bin wirklich pappsatt.«

»Möchtest du dir vielleicht ein wenig die Beine vertreten? Ich könnte dir einen Teil der Villa zeigen.«

»Sehr gerne. Dürfte ich dich vielleicht vorher um einen Gefallen bitten?«

»Ja, klar. Um was geht es denn?« Livia sah ihn gespannt an.

»Ich würde meiner Einheit gern eine Nachricht schicken, damit die Befehlshaber wissen, weshalb ich noch nicht zurückgekommen bin.«

»Schon verstanden«, sagte Livia und stand auf. »Ich hole dir etwas Papyrus und eine Feder aus Vaters Schreibstube. Ich bin gleich wieder da.«

Kurze Zeit später erschien sie mit einer Papyrus-Rolle, einem kleinen Tintenfässchen und einer Schreibfeder aus Schilfrohr. Sie breitete ihre Schätze auf dem Tisch vor Halvor aus, der die Schüssel an den Rand geschoben hatte.

»Hier, jetzt kannst du deiner Einheit schreiben.«

»Vielen Dank! Ich werde mich gleich an die Arbeit machen.«

»Dann will ich dich nicht weiter stören.« Livia nahm die leere Schüssel auf. »Vielleicht hast du später ja Lust, ein wenig herumzuspazieren?«

»Sehr gerne«, erwiderte er lächelnd.

Als die Tür hinter Livia ins Schloss gefallen war, lehnte sich Halvor wieder zurück, die Feder nachdenklich in der Hand drehend. Was sollte er nur schreiben? Den Tod seiner beiden Kameraden würde er wahrheitsgemäß beschreiben, so viel war ihm klar, aber dann? Wenn er berichtete, dass er keltischer Abstammung war und nicht nur das, sondern sogar der Erstgeborene eines Keltenanführers, dann würde er seine Stellung beim Militär mit hoher Wahrscheinlichkeit verlieren. Und nicht nur das! Möglicherweise würde man ihn sogar in Haft nehmen, um ein Druckmittel gegen den Stammeshäuptling zu haben. Das war immerhin das übliche Vorgehen. Indem man die Söhne der Keltenhäuptlinge als Faustpfand nahm, brachte man deren Väter dazu, sich dem Willen Roms zu beugen.

Halvor schnaubte verächtlich, als er an den Häuptling der Keltensiedlung dachte, der seine Freunde kaltblütig ermordet hatte. Er würde diesen Mann niemals als Vater ansehen, dessen war er sich sicher! Außerdem bezweifelte er stark, dass seine Gefangennahme irgendeine Entscheidung des brutalen Kelten beeinflussen würde. Immerhin war er in seinen Augen der Feind! Ein Römer, der seine Gnade nicht verdiente ...

Die Tür knarzte. Als Halvor sah, wer ihm einen Besuch abstattete, versteifte er sich unwillkürlich.

»Ich sehe, du bist beschäftigt«, sagte Caius, der den Kopf zur Tür reinsteckte. »Ich wollte nur einmal nachsehen, wie es dir heute geht.« Er trat in das Zimmer und bedachte seinen Gast mit einem freundlichen Lächeln.

»Mir geht es gut«, brummte Halvor missmutig und wandte sein Gesicht wieder dem unbeschriebenen Blatt zu.

»Livia hat mir schon gesagt, dass du deiner Einheit schreiben willst«, sagte Caius, der Halvors Blick gefolgt war. »Darf ich mich kurz zu dir setzen?« Er deutete auf den freien Stuhl an der anderen Seite des Tisches.

Mit einer knappen Handbewegung stimmte er zu. Immerhin war er Gast in Caius' Haus. Auch wenn er den älteren Römer nicht ausstehen konnte, gebot doch wenigstens die Höflichkeit, ihm diese Bitte nicht zu verwehren.

»Hast du schon darüber nachgedacht, was du schreiben willst?«

Überrascht sah Halvor auf.

»Glaubst du, mir ist nicht bewusst, in welchen Schwierigkeiten du steckst? Du wirst erklären müssen, was vorgefallen ist, aber gleichzeitig wird die Erklärung, warum ausgerechnet du nicht hingerichtet wurdest, große Fragen aufwerfen, nicht wahr?«

Halvor staunte, wie genau Caius seine Misere erfasste. Er nickte knapp.

»Das war mir klar, daher habe ich lange über die Sache nachgedacht und ich glaube, eine Lösung gefunden zu haben«, sagte Caius ruhig und faltete die Hände auf dem Tisch vor sich zusammen.

»Ihr habt eine Lösung gefunden?«, entfuhr es Halvor überrascht.

Caius nickte. »Ja, ich glaube, das habe ich. Hör mir gut zu: Du bist mit deinen Kameraden in die keltische Siedlung verschleppt worden. Dort hast du es während der Hinrichtungen geschafft, dich davonzuschleichen und dich auf dem Wagen eines römischen Händlers zu verstecken und es so unbemerkt aus der Siedlung geschafft.« Caius fuhr sich mit der Hand durch die Haare und seufzte. »Ganz gelogen ist das ja nicht! Immerhin bist du ja wirklich auf dem Wagen eines Händlers aus der Siedlung gefahren ...«

Halvor schob wütend den Stuhl zurück und sprang auf, was ihm sofort einen stechenden Schmerz in der Seite bescherte.

»Damit wäre ich auf immer als Feigling gebrandmarkt, der seine Kameraden im Stich lässt!«, begehrte er auf.

Caius nickte nachdenklich, ließ sich jedoch durch den hitzigen jungen Mann nicht aus der Ruhe bringen. »Das ist richtig, aber wenn du bei der Wahrheit bleibst und von deiner schweren Verletzung berichtest, wird auch deinen Offizieren klar sein, dass du in deinem Zustand nichts für deine Kameraden hättest tun können!«

Halvor ließ sich schwer auf seinen Stuhl fallen und dachte über die Worte des Römers nach.

»Ich lasse dich jetzt wieder allein«, sagte Caius und erhob sich. »Dann kannst du in Ruhe überlegen, was du schreiben möchtest. Wenn du meinen Rat möchtest, kannst du mich jederzeit aufsuchen.«

Er ging zur Tür und drehte sich noch mal um. »Wenn ich du wäre, würde ich meine Verwandtschaft zu den Kelten geheim halten. Du kannst nichts für deine Geburt und trotzdem wird man sie dir vorhalten! Die Götter haben einen Schicksalsplan für jeden von uns und deiner hat dich zu deinen Pflegeeltern geführt. Wer sind wir, die Pläne der Götter zu hinterfragen? Wer weiß, was sich Jupiter dabei gedacht hat? Ich weigere mich zu glauben, dass wir nur Spielbälle auf dem großen Spielfeld der Götter sind, die uns ohne reifliche Überlegung hin und her schieben! Du bist inzwischen ein erwachsener Mann, Halvor! Und obwohl du kurz nach deiner Geburt von deiner Familie getrennt wurdest, haben die Götter ihre schützenden Hände über dich gehalten und dich einer anderen Familie geschenkt. Wir können im Moment den großen Plan der Götter vielleicht noch nicht begreifen, aber irgendwann werden auch wir verstehen, warum dein Schicksal sich auf verschlungenen Pfaden bewegt.« Caius griff nach der Türklinke, nickte ihm zu und verließ die Kammer.

Sprachlos blieb Halvor zurück. So hatte er das Ganze noch nicht betrachtet. Seit Wochen quälte er sich wegen seiner Herkunft und hatte lediglich seine Pflegeeltern als von den Göttern geschickt angesehen. Aber was, wenn Caius recht hatte und sie größere Pläne mit ihm hatten? Halvor musste zugeben, dass ihn der Winzer mit seinen Worten beeindruckt hatte. Obwohl er ihn nach wie vor dafür verachtete, mit den Kelten Handel zu treiben, sah er ihn in einem etwas anderen Licht.

Er tauchte die Feder in das Tintenfässchen und begann zu schreiben. Wahrheitsgemäß berichtete er von der Gefangennahme durch keltische Krieger und ihrer Verschleppung auf den Donnersberg. Er verschwieg seine schwere Verletzung nicht und dass er nur wenig von den Ereignissen mitbekommen hatte. Als er über die Hinrichtung seiner Freunde schrieb, rollten Tränen über seine Wangen und Halvor musste aufpassen, dass sie nicht auf den Papyrus fielen und den Brief zerstörten. Nun kam die schwierigste Stelle, nämlich jener Teil, der seinen Anteil beschrieb.

»... Mehr bewusstlos als bei Sinnen wurde ich an den Rand des Hinrichtungsplatzes geschleppt und auf den Boden geworfen. Marius wurde von den Barbaren zuerst geholt und enthauptet. Der Stammeshäuptling höchstpersönlich führte die Axt. Das Ganze ähnelte einem religiösen Ritual, da auch ihre Priester anwesend waren. Dann kam Claudius an die Reihe. Aufrecht und stolz schritt er zu seiner Hinrichtung und ließ sich bis zu seinem letzten Atemzug keine Furcht anmerken. Er hat Rom große Ehre erwiesen.«

Vor seinem geistigen Auge sah er seinen besten Freund Claudius vor sich, wie tapfer er sich in seiner letzten Stunde verhalten hatte. Niemals würde er ihn vergessen, das schwor er sich. Er tauchte die Feder wieder ein und schrieb weiter:

»In der Zwischenzeit gelang es mir, ins Gebüsch zu robben und mich trotz meiner schweren Verletzung davonzuschleppen. Die Aufmerksamkeit meiner Bewacher war durch das grausame Werk ihres Anführers vollkommen gefesselt. Der Karren eines römischen Händlers stand in der Nähe des Platzes und ich schaffte es, mich auf der Ladefläche zu verstecken und als dieser kurz darauf losfuhr, wurde ich von den Wachen

nicht entdeckt, da ihre Aufmerksamkeit von den Geschehnissen gefesselt war. So gelang mir letztendlich die Flucht aus der Barbarensiedlung.«

Halvor las seine Ausführungen noch einmal sorgfältig durch. Dann fügte er seinen jetzigen Aufenthaltsort hinzu und eine Anmerkung, dass er, sobald es die Verletzung zuließe, zu seiner Einheit stoßen würde. Anschließend schloss er den Brief und lehnte sich erschöpft zurück.

»Du weißt schon, dass du ein Bett hast, auf dem du dich ausruhen kannst!«

Mit in die Hüften gestemmten Armen stand Livia vor ihm und musterte den verschlafen blinzelnden jungen Mann schmunzelnd.

Der fuhr sich verlegen durch die verstrubbelten Haare und gähnte. War er doch tatsächlich am Tisch sitzend auf seinen verschränkten Armen eingeschlafen! Unglaublich, wie sehr ihn seine Verletzung noch schwächte! Zum Glück hatte er es sich nicht auf dem Brief gemütlich gemacht. Der lag fertig geschrieben an der Seite des Tisches.

»Bist du fertig damit?«, fragte Livia, die seinem Blick gefolgt war.

Halvor nickte.

»Dann lass ihn uns doch gleich zu Vater bringen, damit er ihn mit einem Kurier losschicken kann«, sagte Livia beschwingt. »Dabei kann ich dir gleich noch ein wenig von meinem Zuhause zeigen.«

Er ließ sich von ihr auf die Beine ziehen. Kurz musste er sich an der Tischkante abstützen, als ihm schwarz vor Augen wurde. Livia wartete geduldig, bis er so weit war, dann verließen sie gemeinsam die Kammer. Halvor staunte immer mehr, als sich ihm die Ausmaße der Villa erschlossen. Caius musste ein sehr erfolgreicher Kaufmann sein, wenn er sich ein solches Zuhause leisten konnte. Während der Führung erzählte Livia ihm ein wenig von ihrer Familiengeschichte und so hörte er zum ersten Mal, wie Caius damals über die Alpen gekommen war und Livias Großvater Quintus bei der Verwaltung des Weingutes unter die Arme gegriffen hatte.

»Meine Mutter hat mir die Geschichte der Alpenüberquerung so oft erzählt, dass ich sie beinahe auswendig kann. Sie hat mir verraten, dass sie sich vom ersten Augenblick an in ihren Retter verliebt hat, der sie vor dem Absturz in den sicheren Tod bewahrt hat.« Mit raschen Worten berichtete sie Halvor von der gefahrvollen Reise und Caius' beherztem Eingreifen, als Quintus' Wagen mit der kleinen Aurelia auf den Abgrund zuraste.

»Sie wusste damals schon, dass sie ihn eines Tages heiraten würde.«

Halvor schmunzelte, als er Livias entzückten Gesichtsausdruck sah. Das war wahrlich eine schöne Heldengeschichte für ein junges Mädchen!

»Das ist unser Triclinium«, sagte Livia stolz, nachdem sie eine weitere Tür geöffnet hatte.

Staunend trat Halvor in den großen Saal und sah sich um. Drei meisterhaft geschnitzte hölzerne Speisesofas gruppierten sich um zierliche Tischchen herum. Den Boden des Raumes zierten kunstvolle Mosaike, gemalte Weinreben dienten als Umrahmung der Wände.

»Hier trifft Vater sich mit seinen Kunden«, plapperte Livia weiter, während sie ihn an einer Hand durch den großen Raum zog. Sie öffnete eine weitere Tür, hinter der er einen länglichen Tisch aus Eichenholz mit passenden Stühlen erblickte.

»Hier essen wir«, sagte Livia und setzte sich mit Schwung auf die dicke Tischplatte. »Das ist doch viel gemütlicher als im Triclinium, findest du nicht?«

Sie wartete seine Antwort gar nicht erst ab, sondern zog ihn weiter in einen langen Gang. Am Ende angelangt, war deutliches Klappern zu hören und wohlduftende Aromen umschmeichelten Halvors Nase.

»Da ist die Küche«, stellte Livia überflüssigerweise fest. »Lass uns Mara begrüßen.«

Sie schritten den Gang entlang und betraten den großen Raum.

Eine kräftige, dunkelhäutige Frau stand an einem Tisch und knetete gerade einen Teigfladen. Als sie eintraten, wischte sie sich schnell die Hände an einem Tuch ab und kam ihnen entgegen.

»Livia, mein Täubchen, wo treibst du dich nur wieder herum?«, sagte sie und streichelte Livias Wange. Da die Frau so klein war, musste sie sich dafür strecken.

»Meine liebe Mara«, erwiderte Livia und bückte sich nach unten, um ihr einen Kuss auf die Wange zu drücken, was Halvor sehr verwunderte. Sicherlich handelte es sich bei der Köchin doch um eine Sklavin.

»Mara, das ist Halvor«, stellte Livia gleich darauf ihren Begleiter vor. »Halvor, das ist Mara. Sie war schon Vaters Kindermädchen und dann auch meines. Mara ist die Seele unserer Familie.«

Jetzt verstand Halvor die Herzlichkeit zwischen den beiden. Er begrüßte die alte Frau, die ihn skeptisch beäugte. »Er besteht ja nur aus Haut und Knochen«, stellte Mara fest. »Aber keine Sorge, mein Junge«, sie tätschelte seinen Arm, »das kriegen wir schon wieder hin! Setzt euch an den Tisch.«

Sie deutete auf einen großen Ecktisch, um den sich Bänke und Stühle gruppierten, und watschelte an den Herd, an dem einige Frauen arbeiteten. Gehorsam ließen sie sich nieder. Es duftete köstlich und Halvor lief das Wasser im Mund zusammen. Sein Magen knurrte vernehmlich.

»Du scheinst ja wirklich großen Hunger zu haben«, sagte Livia grinsend. »Du wirst sehen, Mara wird dich hervorragend verköstigen.«

Kurze Zeit später stellte Mara zwei dampfende Schalen mit einem sämigen Fleisch-Gemüse-Eintopf vor Livia und ihren Gast. Dazu legte sie duftende Fladen, die noch warm waren. Die Haushälterin hieß eine Sklavin, einen Krug mit Wasser vermischten Weines zu holen und zwei Becher. Erst als alles zu ihrer Zufriedenheit erledigt war, setzte sie sich dazu.

»Worauf wartet ihr?«, fragte sie ungeduldig. »Esst schon oder wollt ihr das schöne Essen kalt werden lassen?«

Halvor ließ sich das nicht zweimal sagen. Er tauchte seinen Löffel in den dicken Eintopf und schob ihn sich in den Mund. Köstlich! Er leerte seine Schale in Windeseile und zupfte anschließend Stücke vom Fladenbrot ab, um damit die Soßenreste aufzunehmen. Nur mit halbem Ohr hörte er währenddessen Livias Geplapper zu, die ihrem Kindermädchen beim Essen von ihren Erlebnissen auf dem Donnersberg berichtete. Als er fertig war, war die Schüssel der Römerin noch halb voll.

»Möchtest du noch eine Portion?«, fragte Livia, der offensichtlich nicht entgangen war, mit welcher Geschwindigkeit Halvor gegessen hatte.

»Nein, danke«, wehrte er ab. »Ich bin satt!« Er wandte sich an Mara. »Es hat köstlich geschmeckt. Ich kann mich nicht erinnern, wann ich das letzte Mal eine so gute Mahlzeit zu mir genommen habe.«

Die Kinderfrau freute sich sichtlich über das Kompliment. Gerührt tätschelte sie seine Hand, bevor sie die leere Schüssel nahm und sich entfernte.

Nach der Mahlzeit brachte Livia ihn zurück auf sein Zimmer. Das Gehen hatte Halvor sichtlich angestrengt und er war froh, dass er sich wieder auf seinem Bett ausruhen konnte.

»Möchtest du heute Abend mit uns zusammen essen?«, fragte Livia auf dem Weg aus seiner Kammer.

»Ich würde lieber hier essen, wenn es dir recht ist«, erwiderte er. Auch wenn Caius ihm mit seinem Rat geholfen hatte, konnte er sich dennoch nicht überwinden, ihn zu mögen.

Da würde er lieber allein essen, als sich mit dem Keltenfreund an einen Tisch zu setzen.

»Ist in Ordnung«, sagte Livia leise und verließ das Zimmer.

Die nächsten Tage verliefen sehr ähnlich. Lucrezia kümmerte sich um Halvors Wunde, die gut verheilte. Anschließend unternahm er mit Livia Spaziergänge. Jeden Tag schaffte er ein paar Schritte mehr, wobei die Römerin sehr darauf achtete, dass er sich nicht überanstrengte. Die Mahlzeiten nahm er in seiner Kammer zu sich, doch nicht allein, wie er anfänglich gedacht hatte. Livia gesellte sich jeden Abend an seinen Tisch und unterhielt ihn mit zahlreichen Geschichten über ihre Kindheit, denen er anfangs zurückhaltend, dann mit immer größerem Interesse lauschte. Mit begeisterten Worten berichtete sie ihm von Abenteuern, die sie gemeinsam mit Edana und Thorin erlebt hatte, von ihren Streifzügen durch die heimischen Weinberge und dem großen Fluss, der auf der anderen Seite der Berge verlief. Liebevoll schilderte sie gemeinsame Erlebnisse mit ihren Eltern und mit Rowan, die sie offenkundig sehr liebte.

Halvor staunte, als er erkannte, dass Livia in der Keltin eine Art zweite Mutter sah. Nur den Keltenhäuptling erwähnte sie bei ihren Erzählungen kein einziges Mal. Offenbar hatte sie keine besondere Beziehung zu ihm. Sie berichtete stattdessen, wie sich Rowan liebevoll um sie gekümmert hatte, als sie von einem Baum gefallen war und sich den Arm gebrochen hatte. Livia war eine begnadete Erzählerin. Geradezu bildlich sah Halvor die geschilderten Szenen vor sich: das weiche Fell auf Rowans Bett, in dem Livia an die Keltin gekuschelt schlafen durfte, wenn es ihr nicht gut ging. Die grünen Wiesen, über die sie mit Thorin um die Wette gelaufen war, aber auch den Tempel, dessen Ausmaße sie sichtlich beeindruckt hatten.

Nach und nach erfuhr Halvor auch etwas über die besondere Beziehung zwischen Caius und seiner leiblichen Mutter. Er verstand nun besser, warum der Römer Handel mit den Kelten betrieb. Außerdem kam er nicht umhin, auch Rowans Mut zu bewundern, die an der Seite ihres Mannes einer so großen Siedlung vorstand. Ihr war es gelungen, den Handel auf dem Donnersberg aufblühen zu lassen und damit seinen Bewohnern Wohlstand zu bringen. Unter ihrer Führung war es sogar möglich geworden, dass römische Händler wie Caius auf dem Markt geduldet wurden und ihr Auskommen fanden.

Damit hatte Rowan dem Weinbauern einst geholfen, das Weingut zu retten, wie Livia berichtete. Sie verschwieg auch nicht, dass ihr Großvater, den sie so gerne kennengelernt hätte, bei einem Überfall durch Drystans Krieger ums Leben gekommen war und dass die Zeit danach für ihre Eltern sehr schwer gewesen war. Langsam verstand Halvor, dass es tiefere Beweggründe hinter Caius' Freundschaft zu Rowan gab, die er anfangs nicht hatte überblicken können. Dass Drystan bei dem Überfall durch sein beherztes Eingreifen Aurelias und Rowans Leben gerettet hatte, erstaunte ihn sehr.

Fast vier Wochen waren seit Halvors Ankunft vergangen. Der Sommer hatte seine Hochphase erreicht und die Sonne verwöhnte die Menschen schon am Morgen mit ihren wärmenden Strahlen. Es ging ihm bedeutend besser, auch wenn Lucrezia ihn davor warnte, zu früh auf ein Pferd zu steigen. Sie befürchtete, dass seine Narbe durch die Spannung reißen könnte. Die immer längeren Spaziergänge mit Livia strengten Halvor nach wie vor an, aber er war bei Weitem nicht mehr so müde wie zu Beginn. Langsam nahm er auch wieder an Gewicht zu, was Maras Kochkünsten zuzuschreiben war.

Er hatte inzwischen einen Brief seines Kommandanten bekommen, den er mit zitternden Fingern geöffnet hatte. Würde ihm die Schuld am Tod seiner Kameraden gegeben werden? Erleichtert nahm er zur Kenntnis, dass ihn sein Kommandant lediglich anwies, sich vollständig auszukurieren und kein Risiko einzugehen. Den Vorfall auf dem Donnersberg hatte dieser nicht erwähnt.

Heute wollte Halvor mit Livia auf den Weinberg gehen, um endlich den Rhenus zu sehen, von dem ihm die junge Frau seit seiner Ankunft vorschwärmte. Bisher war der steil ansteigende Weg zu anstrengend für ihn gewesen, aber an diesem Tag fühlte er sich gut ausgeruht, sodass er das Vorhaben anpacken wollte.

Nach einer guten Stunde kamen sie endlich auf dem Kamm des Weinberges an. Der Anstieg hatte ihm mehr zugesetzt, als er Livia gegenüber zugeben wollte, daher war er froh, als er sich neben sie ins Gras setzen konnte. Staunend besah er den mächtigen Fluss, dessen Fluten sich schon seit langer Zeit einen Weg durch die hügelige Landschaft gebahnt hatten.

Es fühlte sich gut an, allein mit Livia hier oben zu sein. Nur das geschäftige Brummen der Insekten war zu hören. Erschöpft, aber wie er zu seinem Erstaunen feststellte, seit einer gefühlten Ewigkeit endlich wieder in einer heiteren Stimmung, ließ er sich ins Gras sinken und genoss die Ruhe um sich herum. Er schloss die Augen, um sie vor der gleißenden Sonne zu schützen.

Ein Schatten, der plötzlich auf ihn fiel, ließ ihn aufschrecken. Er blinzelte. Ein großer Mann stand über ihm. Überrascht fuhr er hoch, nur um gleich darauf einen Stich in der Seite zu spüren. Wie oft hatte Lucrezia ihm gesagt, dass er sich vorsichtig bewegen sollte, um die Wunde nicht zu belasten.

»Thorin!«, rief Livia entzückt und sprang auf. Sie rannte auf den Mann zu und warf sich ihm in die Arme. Halvor musterte den großen Krieger, der die Römerin fest in die Arme nahm und ihn über ihren Kopf hinweg betrachtete, bevor er ihr seine Aufmerksamkeit zuwandte. Als Livia wieder Boden unter den Füßen hatte, sprach sie mit Thorin. Halvor zog die Stirn kraus. Der schöne Moment war unwiederbringlich vorüber. Was machte der Kelte hier auf römischem Gebiet? Zu gern hätte er gewusst, über was die beiden sich unterhielten.

»Thorin ist hier, um nach dir zu sehen«, klärte Livia ihn nach ihrem Gespräch auf. Dann stockte sie kurz und blickte ihn ernst an, bevor sie fortfuhr: »Er ist nicht allein gekommen. Rowan wartet unten bei der Villa.«

»Sind die wahnsinnig, so mir nichts, dir nichts hier aufzutauchen?«, entfuhr es Halvor knurrend und er bedachte den keltischen Krieger mit einem wütenden Blick, den dieser ungerührt erwiderte.

»Jetzt hör mir mal gut zu«, sagte Livia eindringlich. »Deine Mutter und dein Bruder sind hier, um nach dir zu sehen. Sie machen sich Sorgen um dich, verstehst du das nicht? Immerhin hatten sie dich tot geglaubt!«

Ihm lag eine bissige Erwiderung auf der Zunge, er ließ es aber dabei bewenden, als er in Livias Augen sah.

»Sag ihnen, dass es mir gut geht und dass sie wieder gehen können«, sagte er barsch.

»Das sagst du ihnen schön selbst«, zischte Livia. Anschließend hakte sie sich bei Thorin unter und strahlte diesen an. Über die Schulter rief sie ihm »Lass uns zurückgehen« zu, bevor sie, fest eingehakt in den muskulösen Arm des großen Kriegers, vorauslief, während Halvor langsam nachfolgte.

Seine Seite tat immer noch weh, doch zu seiner Erleichterung hatte er kein frisches Blut ertasten können. Wenigstens eine gute Nachricht an diesem verkorksten Tag. Sein Blick wanderte in die Talebene, wo Caius' Villa strahlend in der Sonne lag. Seine Mutter wartete dort auf ihn ... Die bevorstehende Begegnung mit Rowan beunruhigte ihn. Warum, um alles in der Welt, waren die Kelten hier? Konnten sie ihn nicht in Ruhe lassen? Hier auf dem Weingut fühlte er sich seit langer Zeit wieder sicher und wohl und da tauchten die auf einmal auf!

Nie hätte er gedacht, dass sich die Kelten so tief in römisches Gebiet wagen würden. Vor allem seit die Militärpräsenz in den letzten Monaten dermaßen stark zugenommen hatte. Ihnen selbst waren zwei Patrouillen begegnet, als sie auf dem Weg vom Donnersberg zur Villa waren. Wie hatten Thorin und Rowan es nur bis hierher geschafft? Er seufzte tief. Am liebsten würde er alles vergessen, was mit ihnen zusammenhing, seine Herkunft gleich als Erstes ...

8. Annäherung

Römisches Weingut in der Nähe von Borbetomagus, 73 v. Chr.

Als die drei jungen Leute bei der Villa ankamen, erwartete sie bereits Aurelia vor der Tür. Erstaunt beobachtete Halvor, wie liebevoll Thorin sie begrüßte. Der Hüne beugte sich nach vorne, ließ sich von der zierlichen Römerin in den Arm nehmen und auf beide Wangen küssen. Auch sie sprach gebrochen Keltisch und konnte sich so mit den Gästen verständigen. Diese verdammte Sprache! Vermutlich redeten sie über ihn und er bekam nichts davon mit! Vielleicht wäre es nicht verkehrt, ein paar Worte zu lernen. Immerhin hatten ihm seine Lehrer ein gewisses Sprachtalent bescheinigt und so schwer konnte diese kehlig klingende Sprache mit den stark betonten Konsonanten doch gar nicht sein, wenn alle hier sie gelernt hatten! Halvor beschloss, Livia zu bitten, ihm ein paar Wörter beizubringen. Er war sich sicher, dass sie ihm sein Anliegen nicht verwehren würde.

»Schön, dass Thorin euch gleich gefunden hat«, wandte Aurelia sich nun an ihn. »Kommt nur herein, ihr wollt euch sicher gleich stärken.« Sie ließ Livia und Thorin an sich vorbei eintreten und bevor Halvor ihnen folgen konnte, griff sie nach seiner Hand und drückte sie kurz.

»Nur Mut!«, raunte sie ihm zu. »Gib ihr eine Chance!« Sie lächelte ihn an und wandte sich dann um, um ebenfalls ins Haus zu gehen.

Mit gemischten Gefühlen folgte Halvor ihnen nach. Wem sollte er eine Chance geben? Etwa Rowan? Sie war nicht seine Mutter, das war Quinta und sie war ihm eine großartige Mutter gewesen! Er erinnerte sich an Livias Worte, die ihm Rowans Sehnsucht nach ihrem Erstgeborenen zugetragen hatte. Immer wieder hatte sie Livia von ihrem Halvor erzählt, wie gut er gerochen hatte, wie blond sein Haarflaum gewesen war, wie sehr sie ihn liebte ... Immer wenn sie mit Livia über ihn gesprochen hatte, hatte Rowan gesagt, dass sie spürte, dass ihr Sohn noch lebte und eines Tages zu ihr zurückfinden würde.

Halvor hatte diese Erzählungen unkommentiert zur Kenntnis genommen, wusste er doch selbst nicht, was er dazu sagen sollte. Er empfand schon so etwas wie Mitgefühl mit der rothaarigen Keltin, die ihren Sohn so früh verloren hatte, doch die Gefühle, die ein Kind der Mutter entgegenbringen sollte, waren nicht da. Wenn die Entführung nicht geschehen wäre, wäre er niemals seinen Zieheltern begegnet, denen er alles verdankte. Das konnte und wollte sich Halvor einfach nicht vorstellen.

Aurelia führte sie ins Speisezimmer, in dem sie Caius und Rowan in ein Gespräch vertieft vorfanden. Als sie eintraten, standen beide auf und wandten sich den Ankömmlingen zu. Halvor fühlte Rowans Blick auf sich, doch sie trat nicht näher. Er musste zugeben, dass er ihre abwartende Zurückhaltung, mit der sie ihn schon auf dem Donnersberg behandelt hatte, schätzte. Livia umarmte und küsste die hochgewachsene Keltin liebevoll und wieder bemerkte Halvor die enge Verbundenheit der jungen Römerin mit den keltischen Besuchern. Zärtlich streichelte Rowan über Livias Haar und drückte sie an sich. Sie flüsterte ihr ein paar Dinge zu, die Livia strahlen ließen. Caius begrüßte Thorin mit einem kräftigen Handschlag und wechselte ebenfalls ein paar Worte mit ihm. Halvor fühlte sich auf einmal fehl am Platz, als er plötzlich eine kleine, warme Hand in seiner fühlte.

»Wollen wir uns nicht setzen?«, flüsterte Livia ihm lächelnd zu. Er nickte erleichtert und ließ sich von ihr zu der Sitzgruppe führen. Ihm entging nicht, dass Thorin sie mit ernster Miene beobachtete. Livia drückte Halvor auf einen Stuhl und nahm neben ihm Platz. Sofort war Thorin an ihrer anderen Seite. Caius, Aurelia und Rowan nahmen gegenüber den drei Jüngeren Platz. Sogleich begannen Sklaven damit, Speisen aufzutragen, und zogen sich anschließend diskret zurück. Auch sie schienen an den Anblick der keltischen Besucher gewöhnt zu sein. Als eine ältere Frau hereinkam, um den Wein zu bringen, sprang Rowan auf und nahm sie herzlich in die Arme. Sie sprachen eine Zeit lang miteinander, bevor sich die Keltin wieder setzte.

»Ich kenne Flora noch aus der Zeit, als ich hier ...«, Rowan zögerte kurz, »gearbeitet habe«, sagte sie erklärend zu Halvor.

Er nickte zum Zeichen, dass er verstanden hatte. Was für eine seltsame Sache! Rowan, die früher selbst als Sklavin auf diesem Weingut gearbeitet hatte, saß nun Seite an Seite mit ihrem ehemaligen Dominus an einem Tisch und trieb sogar Handel mit ihm.

Caius, Thorin und Livia unterhielten sich beim Essen angeregt, während Halvor in seiner Mahlzeit nur herumstocherte, obwohl sie wie immer ausgezeichnet schmeckte. Nur schien ihm heute der Appetit abhandengekommen zu sein.

»Wie geht es dir?«, fragte Rowan ihn leise über den Tisch hinweg. Sie hatte ihre Speise ebenfalls kaum angerührt, wie er mit einem Blick auf ihren Teller bemerkte.

»Mir geht es gut, dank Lucrezias Heilkünsten.« Ihm entging nicht, dass Rowan erleichtert aufatmete.

»Ich hatte große Sorge um dich«, gestand sie. »Du warst noch so schwach, als ihr abgereist seid!«

»Mir geht es hier gut«, winkte Halvor ab. »In Kürze werde ich wieder zurück zum Lager reiten können. Dann ist die ganze leidige Angelegenheit endlich vergessen.«

Er bemerkte sofort, dass er Rowan verletzt hatte, als sie den Kopf senkte und schwer schluckte. Sie würde doch wohl nicht erwarten, dass er vergaß, wie es überhaupt zu seiner Verletzung gekommen war?! Sein leiblicher Vater hätte ihn beinahe umgebracht, nachdem er seinen besten Freund Claudius getötet hatte!

»Mein größter Wunsch ist es, dich glücklich zu sehen«, flüsterte Rowan.

Halvor tat so, als ob er nichts gehört hätte. Er musste hier raus. Es fiel ihm immer schwerer, zu atmen. Er legte seinen Spießlöffel ab und erhob sich.

»Ich werde mich jetzt etwas ausruhen«, verkündete er, bevor er sich mit einem Nicken verabschiedete.

Als die Tür hinter ihm ins Schloss fiel, atmete er erleichtert auf.

Halvor hatte ein paar Stunden in seinem Zimmer verbracht, wo er zu seiner Erleichterung ungestört geblieben war. Grübelnd hatte er auf seinem Bett gelegen und an die Decke gestarrt. Die Begegnungen mit Rowan verwirrten ihn zutiefst und er hatte keine Ahnung, wie er mit der ganzen Situation umgehen sollte. Nach all dem, was Livia ihm in den letzten Wochen über seine leibliche Mutter erzählt hatte, begann er, die zierliche Keltin mit anderen Augen zu sehen. Livia hatte stets mit großer Hochachtung von Rowan gesprochen, von ihrer Stärke, ihrem Mut und ihrer ungebrochenen Lebensfreude. Sie hatte sich jahrelang nach ihrem verlorenen Sohn gesehnt und stand jetzt einem Fremden gegenüber. Zum ersten Mal fragte Halvor sich, wie es ihr mit der ganzen Situation ergehen musste, wenn es für ihn schon so schwer war ...

Ein dringendes Bedürfnis zwang ihn aufzustehen und die Latrine aufzusuchen, die sich in einem Anbau am seitlichen Eingang der Villa befand. Ein kleiner Kanal, der unter dem Häuschen verlief, sorgte dafür, dass es hier zu keiner Geruchsbelästigung kam. Wie in vielen Häusern üblich, fanden sich mehrere Sitze nebeneinander. Auch hier war kein Geld gespart worden, denn sie waren aus feinstem Marmor. Zu seiner Erleichterung war er allein im Latrinenhäuschen.

Nachdem er sich erleichtert hatte, trat er auf den Hof und beobachtete einige Sklaven, die unter Ächzen und Stöhnen ein großes Fass in Richtung Lagerhaus schleppten. Die Sonne strahlte vom wolkenlosen Himmel und Halvor verspürte auf einmal Lust, ein paar Schritte an der frischen Luft zu gehen. Schließlich war er lange genug herumgelegen und hatte sich selbst bemitleidet. Es wurde Zeit, dass er mehr an sich arbeitete und wieder zu Kräften kam. Dann könnte er auch endlich zu seiner Einheit zurückkehren und die ganze Geschichte hier vergessen.

Halvor schritt kräftig aus. Nach kurzer Zeit merkte er, wie ihm der Schweiß ausbrach, trotzdem wurde er nicht langsamer. Solange seine Seite nicht schmerzte, war alles in Ordnung. Zumindest hatte Lucrezia das behauptet und die musste es schließlich wissen.

Als er eine Stunde später, nachdem er kreuz und quer über den Weinberg gelaufen war, zurückkehrte, fühlte sich seine Kehle wie ausgedörrt an. Er sehnte sich nach einem Schluck eiskalten Wassers aus dem Brunnen im Innenhof der Villa. Er ging ins Innere des Hauses, um auf der anderen Seite des Gangs den hübschen Hof zu betreten, als er plötzlich Stimmen vernahm, die aus dem Hof kamen. Vorsichtig spähte er aus der Tür. Auf der Steinbank im Schatten des überdachten Rundgangs saßen zwei Frauen und unterhielten sich. Die roten Haare wiesen die eine eindeutig als Rowan aus, daneben saß die kleinere, blonde Aurelia.

Diskret wollte sich Halvor wieder zurückziehen, als er seinen Namen hörte. Er hielt inne. Lauschen war zwar nicht seine Angewohnheit, aber wenn über ihn gesprochen wurde, hatte er wohl das Recht, zu erfahren, worum es ging.

»Ich kann immer noch nicht glauben, dass Halvor wieder da ist nach all den langen Jahren«, vernahm er Aurelias helle Stimme. »Doch du hast es immer gewusst, nicht wahr?«

»Ich war mir sicher, dass ich es gespürt hätte, wenn meinem Sohn etwas zugestoßen wäre«, erwiderte Rowan. Sie sprach so leise, dass Halvor Mühe hatte, sie zu verstehen.

»Wie geht es dir denn jetzt mit seiner Rückkehr?«, erkundigte sich Aurelia einfühlsam.

»In mir ist tiefe Dankbarkeit, die wohl nur jemand verstehen kann, der das Liebste verloren hat und dann unerwartet wiederfindet. Jahrelang habe ich für meinen Sohn gebetet, habe die Muttergöttin angefleht, ihn mir zurückzubringen, und wenn ich ehrlich bin, gab es viele Momente, in denen ich dachte, vor Verzweiflung nicht weiterleben zu können.«

Die Frauen schwiegen und als Halvor erneut durch die Tür spähte, sah er, dass Aurelia Rowans Hand fest in ihrer hielt. Die Tränen, die er auf den Wangen seiner leiblichen Mutter sah, machten ihn seltsam betroffen. Sprach sie wirklich über ihn? Bedeutete er dieser Frau so viel, dass sie seinetwegen sterben wollte?

»Nun ist er wieder da, Rowan«, sagte die Römerin sanft. »Es geht ihm gut.«

»Ich weiß und ich werde dir für den Rest meines Lebens dankbar sein, dass ihr euch so gut um Halvor gekümmert habt!«

»Es muss schwer für dich gewesen sein, ihn gehen zu lassen ...«

»Das war es! Unfassbar schwer! Endlich hatte ich meinen Sohn wiedergefunden!« Halvor hörte Rowan aufschluchzen. »Am liebsten hätte ich ihn immer in meiner Nähe behalten, hätte ihn so gerne selbst gepflegt und umsorgt, doch mir ist klar, dass ich ihn damit überfordert hätte. Ich hätte ihn so gerne in meinen Armen gehalten! Ihn gefragt, wie es ihm all die Jahre ergangen ist! Ob er eine glückliche Kindheit hatte ... Er ist doch mein Junge, Aurelia!«

»Ich verstehe dich nur zu gut! Ich vermag mir gar nicht vorzustellen, wenn es andersherum gewesen wäre und meine Tochter nichts von mir wissen wollte! Wenn ich dir nur helfen könnte, Rowan!«

»Aber du hilfst mir doch, indem du dich an meiner statt um Halvor kümmerst! Der Junge hat Entsetzliches durchgemacht! Wie sehr muss er uns hassen?!« Sie weinte wieder und Halvor sah, dass Aurelia die Keltin in ihre Arme zog und ihr beruhigend über den Rücken strich.

Er fühlte sich wie gelähmt. Erst jetzt ging ihm auf, wie unermesslich groß das Leid gewesen sein musste, das Rowan durch sein Verschwinden durchlitten hatte. Sie hatte keinerlei Schuld daran gehabt, dass ihr Säugling entführt worden war. Von einem Tag auf den anderen war ihr Leben nicht mehr dasselbe gewesen. Er dachte über ihre Worte nach. Ob er sie hasste? Nein! Er hasste sie nicht. Er war sich überhaupt nicht im Klaren über seine Gefühle ihr gegenüber. Als er die sonst so starke Frau so zerbrechlich auf der Bank sitzen sah, wurde ihm klamm ums Herz. Er wollte nicht, dass sie seinetwegen so litt.

»Was willst du nun tun?«, unterbrach Aurelias Stimme seine Gedanken.

»Ich werde ihn ziehen lassen«, erwiderte Rowan, ohne zu zögern. »Halvor ist ein erwachsener Mann, der selbst bestimmen kann, wie sein Leben verlaufen soll. Ich liebe ihn so sehr, dass mein Herz zerspringen will bei dem Gedanken, ihn wieder zu verlieren! Aber gerade weil ich ihn so liebe, muss ich ihn ziehen lassen!«

Halvor schluckte. Die Keltin bewies eine Größe, die ihn eigentümlicherweise mit Stolz erfüllte. Er merkte, dass er seiner leiblichen Mutter Gefühle entgegenbrachte, die schwer einzuordnen waren. Quinta hatte ihn aufgezogen, sich um ihn gekümmert, bis er groß war und auf eigenen Beinen stehen konnte. Dafür hatte er sie Zeit ihres Lebens verehrt. Es war ihm wie Verrat an ihr vorgekommen, als plötzlich eine andere Frau aufgetaucht war, die seine Mutter sein sollte. Doch Halvor verstand auf einmal, dass Rowan niemals die Absicht gehabt hatte, seine Ziehmutter aus seinem Herzen zu verdrängen. Mit einem Mal sah er in ihr keine Bedrohung mehr, sondern eine Frau, der das Schicksal übel mitgespielt hatte und die den Herausforderungen des Lebens trotzdem tapfer entgegentrat.

»Und Drystan?«

Der Name des Keltenfürsten riss Halvor aus seinen Gedanken.

Rowan seufzte tief. »Er ist mit der Situation genauso überfordert wie ich, auch wenn er es nie zugeben würde! Seit Jahren sucht er überall nach seinem Sohn, dann steht der plötzlich vor ihm und ist noch dazu sein Feind!«

Halvor dachte an die Begegnungen mit seinem leiblichen Vater. Er verabscheute ihn dafür, dass er seine Freunde kaltblütig ermordet hatte. Beinahe wäre er selbst unter der Axt seines eigenen Vaters umgekommen!

»Er schläft kaum noch«, fuhr Rowan fort. »Jede Nacht wacht er schweißgebadet auf, dann verlässt er das Bett und kommt erst im Morgengrauen zurück. Ich glaube, er ist völlig durcheinander! Er hätte beinahe unseren Sohn getötet! Nicht auszudenken, wenn er erst danach bemerkt hätte, wen er vor sich hat!«

Halvor atmete tief durch. Es hatte etliche Momente gegeben, da hatte er sich genau das gewünscht. Der Gedanke, von diesem Scheusal abzustammen, hatte ihm jeden Lebenswillen geraubt. Doch Rowans Worte stimmten ihn nachdenklich. Er hatte sich bis jetzt kein einziges Mal in ihn hineinversetzt. Wie sollte er auch, waren ihm seine Denk- und Lebensweise doch völlig fremd. Die Trauer um die Freunde verhinderte, dass er an dieser Stelle weiterdenken konnte. Dazu war alles zu frisch. Er war noch nicht bereit, dem Häuptling zu vergeben.

»Ich liebe Drystan von ganzem Herzen, Aurelia, das weißt du. Aber die Geschichte mit Halvor hat aus ihm einen verbitterten Mann gemacht. Ich habe entsetzliche Angst davor, wie er reagieren wird, wenn er erfährt, dass sein Sohn nicht auf den Donnersberg zurückkehren wird.«

Ungläubig schüttelte Halvor den Kopf. Erwartete dieser Barbar etwa von ihm, freiwillig in die Keltensiedlung zurückzukehren?

»Er wird es verstehen«, sagte Aurelia sanft.

»Mögen die Götter bewirken, dass du recht behältst«, seufzte Rowan. »Drystan liebt Thorin, doch er hat die Hoffnung nie aufgegeben, seinen Erstgeborenen an seiner Seite zu haben.«

Ein Geräusch in der Nähe schreckte Halvor auf. Auf keinen Fall wollte er beim Lauschen entdeckt werden. Auf leisen Sohlen entfernte er sich von der Tür und lief zu seiner Kammer. Auf dem Weg traf er auf eine Sklavin, der er befahl, ihm einen Krug Wasser zu bringen. Glücklicherweise begegnete er niemand anderem und konnte ungesehen in sein Refugium zurückkehren. Sein Kopf schwirrte von den Dingen, die er eben gehört hatte. Nichts war mehr so, wie es früher war. Er fühlte sich innerlich zerrissen. Wer war er eigentlich? Halvor oder Lucius? Er wusste es nicht mehr.

Als er gerade überlegte, ob er sich für das Abendmahl entschuldigen lassen sollte, klopfte es an seiner Kammer und Livia schlüpfte herein. Sie sah wunderschön aus mit ihrem kunstvoll hochgesteckten Haar, das ihren schwanengleichen Hals betonte. Die hellblaue Tunika umschmeichelte ihren Körper und die Saumstickereien aus Silberfäden verliehen ihrer Kleidung ein edles Aussehen.

»Ich wollte dich zum Essen holen.«

Halvor zögerte. »Ich weiß nicht ...«

»Nun komm schon«, sagte Livia forsch und fasste ihn an der Hand. »Du kannst unmöglich den ganzen Tag in deiner Kammer herumsitzen!« Sie zog ihn zur Tür. Als sie seinen

Widerstand spürte, drehte sie sich zu ihm um, seine Hand fest in ihrer haltend. »Ich kann nicht behaupten, dass ich auch nur annähernd wüsste, wie du dich fühlen musst, Halvor«, sagte sie mit ernstem Blick. »Doch eines weiß ich ganz sicher: Die Menschen da draußen lieben dich. Keiner will dir Böses und wirklich niemand kann etwas für diese verzwickte Situation.« Sie drückte seine Hand. »Meinst du, du kannst einfach versuchen, etwas Zeit mit Rowan und Thorin zu verbringen? Keiner zwingt dich, sie zu lieben, aber ich bitte dich von Herzen, ihnen offen gegenüberzutreten.«

Halvor schluckte schwer. Livia hatte ja recht! Es hieß, das Beste aus dieser verzwickten Lage zu machen, und hatte er nicht selbst gesehen, wie Rowan litt? Er wollte nicht, dass die Keltin wegen ihm weitere Tränen vergoss. Das hatte sie nicht verdient.

Er erwiderte Livias Händedruck und nickte ihr zu. Ein erleichtertes Grinsen breitete sich auf ihrem Gesicht aus und sie zog ihn anschließend lachend aus dem Zimmer.

Das Essen verlief zunächst eher schweigsam. Caius versuchte immer wieder, ein Gespräch in Gang zu bringen, doch niemand hatte so recht Lust dazu. Aus den Augenwinkeln beobachtete Halvor Rowan. Sie saß mit gesenktem Kopf da und stocherte mit dem spitzen Ende ihres Cochlears lustlos in ihrem Fisch herum. Ihr bleiches Gesicht wies dunkle Augenringe auf, wahrscheinlich eine Folge ihrer vergossenen Tränen.

»Unterscheiden sich die römischen Mahlzeiten sehr von euren keltischen?«, richtete Halvor das Wort an Rowan.

Überrascht sah sie auf. Es war das erste Mal, dass er direkt mit ihr sprach. Auch die anderen hielten inne und blickten zwischen Mutter und Sohn hin und her.

»Eigentlich sind die Mahlzeiten gar nicht so verschieden«, erklärte Rowan lächelnd. »Wir essen auch oft einen Brei aus Getreide und strecken ihn mit allerlei Gemüse oder hin und wieder einem Stück Fleisch. Allerdings nehmen wir kein Garum, das hier sehr gerne verwendet wird.«

»Wie würzt ihr dann eure Speisen?«, fragte Halvor verwundert.

»Ich sammle gerne Kräuter und trockne sie. Diese gebe ich dann in den Brei, was einen angenehm würzigen Geschmack ergibt.« Sie schmunzelte. »Allerdings habe ich meistens ein Krüglein Garum daheim, weil Aurelia mir immer etwas mitbringt, wenn sie uns besuchen kommt.« Sie zwinkerte ihrer Freundin zu. »Ich vermute ja, sie will einfach nicht darauf verzichten, wenn sie zu Besuch ist.«

Aurelia lachte. »Ertappt! Aber du verwendest das Garum doch auch gern, oder etwa nicht?«

Rowan nickte. »Tatsächlich schätze ich diese Würzsoße sehr. Daher bin ich dir ja auch immer sehr dankbar, wenn du mir Nachschub besorgst.«

»Esst ihr auch Fisch, so wie wir heute?«, hakte Halvor nach. Irgendwie wollte er das Gespräch noch nicht beenden. Rowan sah so glücklich aus. Ihr Lächeln erinnerte ihn an das der kleinen Heilerin. So hatte er die Keltin bislang nie gesehen.

»Fisch essen wir nie. Wir ernähren uns vor allem von Gemüse und ab und an gibt es auch Fleisch. Zugegebenermaßen gibt es in meiner Küche relativ viel Fleisch, aber nicht jeder ist in der gleichen Lage wie wir.«

Halvor nickte. Ihm war klar, dass Rowan auf ihren Stand als Frau des Keltenhäuptlings anspielte, auch wenn sie ihren Mann mit keiner Silbe erwähnte.

»Das Essen hier ist jedenfalls immer überaus köstlich. Ich muss aufpassen, dass ich nicht auseinandergehe, wenn ich hier bin, weil Mara einem ständig Leckerbissen zusteckt.«

Halvor lachte. »Das stimmt! Mir rennt sie auch immer mit irgendwelchen Leckereien hinterher!«

Rowan strahlte und die Stimmung entspannte sich deutlich. Während Aurelia eine Geschichte über ihre geliebte

Mara zum Besten gab, bemerkte Halvor, dass seine leibliche Mutter ihn musterte, und als er ihren Blick erwiderte, nickte sie ihm leicht zu.

Thorin sagte während des Essens keine Silbe. Er langte kräftig zu und ließ sich den Teller noch mal füllen. Plötzlich wurde Halvor klar, dass er nichts von dem verstand, was gesprochen wurde. Sein Bruder sprach kein Latein und widmete sich daher dem Essen. Hin und wieder beugte er sich zu Livia, die neben ihm saß und für ihn übersetzte. Das schien dem jungen Mann zu reichen, da er mehr damit beschäftigt war, seine Tischnachbarin zu betrachten, als der Unterhaltung Beachtung zu schenken.

Als Halvor nach dem Essen wieder in seiner Kammer war, sah die Welt gar nicht mehr so düster aus. Er fühlte sich seltsam gelöst. Irgendwie hatte er das Gespräch mit Rowan überaus genossen und ihm wurde klar, dass Livia recht gehabt hatte. Er musste das Beste aus der Situation machen und lernen, mit der Tatsache umzugehen, dass die Keltin seine leibliche Mutter war. Den Gedanken an Drystan verdrängte er weiterhin, immerhin war der Keltenhäuptling nicht hier. Auch sein Bruder Thorin war ihm noch fremd.

Bruder ... Wie seltsam das klang! Als Kind hatte er sich immer Geschwister gewünscht, doch leider hatte er nie welche bekommen. Nun sollte er gleich beides haben, eine Schwester und einen Bruder. War dieser wilde Keltenkrieger wirklich sein Bruder? Der Kelte hatte die gleiche blaue Augenfarbe wie er selbst. Doch sein feuerrotes Haar, das dem seiner Mutter so ähnelte, unterschied sie deutlich voneinander. Ruckartig wurde ihm bewusst, dass er die Haarfarbe von seinem leiblichen Vater geerbt haben musste. Ja, der Keltenhäuptling hatte ebenso blondes Haar wie er, auch wenn es bereits von grauen Strähnen durchzogen wurde.

Halvor schüttelte den Kopf. Solche Gedanken brachten ihn nicht weiter. Drystan war weit weg und solange es nach ihm ginge, würde er ihn nie wiedersehen. Doch Rowans Gesellschaft war ihm angenehm und er hatte auch nichts dagegen, Thorin und Edana näher kennenzulernen. Da Livia einen Narren an ihm gefressen hatte, musste Thorin ja in Ordnung sein. Dazu musste Halvor allerdings Keltisch lernen, ansonsten konnte er nicht mit dem Krieger reden. Gleich morgen würde er Livia bitten, ihm ein paar Worte beizubringen.

Er gähnte und bemerkte, wie müde er war. Die Seite schmerzte ein wenig, da er das lange Sitzen nicht mehr gewohnt war. Er erhob sich, wusch sich in der Waschschüssel und legte sich hin. Seine Gedanken kreisten um das Gespräch mit Rowan und irgendwann schlief er darüber ein.

Die nächsten Tage verliefen äußerst angenehm. Jeden Tag unternahmen Halvor und Livia ihre Spaziergänge, wobei ihm die Römerin, die von seiner Bitte, ihm Keltisch beizubringen, begeistert war, ihm alles, was sie sah, in der fremden Sprache benannte. Halvor hatte zunächst große Mühe, die kehligen Laute auszusprechen, was bei Livia den einen oder anderen Lachanfall hervorrief, doch bald bescheinigte sie ihm ein gewisses Sprachtalent und er konnte einfache Sätze auf Keltisch sprechen.

Nach der Mittagsruhe schloss sich Thorin ihren Unternehmungen an. Dieser hatte von sich aus noch keine Unterhaltung mit ihm angefangen und Halvors Sprachkenntnisse waren zu rudimentär, als dass er den ersten Schritt gewagt hätte. Nach wie vor hatte Halvor das Gefühl, dass der große Kelte Livia und ihn misstrauisch beäugte. Oft legte er besitzergreifend den Arm um sie oder hielt ihre Hand, wohl um zu zeigen, dass sie ihm gehörte. Doch Halvor hatte gar nicht vor, Thorin seine Freundin abspenstig zu machen, auch wenn er sich mit der jungen Römerin ausnehmend gut verstand. Sein Leben war so schon verworren genug, da konnte er sich gar nicht vorstellen, eine Beziehung anzufangen.

Stolz registrierte Halvor, dass er immer öfter Bruchstücke verstand, wenn Livia und Thorin sich unterhielten. Oft hatte er das Gefühl, dass die Römerin besonders langsam sprach, um ihm Gelegenheit zu geben, seine Sprachkenntnisse zu vertiefen. Thorin wusste von dem Sprachunterricht nichts, da Halvor sie gebeten hatte, es für sich zu behalten. Erstens wusste er nicht, ob er jemals in der Lage sein würde, diese schwierige Sprache zu meistern, und außerdem wollte er Rowan nicht unnötig Hoffnung machen. Er hatte doch selbst noch keine Ahnung, wohin sein Weg ihn führte ...

Die keltischen Besucher waren nun bereits über einen halben Mondlauf in der Villa und der Hochsommer neigte sich dem Ende zu. Die Abende brachten nun immer öfter eine Abkühlung mit sich, die die Menschen sehr genossen. Halvor fühlte sich von Tag zu Tag kräftiger. Nur noch selten schmerzte ihn seine Verletzung und Lucrezia machte ihm berechtigte Hoffnungen, dass er bald wieder reiten können würde. Inzwischen hatte Halvor jede Befangenheit Rowan gegenüber abgelegt, da er spürte, dass sie ihn zu nichts drängen würde. Er genoss die langen Gespräche mit ihr, in denen sie ihm in blumigen Schilderungen das Leben der Kelten näherbrachte.

Oft wunderte sich Halvor über die in seinen Augen primitive Lebensweise der Bewohner des Donnersbergs, die so gut wie keinen Luxus kannten. Er konnte sich nicht vorstellen, dass die meisten Menschen auf dem festgestampften Lehmboden nächtigten, nur geschützt von Fellen und Decken. Das war ja beinahe wie das Leben im Militärlager, doch das machte man schließlich nicht ein Leben lang! Hin und wieder entdeckte Halvor aber auch Gemeinsamkeiten zwischen seiner Kultur und der keltischen, was ihn überraschte. Auch sie hatten enge Bindungen zu ihrer Familie und verehrten ihre Götter.

Mit Thorin hingegen wurde Halvor immer noch nicht warm. Der Kelte beachtete ihn kaum und hatte nur Augen für Livia. Gerade folgte er den beiden über einen schmalen Weg durch den Wald. In der vergangenen Nacht hatte es ausgiebig geregnet, doch nun schien wieder kräftig die Sonne vom wolkenlosen Himmel. Tief sog Halvor die würzige Luft ein. Es versprach, ein schöner Tag zu werden! Livia wollte mit ihnen einen Ausflug zu einem Flüsslein machen. Noch vor Kurzem wäre es ihm nicht möglich gewesen, einen, geschweige denn zwei Spaziergänge an einem Tag zu absolvieren, aber inzwischen ging das erstaunlich gut.

Die Sonne schaffte es, vereinzelte, kräftige Strahlen durch das Dickicht des Laubes zu schicken, und Insekten flogen geschäftig umher. Der Herbst würde bald Einzug halten, wie man unschwer an den vielen Blättern, die den Boden bedeckten, erkennen konnte.

Halvor hatte den Blick nach vorne gerichtet. Der großgewachsene Thorin wirkte riesig neben der kleinen, zarten Römerin, deren Hand er zärtlich in seiner großen hielt. Er schien sie auf Unebenheiten des Weges aufmerksam zu machen und strahlte, wenn sie das Wort an ihn richtete. Nur selten hatte er seinen Bruder derart gelöst erlebt. Livia schien einen besonderen Zauber auf ihn auszuüben. Die steile Falte an der Nasenwurzel, die Halvor bereits an Drystan aufgefallen war und die Thorin geerbt zu haben schien, war heute gänzlich verschwunden.

Nach einer Weile lichtete sich der Wald und sie traten auf eine weitläufige Lichtung. Das Gras reichte ihnen bis über die Knie und in der Ferne war das Gluckern von Wasser zu hören.

»Gleich haben wir es geschafft«, verkündete Livia strahlend.

Halvor war inzwischen froh, dass sie ihr Ziel gleich erreichten, wollte er doch nicht zugeben, dass ihn das Laufen über den unebenen Boden ziemlich angestrengt hatte.

Binnen kurzer Zeit gelangten die drei endlich an einen kleinen Fluss, der sich munter über die Lichtung schlängelte, bevor er in der Dunkelheit des Waldes verschwand. Größere Steine lagen im Flussbett, stauten hier und da das Wasser und verursachten kleinere Stromschnellen.

»So viel Wasser hat das Flüsslein noch nie geführt«, stellte Livia staunend fest. »Es hat wohl mehr geregnet, als ich dachte.«

Sie ließen sich am Ufer nieder und die Römerin teilte großzügig ein Fladenbrot in drei Teile und reichte jedem einen großen Kanten Käse dazu, den sie aus ihrem Beutel angelte. Anschließend ließen sie einen Schlauch mit verdünntem Wein kreisen. Thorin legte sich nach der Mahlzeit mit hinter dem Kopf verschränkten Armen auf den Rücken und schloss die Augen.

Livia lächelte Halvor an. »Früher war ich oft mit meinem Vater hier. Wir haben stundenlang geredet. Ich habe es geliebt, seinen Abenteuern von der Alpenüberquerung zu lauschen! Wie er Mutter damals vor dem sicheren Tod gerettet hat!« Sie blickte Halvor ernst an. »Hier hat er mir auch oft von dir erzählt, von der endlosen Suche nach dir, von der Verzweiflung deiner Eltern und wie gut er sie verstünde! Er sagte immer, dass er es nicht aushalten würde, mich zu verlieren!«

Halvor schluckte betroffen. Eine Zeit lang schwiegen beide.

»Mara hat uns immer Essen für eine ganze Kompanie eingepackt«, fuhr Livia schließlich schmunzelnd fort. Sie blickte über den angeschwollenen Fluss.

»Sieh nur«, rief sie plötzlich aufgeregt und deutete auf einen großen Stein in der Mitte des Gewässers. »Hier sind wir immer über den Fluss gesprungen, Vater und ich.« Sie sprang auf. »Ich zeige es dir!«, sagte sie und stob los.

»Livi, nicht! Das ist viel zu gefährlich!«, protestierte Halvor, doch Livia rannte vergnügt lachend weiter. Sie machte einen gewaltigen Satz und landete auf dem Stein in der Mitte. Mit einem weiteren Sprung schaffte sie es ans andere Flussufer, wo sie schwer atmend stehen blieb, die Hände in die Hüften gestemmt.

»Siehst du?«, rief sie herüber. »Ich kann es noch!« Triumphierend strich sie ihre zerzausten Haare nach hinten und strahlte ihn an.

Halvor nickte anerkennend und musste sich eingestehen, dass er diese Leistung seiner kleinen Freundin nicht zugetraut hätte. Inzwischen glaubte er fast, dass sie alles erreichen konnte, was sie sich in den Kopf gesetzt hatte.

»Ich komme wieder zu dir«, rief sie und nahm erneut Anlauf. Abermals sprang sie gekonnt auf den großen Felsbrocken in der Mitte. Plötzlich verlor sie auf dem glitschigen Untergrund den Halt und landete mit einem lauten Platschen im Fluss. Ihr Körper wurde sofort von dem reißenden Wasser mitgezogen.

»Livia!«, schrie Halvor entsetzt und kam, so schnell er konnte, auf die Beine. Noch bevor er oben war, sah er aus dem Augenwinkel, wie Thorin hochschnellte, sich im Laufen die Tunika über den Kopf zog und mit einem gewaltigen Satz ins Wasser sprang. Mit wenigen kräftigen Zügen hatte er Livia erreicht und an sich herangezogen. Er griff sie unter den Achseln und zog sie zur Uferböschung.

Halvor lief hin, so schnell es ihm möglich war, um ihm zu helfen, doch der Kelte hielt die junge Frau bereits fest auf beiden Armen und erklomm trotz seiner Last behände die Böschung. Schwer atmend legte er Livia behutsam ins Gras und strich ihr zärtlich die nassen Haare aus dem Gesicht. Währenddessen sprach er die ganze Zeit leise auf sie ein. Halvor verstand nicht viel von dem, was er flüsterte, doch ein Wort wiederholte Thorin immer wieder. Halvor wusste, dass es »mein Herz« bedeutete.

Livias Augenlider flatterten, als sie das Bewusstsein wiedererlangte. Es dauerte eine Weile, bis sie sich wieder im

Hier und Jetzt zurechtfand. Zunächst huschten ihre Augen unruhig umher, doch als ihr Blick auf ihren Retter fiel, wurde sie ganz ruhig. Sie tastete nach dessen Hand und lächelte ihn an. Das Wasser lief über Thorins nassen Oberkörper, der in der Sonne glänzte. Die langen Haare klebten an seinem Rücken und sandten immer mehr Tropfen auf die Reise.

Tief gerührt beobachtete Halvor, wie sich die beiden ohne viele Worte verständigten. So musste es sein, wenn man sich bedingungslos vertraute und liebte. Er gönnte Livia ihr Glück von ganzem Herzen, wenn er auch wusste, dass eine solche Verbindung von unzähligen Menschen nicht gern gesehen wurde.

»Sollen wir zurückgehen?«, schlug Halvor vor, dem nicht entgangen war, dass die junge Römerin mit den Zähnen klapperte.

Sie nickte tapfer und wollte sich erheben, doch Thorin hielt sie zurück. Er holte seine Tunika und wickelte sie darin ein. Anschließend hob er sie vorsichtig auf seine Arme.

Livia protestierte, doch Thorin ignorierte sie einfach. Er lief drauflos, ohne auf ihre Worte zu achten. Halvor sammelte schnell die Speisereste ein und stopfte sie in den Beutel. Anschließend hängte er ihn sich über die Schulter und eilte dem Kelten nach.

Bewundernd lief er hinter seinem Bruder her. Er hatte Mühe, den flotten Schritten des Kriegers zu folgen, der Livia scheinbar mühelos auf seinen Armen trug. Inzwischen waren auch ihre Proteste verstummt und Halvor sah, dass sie ihren Kopf an Thorins breite Brust gebettet hatte. Er empfand plötzlich Stolz auf diesen mutigen Krieger. Wie selbstlos er sich in die Fluten gestürzt hatte und wie selbstverständlich er Livia den ganzen, langen Weg nach Hause trug. Er hatte die junge Frau fest in seine Tunika gewickelt, damit sie nicht fror, und war doch selbst bis auf die Haut durchnässt. Die breiten Muskelstränge an Thorins Rücken glänzten unter einem leichten Schweißfilm. Gegen ihn im Kampf zu bestehen, würde nicht einfach sein, dachte Halvor urplötzlich.

Auf einmal wurde ihm klar, dass es tatsächlich geschehen konnte, dass er seinem Bruder auf dem Schlachtfeld begegnete. Wäre er in der Lage, dann sein Schwert gegen ihn zu ziehen? Konnte er Rowan den Sohn und Livia den Liebsten nehmen? Zutiefst besorgt merkte er, dass sich sein Leben viel grundlegender verändert hatte, als er zunächst angenommen hatte. Er war römischer Soldat! Seine ganze Ausbildung war auf den Kampf gegen die Barbaren ausgelegt! Tief in düstere Gedanken versunken, folgte er den beiden zur Villa.

Nach einer guten Stunde kamen sie endlich an und Thorin brachte die junge Frau sogleich zu Lucrezia, die sie trotz deren Proteste ausgiebig untersuchte. Livia hatte eine hühnereigroße Beule an ihrem Hinterkopf, war aber ansonsten unversehrt. Inzwischen hatten auch Caius und Aurelia von dem Unglück erfahren und drängten sich nebst einer in Tränen aufgelösten Mara, die unablässig die Götter um Beistand anflehte, in der kleinen Krankenkammer um Livias Bett.

Rowan warf einen Blick durch die Tür und schien sich wortlos mit Lucrezia zu verständigen, wie Halvor bemerkte.

»Ihr verlasst jetzt alle die Kammer«, sagte die Keltin streng und ohne Widerrede zu dulden. Sie hakte sich bei Mara unter und schob die alte Frau als Erste aus der Krankenstube.

»Mara, ich glaube, eine kräftigende Suppe würde Livia jetzt gut tun, meinst du nicht?«, fragte sie sie liebevoll.

Mara hörte augenblicklich zu weinen auf und nickte geschäftig. »Natürlich. Ich mache mich gleich dran! Unserem Täubchen soll es an nichts fehlen!« Sie watschelte auf ihren kurzen stämmigen Beinen sogleich in Richtung Küche davon.

Halvor bewunderte die Autorität, die seine Mutter umgab. Sie hatte etwas an sich, was die Leute dazu brachte, ihr zu folgen.

Als Nächstes lockte Rowan Caius und Aurelia aus der Kammer, die nun beruhigt waren, ihr Töchterchen in besten Händen zu wissen. Thorin beließ sie, wo er war. Er würde seinen Platz an Livias Seite sowieso nicht aufgeben. Lucrezia ordnete an, dass die junge Frau die Nacht in der Krankenkammer zu verbringen hatte, damit sie sie besser beobachten konnte.

Beim Abendessen fehlte auch Thorin, was Halvor jedoch nicht weiter verwunderte. Wiederholt musste er von den Vorkommnissen am Fluss berichten und Caius schüttelte über die Unvernunft seiner Tochter den Kopf.

»Sie hätte wissen müssen, dass die Steine nach dem Regen zu glatt sind«, merkte er mit ernster Miene an. »Manchmal benimmt sie sich wie ein unvernünftiges Kind!«

Aurelia legte beruhigend ihre Hand auf seine. »Lass uns einfach den Göttern danken, dass unsere Livia wieder heil bei uns ist«, sagte sie sanft, während sie mit ihrem Daumen über seinen gebräunten Handrücken strich. Caius nickte und versenkte kurz die Nase in den Haaren seiner Frau, wobei er die Augen schloss. Halvor wunderte sich nicht über diesen Akt der Zärtlichkeit, war er doch schon oft Zeuge geworden, dass Aurelia und Caius sich nicht scheuten, auch in der Öffentlichkeit ihre Gefühle füreinander zu zeigen.

»Es tut mir leid, dass ich sie nicht davon abgehalten habe zu springen«, bemerkte Halvor zerknirscht. Er schämte sich, nichts zu Livias Rettung beigetragen zu haben. Allein, wenn er daran dachte, wie mühsam er aufgestanden war. Wohingegen Thorin, der gerade noch vor sich hin gedöst hatte, mit einem Satz auf den Beinen gewesen war ...

»Mein lieber Halvor«, sagte Aurelia schmunzelnd, »wie ich meine Tochter kenne, hättest du sie niemals davon abhalten können zu springen! Wenn sie sich etwas in den Kopf gesetzt hat, tut sie das auch.«

Rowan nickte ihm aufmunternd zu. »So kennen wir unsere Livia. Sie ist sehr willensstark. Deswegen ist sie ja auch etwas ganz Besonderes!«

»Nicht auszudenken, wenn Thorin sie nicht gerettet hätte!«, warf Caius besorgt ein.

»Er hat keine Sekunde gezögert und ist ihr sofort hinterhergesprungen«, berichtete Halvor. »Und anschließend hat er sie den ganzen Weg bis zur Villa getragen!«

Er bemerkte, dass Rowan lächelte. Sie konnte aber auch stolz auf ihren kräftigen Sohn sein, wie er fand. Auf einmal fragte er sich, ob sie auch auf ihn stolz sein konnte. Er runzelte die Stirn, als ihm dieser abwegige Gedanke kam.

»Thorin würde alles für Livia tun«, merkte Rowan leise an.

Aurelia nickte und ergriff ihre Hand. »Die beiden sind sich sehr zugetan. Das weiß ich seit Langem.«

»So eine Verbindung würde nur Unheil hervorrufen«, mahnte Caius mit erhobenem Zeigefinger. »Weder bei den unseren noch auf dem Donnersberg würde sie anerkannt werden.«

»Liebe kann alle Schranken überwinden«, widersprach Aurelia. »Willst du, dass Livia ihr Leben lang unglücklich ist, weil sie mit dem Mann, dem sie in Liebe zugetan ist, nicht zusammen sein darf?«

»Auch meine Liebe zu Drystan stand unter keinem guten Stern«, warf Rowan ein. »Erinnerst du dich, wie viel geschehen musste, bis wir endlich glücklich vereint waren? Ich kann deine Bedenken sehr gut nachvollziehen, Caius, glaube mir. Auch ich sehe, dass das junge Glück auf große Schwierigkeiten stoßen wird. Es hat lange gedauert, bis unser Volk römische Händler auf dem Donnersberg geduldet hat. Aber wenn Drystan sich hinter seinen Sohn stellt, werden sie Thorins Wahl annehmen.«

»Genau das meinte ich«, sagte Caius erregt. »Ich will nicht, dass Livia ihr ganzes Leben von der Gesellschaft misstrauisch beäugt wird!«

»Ich denke aber, dass es gutgehen kann, wenn Drystan sich als Häuptling durchsetzt. Dann wird das Volk ihm Folge leisten«, fuhr Rowan fort.

»Ja, wenn ...«, erwiderte Caius bissig.

»Du kennst unsere Tochter«, warf Aurelia ruhig ein. »Wenn sie zu etwas entschlossen ist, wirst du sie auch mit guten Argumenten nicht davon abhalten können. Besser, du unterstützt sie bei ihrem Vorhaben und verprellst sie nicht auch noch.«

Die Tafel hob sich auf, als die Sklaven mit dem Abtragen begannen. Als Halvor auf den Gang trat, merkte er, dass Rowan ihm hinterherlief.

»Kann ich dich kurz sprechen?«, fragte sie bittend.

Er nickte und folgte ihr hinaus in den Innenhof, wo er sich neben sie auf der Bank niederließ. Zikaden erfüllten die noch angenehm warme Luft mit ihrem Gesang.

Auffordernd blickte er Rowan an.

»Hast du dich schon entschieden, wie es in deinem Leben weitergehen wird?«, fragte sie. Sie sah ihm fest in die Augen, als wolle sie die Antwort direkt daraus ablesen.

Halvor zögerte kurz, da er wusste, dass er ihr wehtun würde. »Ich werde demnächst zurück zu meiner Einheit reiten«, sagte er leise. »Ich werde dort erwartet.«

Rowan nickte. »Das habe ich mir bereits gedacht, mein Junge.« Sie ergriff seine Hand. »Ich möchte, dass du weißt, dass du immer bei uns willkommen bist! Jederzeit! Du bist unser Fleisch und Blut! Tue, was dich glücklich macht, und lebe, wie es dir sinnvoll erscheint. Ich bin unheimlich stolz auf dich, mein Sohn, wenn ich sehe, was aus dir geworden ist.« In ihren Augen schimmerten Tränen und auch Halvor musste schlucken.

»Die Götter haben ein seltsames Spiel mit uns gespielt. Wir müssen ihre Beweggründe nicht immer verstehen, das steht uns gar nicht zu! Aber ich bin von Herzen froh, dass ich dich wiedergefunden habe und ich möchte, dass du weißt, dass ich dich mit ganzer Seele liebe. Du bist mein Erstgeborener, mein Augenstern! Auch wenn uns das Schicksal übel mitgespielt hat, empfinde ich doch nichts als große Dankbarkeit. Ich bin unendlich dankbar, dich zu haben! Wir werden immer verbunden sein, auch wenn du nicht in meiner Nähe bist.« Sie legte ihre Hand auf sein Amulett und die andere auf ihre halbe Keltensonne.

Halvor spürte eine Träne die Wange hinabrinnen. Ergriffen zog er Rowan in seine Arme und hielt sie fest.

Sie schmiegte sich kurz an ihn, ehe sie sich von ihm löste und ihm in die Augen blickte. »Werde glücklich, mein Sohn, dann bin auch ich es.« Sie erhob sich und drückte ihm einen Kuss auf die Stirn, bevor sie im Inneren des Hauses verschwand.

Halvor saß noch lange da und sann über Rowans Worte nach. Diese Frau war so unermesslich tapfer und weise. Welch große Stärke sie bewies, indem sie ihn gehen ließ und ihn nicht etwa drängte, mit ihr zu kommen! Als es finster geworden war, zog er sich in seine Kammer zurück, wo er noch lange weitergrübelte.

Livia schlug die Augen auf. Es dauerte eine Zeit, bis sie sich orientiert hatte. Richtig, sie war ja in der Krankenkammer. Vorsichtig drehte sie den Kopf zur Seite. Thorin saß auf dem Boden vor ihrem Bett und hatte den Kopf auf den Arm gebettet auf ihrer Bettstatt abgelegt. Er schlief tief und fest. Lächelnd betrachtete sie seine entspannten Gesichtszüge. Wie sehr er seinem Vater glich.

Vorsichtig strich sie über sein leuchtend rotes Haar. Schon lange wusste sie, wie wichtig Thorin ihr war, aber erst gestern war ihr klar geworden, wie sehr sie ihn liebte. Als er sie nach Hause getragen hatte, hatte sie dem Schlag seines Herzens gelauscht und seinen gewohnten Geruch tief eingesogen. Sie wusste, dass sie bei ihm geborgen war. Er liebte sie, das spürte sie mit jeder Faser.

Plötzlich schlug er die Augen auf und betrachtete sie.

»Wie geht es dir?«, fragte er leise. Er streckte die Hand aus und strich ihr zärtlich eine Strähne hinter das Ohr.

»Mir geht es gut. Dank dir!« Livia streichelte mit der Hand über seine Wange. Thorin fing sie ein und drückte sie gegen seine Lippen. Ein wohliger Schauer durchfuhr sie.

»Ich hätte nicht mehr leben wollen, wenn dir etwas zugestoßen wäre«, sagte er ernst. Er richtete sich auf und blickte ihr fest in die Augen. »Ich will mein Leben lang auf dich aufpassen, mein Herz. Lass mich für dich sorgen! Lass mich dein Begleiter sein. Ich werde alles dafür tun, dich glücklich zu machen. Lass mich dich heimführen, Livia, als meine Braut!«

Livia setzte sich auf und ergriff seine Hände. »Ich will dich genauso glücklich machen, wie du mich glücklich machst. Ich will dir eine gute Frau sein und dir ein schönes Heim bereiten. Ich liebe dich, Thorin.« Sie beugte sich weiter vor und küsste ihn erst sanft, dann fordernder. Er umschloss sie mit beiden Armen und hielt sie fest, als wolle er verhindern, dass sie ihm davonlief.

»Ich sehe, es geht dir besser«, kam eine Stimme von der Tür und die beiden fuhren schuldbewusst auseinander. Caius stand mit erhobenen Augenbrauen im Türrahmen und sah seine Tochter unverwandt an.

Der Kelte sprang auf die Beine und trat auf den Weinbauern zu. »Ich liebe Livia, und sie hat zugestimmt, meine Frau zu werden«, teilte er ihm mit knappen Worten mit.

Caius ignorierte ihn und starrte seine Tochter weiterhin an, deren Wangen sich unter seinem Blick rot färbten. »Ist es wirklich das, was du willst?«, fragte er sie leise.

Livia nickte. »Mehr als alles auf der Welt«, flüsterte sie.

»Dann soll es so sein«, sagte Caius seufzend. Er wandte sich an Thorin. »Sorge für meine Tochter und wenn es das Letzte ist, was du tust! Mache sie glücklich und pass auf sie auf! Sollte sie jemals unglücklich sein, weiß ich, wo ich dich finde.«

Thorin nickte ernst. »Bei meiner Ehre.«

»Fühlst du dich wieder wohl genug, um mich zum Morgenmahl zu begleiten?«, fragte Caius seine Tochter.

Livia nickte eifrig und schlug die Bettdecke zurück. »Ich bin sofort fertig. Wartet bitte kurz vor der Tür auf mich.«

Die Männer zogen sich zurück und Livia wusch sich eilig in der bereitstehenden Waschschüssel. Ihr Kopf brummte noch leicht, doch sie fühlte sich beschwingt wie nie zuvor in ihrem Leben. Sie würde Thorins Frau werden! Träumte sie oder war das eben wirklich geschehen?

Sie warf sich ihre Stola über das Unterkleid und raffte sie an der Taille mit einem raffiniert geflochtenen Ledergürtel zusammen. Dann fuhr sie mit den Fingern durch ihre dunklen Locken. Fertig! Sie hatte keine Lust, auf eine Sklavin zu warten, also musste es auch so gehen.

Als sie die Tür öffnete, fand sie Thorin und ihren Vater in ein Gespräch vertieft vor. Sie hakte sich bei beiden Männern unter und lief mit ihnen zum Speisezimmer, wo sie bereits erwartet wurden.

»Wie schön, dass es dir wieder besser geht«, sagte Rowan lächelnd, als Livia mit den Männern das Speisezimmer betrat.

Caius wartete, bis sich alle gesetzt hatten, bevor er im Stehen das Wort ergriff. »Livia und Thorin wollen sich vermählen«, erklärte er ohne Umschweife. Mit großen Augen lauschten die Anwesenden den Neuigkeiten. Der Römer blickte in die Runde. »Was ich zu sagen habe, geht alle an. Rowan, würdest du bitte für alle übersetzen?«

Sie nickte zustimmend. Caius fuhr fort: »Als Pater familias war es bislang meine Aufgabe, für Livia zu sorgen. Sie hat sich zu einer jungen Dame entwickelt, die genau weiß, was sie will. Und wie sich herausstellt, will sie eben dich.« Er blickte Thorin fest an. »Ich übergebe Livia in deine treu sorgenden Hände mit dem Wissen, dass sie es gut bei dir haben wird.«

Aurelia und Rowan sprangen auf und umarmten Livia und Thorin. Auch Halvor stand auf und beglückwünschte die beiden. Er freute sich von ganzem Herzen für das junge Paar, sah er doch, wie sehr sie einander zugetan waren.

»Wir müssen uns noch über das Weingut unterhalten«, lenkte Caius das Gespräch auf ein ernsteres Thema.

Fragend sah Livia auf.

»Bis jetzt bin ich immer davon ausgegangen, dass du und dein zukünftiger Mann eines Tages das Weingut übernehmen werdet«, fuhr er fort. »Da Thorin einst Häuptling eines Keltenstammes wird und keinerlei Ahnung vom Weinanbau hat, gehe ich davon aus, dass daraus nun nichts wird.«

Thorin lauschte der leisen Übersetzung seiner Mutter und nickte bestätigend.

»Ich schlage vor, dass wir die Entscheidung über die Zukunft des Weingutes vertagen«, sagte Aurelia schließlich. »Immerhin sind wir noch nicht so alt, dass davon auszugehen ist, dass eine solche Entscheidung bald ansteht.«

Caius stimmte ihr zu und küsste sie auf die Wange. »Dennoch müssen wir uns irgendwann mit dieser Frage auseinandersetzen, meine Teure.«

»Aber nicht heute«, beendete seine Frau entschieden das Gespräch.

Als das Frühmahl beinahe vorüber war, ergriff Halvor das Wort. »Ich habe eine Entscheidung getroffen und werde noch heute abreisen. Ich danke Euch von Herzen, Dominus und Domina, dass Ihr mich bei Euch aufgenommen habt, doch jetzt ist es an der Zeit für mich weiterzuziehen.« Er sah zu Rowan, die ihn aufmunternd anlächelte. »Ich werde euch alle nie vergessen«, fügte er hinzu.

»Du bist uns hier immer willkommen«, erwiderte Caius lächelnd. Halvor nickte ihm zu. Ganz hatte er seinen Groll gegen Caius noch nicht vergessen können, doch seit er so viel Zeit mit Rowan und Thorin verbracht hatte, konnte er den Winzer besser verstehen.

»Auch wir werden auf dem Donnersberg zurückerwartet«, sagte Rowan bedauernd. »Doch bald schon werden wir uns alle wiedersehen, wenn Thorin seine Livia heimführt. Auch du, Halvor, bist natürlich herzlich eingeladen, doch ich verstehe es, wenn du nicht mehr auf den Donnersberg kommen möchtest.«

Halvor nickte dankbar. Momentan konnte er sich nicht vorstellen, jemals in die keltische Siedlung zurückzukehren, doch wer wusste schon, was das Schicksal bereithielt?

Nach dem Frühmahl packte er seine wenigen Sachen zusammen. Caius gab ihm vier Söldner mit, die ihn bis zum Militärstützpunkt begleiten würden. Er verabschiedete sich herzlich von der ganzen Familie, die sich vor der Villa versammelt hatte. Als er Rowan umarmte, bemerkte er, wie sie sich heimlich die Tränen wegwischte, die ihr über die Wangen liefen. Dann schwang er sich auf den Pferderücken.

Seit einigen Tagen war er jeden Morgen ausgeritten. Zunächst hatte er kaum die Villa umrunden können, ohne vor Schmerzen anhalten zu müssen. Doch täglich schaffte er ein längeres Stück, bis er zuversichtlich war, den Ritt zurück zu seiner Einheit zu schaffen.

Bevor er losritt, hob er noch einmal grüßend die Hand. Er drehte sich nicht mehr um, spürte jedoch die Blicke der anderen noch lange auf sich.

9. Irrungen

Keltisches Oppidum auf dem Donnersberg, 73 v. Chr.

»Wirst du wohl stillhalten, du garstiges Tier?«

Rowan lächelte, als sie ihrer Tochter dabei zusah, wie diese vergeblich versuchte, eine Ziege zu melken. Das schwarz-weiß gefleckte Tier dachte gar nicht daran, still stehen zu bleiben. Mit einem fröhlichen Meckern machte es einen weiten Satz und landete direkt vor ihren Füßen.

»Mutter! Du bist wieder da!«, rief Edana erfreut aus.

Rowan bückte sich, packte den Strick, den das kleine Tier um den Hals gebunden hatte, ging einige Schritte auf ihre Tochter zu und reichte ihn ihr.

»Wir sind gerade angekommen, mein Kind. Ich wollte dich kurz begrüßen und dir Bescheid geben, dass es Halvor gut geht.«

»Das ist schön!« Edana strahlte. »Ich hatte mir wahrlich Sorgen um ihn gemacht. Die Reise auf dem holprigen Karren tat seiner Wunde sicherlich nicht gut.«

»Lucrezia hat sich um die Wunde gekümmert. Ich soll dir ausrichten, wie beeindruckt sie von deinen Heilkünsten ist!«

Das Mädchen errötete. Das Lob tat ihr sichtlich gut.

»Wie geht es denn allen auf dem Weingut?«

Edana war bisher noch nie dort gewesen, kannte jedoch selbst die Namen der Sklaven aus Livias vielen Erzählungen. Drystan hielt die Reise für unnötig, da die Römer für ihren Weinhandel die Keltensiedlung aufsuchen mussten. Rowan vermutete jedoch, dass mehr hinter der Weigerung ihres

Gatten steckte. Vielleicht waren es die Erinnerungen an den verhängnisvollen Tag, als er sie auf eben jenem Weingut aus der Sklaverei befreit hatte ...

Rowan streifte die schweren Gedanken ab und antwortete: »Es geht allen gut! Aurelia hat Halvor mit offenen Armen aufgenommen und Lucrezia ist eine ausgezeichnete Pflegerin. Von Maras Essen hat er auch schon zugenommen, was ihm sichtlich gut tut. Jeden Tag wird er ein Stückchen kräftiger.« Sie stockte kurz in ihrer Erzählung, ihre Gedanken weit weg bei ihrem wiedergefundenen Sohn. »Sein Gesicht ist abgeschwollen und auch die Blutergüsse sind verschwunden.« Ihre Stimme wurde leise. »Er sieht aus wie du, Eda.«

Die junge Druidin hielt die Luft an. Schon oft hatte man ihr bescheinigt, dass sie die zarten Gesichtszüge ihrer Mutter geerbt hatte.

»Und wie du, Mutter«, fügte das Mädchen ebenso leise hinzu.

Rowan nickte, dann straffte sie die Schultern. »Ich muss zurück zur Kate. Dein Vater wird hoffentlich bald kommen. Ich habe ihn noch nicht gesehen, seit wir wieder hier sind.« Sie lächelte und zwinkerte ihrer Tochter zu. »Und du scheinst ja noch einen kleinen Kampf mit dieser Ziege austragen zu müssen!«

Edana rollte theatralisch mit den Augen. »Die Frau von Arto hat einen Jungen geboren, als ihr weg wart. Leider hat sie keine Milch und da dachte ich, wir versuchen es mal so.«

»Arto? Thorins Freund?«

»Ja, er hat die Kriegerausbildung mit ihm durchlaufen.«

Rowan nickte nachdenklich. Sie konnte sich noch gut an den kleinen blonden Jungen erinnern, der früher bei ihnen ein und aus gegangen war. Dass eben jener sommersprossige Jüngling bereits verheiratet war und nun auch ein Kind hatte, führte ihr vor Augen, dass auch ihr Sohn im heiratsfähigen Alter war. Das war ein Thema, das sie unbedingt beizeiten mit Drystan besprechen musste. Auch wenn ihm nicht gefallen würde, was sie dazu zu sagen hatte ...

Rowan wandte sich nach einem letzten Gruß an ihre Tochter ab und schlenderte zurück in Richtung der Häuptlingskate. Sie hatte es nicht eilig, da Drystan bestimmt noch unterwegs war, um entlang der Wallanlage nach dem Rechten zu sehen. Eine kleine Stimme in ihrem Inneren sagte ihr, dass das nicht der einzige Grund war, warum sie es nicht eilig hatte. Wenn sie ehrlich war, wollte sie Drystan am liebsten nicht so schnell begegnen.

Sie erschrak bei diesem Gedanken und schüttelte den Kopf. Die neugierigen Blicke der Dorfbewohner, die sie fragend ansahen, bemerkte sie nicht. Nein, sie wollte ihn nicht sehen, denn dann würde sie ihm die Wahrheit sagen müssen! Die Wahrheit ... Sie wusste, dass er nicht erfreut sein würde, wenn er erfuhr, dass Halvor zurück zu seiner Einheit geritten war. Sie hatten nie darüber gesprochen, was passieren würde, sobald der Junge wieder gesund war. Doch ihr war bewusst, dass ihr Mann erwartete, dass dieser seinen angestammten Platz an der Seite des Vaters einnahm.

Plötzlich riss sie eine Stimme jäh aus ihren Gedanken. »Rowan!«

Sie blickte sich um und entdeckte Johs, der winkend auf sie zukam.

»Sei gegrüßt, mein Freund.« Sie lächelte ihrem ehemaligen Weggefährten warm entgegen.

»Schön, dass du wieder da bist! Wie geht es meinem Freund Tito?«

Johs und Tito waren in der Zeit, als sie beide auf Caius' Weingut gewesen waren, gute Freunde geworden. Daran hatten weder Johs' Befreiung noch Titos Entlassung aus dem Sklavenstand etwas geändert.

»Tito lässt dich herzlich grüßen! Er fragt, wann denn endlich der ersehnte Stammhalter kommt.«

Johs lachte laut auf. »Lass das mal nur Arlete nicht hören. Ihr reichen unsere Mädchen voll und ganz.« Dann fügte er zwinkernd hinzu: »Und mir auch!«

Beide brachen in Gelächter aus, bevor Johs kehrtmachte und in Richtung seiner Kate davon ging.

Kaum zu Hause angekommen, drückte Rowan die schwere Holztür auf und trat in das kühle Innere der ausladenden Häuptlingskate. Ihre Augen hatten sich noch nicht an die plötzliche Dunkelheit gewöhnt, als sich unvermittelt zwei Arme um ihre Taille legten und sie hochhoben.

»Du bist wieder da.« Drystans heisere Stimme direkt an ihrem Ohr ließ einen wohligen Schauer durch Rowans Körper wandern. Sie schlang beide Arme um seinen Hals, um tief den ihr so vertrauten und geliebten Geruch nach Erde und Pferden einzuatmen. Sie legte den Kopf in den Nacken und spürte gleich darauf seine fordernden Lippen auf ihren. Als er sie in Richtung ihrer Bettstatt trug, wusste sie nicht mehr, weshalb sie ihn nicht hatte sehen wollen. Er war doch Drystan! Der Mann, den sie immer geliebt hatte und für alle Zeiten lieben würde ...

Ihren Kopf an seine harte Brust gebetet, fuhren ihre Finger zärtlich über den Arm, mit dem er sie fest umfangen hielt. Wie lange hatten sie sich nicht mehr so geliebt? Rowan versuchte, sich das Gefühl tief einzuprägen, denn es erinnerte sie an Zeiten, als sie sich beide hatten fallen lassen und sich ihrer Leidenschaft hingeben können. Früher, vor dem Schatten ... Eine jähe Hoffnung stieg in ihr auf und zauberte ein Lächeln auf ihre Lippen. Der Schatten war Vergangenheit! Halvor lebte!

»Warum lächelst du, meine Liebe?« Drystans schwielige Hand umfasste ihr Handgelenk und er küsste sie zärtlich auf die Innenseite, so wie er es früher immer getan hatte. »Bist wohl zufrieden mit unserem Wiedersehen!«, neckte er sie. Dann drehte er sich mit einer geschmeidigen Bewegung auf sie. »Dann lass mich dich gleich noch einmal angemessen begrüßen, meine Schöne«, flüsterte er und Rowan schloss mit einem wohligen Seufzer die Augen.

»Ihr seid sicher hungrig!«

Kaum war Rowan durch das dicke Tuch getreten, das den Schlafbereich vom Hauptraum trennte, als sie Arletes gewahr wurde, die mit einem breiten Grinsen im Gesicht in einem großen Kessel rührte, der auf der Feuerstelle stand. Der Geruch nach deftigem Eintopf stieg ihr in die Nase und ließ ihr das Wasser im Mund zusammenlaufen.

»Wie kommst du nur darauf?«, fragte Rowan lachend und ließ sich auf einen hölzernen Schemel plumpsen.

»Na, die halbe Siedlung hat sich bestimmt über euer lautes Wiedersehen gefreut!«

Rowans Wangen färbten sich leicht rot ob der neckenden Worte ihrer Freundin, was sie dadurch zu überspielen versuchte, indem sie sich den Weinkrug griff und etwas in ihr Trinkhorn füllte.

Arlete trat zu ihr und legte ihr eine Hand auf die Schulter. »Ich freue mich für dich!«, sagte sich schlicht. Dann ging sie zurück zu dem brodelnden Eintopf.

Rowan lächelte ihrer Dienstmagd dankbar hinterher. Arlete war immer an ihrer Seite gewesen, in glücklichen Zeiten, aber auch in dunklen, die nach Halvors Verschwinden so häufig waren. Stets hatte sie ihr das Gefühl gegeben, nicht allein zu sein, gerade wenn Drystan wieder einmal weg war, um das Kind zu suchen. Sie wüsste nicht, wie sie das ohne ihre Freundin hätte durchstehen können.

»Arlete?«

Das dralle Dienstmädchen blickte vom Topf auf.

»Ich danke dir von Herzen.«

Arlete nickte bescheiden und rührte weiter, das Gesicht gerötet von der Hitze, die aus dem Kessel stieg.

»Gibt es hier was zum Beißen? Nach dem Römerfraß braucht ein Mann etwas Gescheites zwischen den Zähnen!« Ein grinsender Thorin war im Türrahmen erschienen, die Fäuste in die Hüften gestemmt.

»Der Mann sollte sich erst einmal den Dreck von Gesicht und Händen waschen, danach kann er etwas zu essen haben«, erwiderte Arlete ungerührt nach einem Blick auf den von feinem roten Staub überzogenen Häuptlingssohn.

Ein Knurren antwortete ihr, doch er stapfte gehorsam in das Hintere der Kate. Kurz darauf war das Plätschern von Wasser zu hören und die beiden Frauen grinsten sich an.

»Wie früher«, sagten sie wie aus einem Mund und brachen in Gelächter aus.

»Ich hoffe, ihr habt nicht ohne mich angefangen! Ich habe einen Bärenhunger.« Drystan trat in den Hauptraum. Sein nackter Oberkörper glänzte.

»Wir warten gern noch einen Moment länger auf euch. Auch einem Häuptling schadet es nicht, sich vor dem Essen zu waschen.« Arlete stemmte die kleinen Fäuste in die prallen Hüften, dann zeigte sie mit dem Finger nach hinten. »Geht und leistet Eurem Sohn Gesellschaft! Das Essen läuft Euch nicht weg.«

Rowan unterdrückte ein Kichern, als sie die steile Falte sah, die sich auf Drystans Stirn gebildet hatte. Doch wie sein Sohn vor ihm fügte er sich Arletes Anweisung und lief nach hinten, um sich zu waschen.

Kurze Zeit später saßen die drei einträchtig um den langen Tisch und ließen sich den Eintopf schmecken. Thorin hatte mit einem Stück Fladenbrot seine Schüssel leer gewischt und schob sich dieses genüsslich zwischen die Lippen. Laut schmatzend fragte er: »Gibt es noch mehr?«

Arlete ging um den Tisch herum und nahm ihm den leeren Napf ab. »Natürlich, mein Guter. Musst ja schließlich noch wachsen.« Sie füllte ihm die Schüssel abermals bis zum

Rand und stellte sie vor den grinsenden Häuptlingssohn auf den Tisch.

»Man könnte meinen, du hättest in Caius' Villa nichts zu essen bekommen!« Rowans Stimme klang leicht tadelnd.

»Niemand kocht so gut wie unsere Arlete«, erwiderte Thorin zwischen zwei Bissen. »Auch Mara nicht!«

Die Dienstmagd strahlte und legte ein weiteres Fladenbrot neben den großen Kelten, was dieser mit einem Lächeln quittierte.

»Ich habe gehört, dass Artos Frau ein Kind bekommen hat«, sagte Rowan in die folgende Stille hinein.

»Ja, einen strammen Jungen!«, erwiderte Drystan. Dann fügte er hinzu: »Hoffentlich kriegen sie ihn durch!«

Sie nickte. »Unsere Tochter wird es schon richten, mach dir da mal keine Sorgen.«

Abermals legte sich Stille über den Tisch, allein unterbrochen vom Kratzen der Holzlöffel in den Schüsseln.

»Wie geht es Halvor?«

Rowans Arme überzogen sich mit Gänsehaut, als Drystan die gefürchtete Frage stellte. Unwillkürlich spannten sich ihre Schultern an und sie ließ den Löffel sinken.

»Es geht ihm gut«, sagte sie leise.

Sie spürte den fragenden Blick ihres Mannes auf sich.

»Dem geht es *zu* gut, wenn ihr mich fragt«, erklang plötzlich Thorins Stimme und Rowan hielt die Luft an. Was würde er seinem Vater sagen?

Ihr Sohn klang leicht säuerlichen, als er fortfuhr: »Tagein, tagaus im Bett liegen, sich den Bauch vollschlagen und dann mit Livi über die Weinberge flanieren... Wie soll es einem da schlecht gehen!«

Sie atmete auf, doch als sie aufblickte, sah sie Drystans stahlblaue Augen immer noch unverwandt auf sich gerichtet.

»Was ist mit dem Jungen?« Seine Stimme hatte einen drohenden Unterton angenommen.

Rowan wusste, dass ihr Mann es hasste, wenn man ihm nicht gleich die Wahrheit sagte. Sie holte tief Luft, straffte die Schultern und blickte ihn direkt an, als sie sprach. »Halvor ist wieder ganz gesund. Er hat eine Nachricht an seine Legion geschickt und Antwort erhalten.« Leise fügte sie hinzu: »Er ist zurück ins Lager geritten.«

Drystans Augen nahmen einen dunklen Glanz an. »Er ist zurück ins Lager geritten?« Er sprang jäh auf, sein Schemel fiel mit Gepolter um. »Was soll das heißen?«, schrie er aus vollem Hals.

Rowan atmete tief ein, bevor sie mit fester Stimme antwortete: »Unser Sohn ist zurück zu seiner Legion gegangen, Drystan. Das hat er so entschieden und wir werden seine Entscheidung respektieren.« Ihr Blick hielt dem seinen stand. Es schmerzte sie, ihm mit dieser Nachricht so wehtun zu müssen. Gerade noch war sie in seinen Armen gelegen und nun das ...

»Der Junge gehört hierher und damit hat sich's!« Die Augen des Häuptlings funkelten wütend.

Rowan schüttelte den Kopf. »Nein, Drystan.« Sie erhob sich, ging um den Tisch herum und legte ihre Hände auf seine Unterarme. »Wir müssen seine Entscheidung respektieren. Der Junge kennt uns kaum. Sein Leben ist ein anderes, wie sehr wir ihn uns auch an unserer Seite wünschen als deinen angestammten Nachfolger.«

Aus den Augenwinkeln nahm Rowan wahr, wie sich Thorin nun ebenfalls erhoben hatte und mit einem Schnauben die Kate verließ. Sie seufzte. Um ihn würde sie sich später kümmern.

»Ich reite jetzt los und hole Halvor zurück.« Drystan versuchte, sie zur Seite zu schieben, doch sie packte seine Hand.

»Wenn du das tust, wird er sich weigern mitzukommen. Ganz abgesehen davon, dass du wohl kaum in ein Römerlager reiten kannst, ohne dass sie dich sofort töten oder gefangen nehmen. Und selbst wenn du es schaffen solltest und versuchst, ihn zu zwingen, wirst du ihn verlieren und zwar für immer ...« Ihre Stimme klang leise, aber bestimmt.

Drystan machte einen weiteren Versuch, sich von ihr loszumachen, doch sie spürte, dass sie gewonnen hatte. Er ließ die Schultern hängen. Als er sie ansah, zerriss es ihr beinahe das Herz. Da war er wieder, dieser elende Schatten, den sie nie hatte wiedersehen wollen! Sie wollte Drystan an sich ziehen und ihn trösten, doch er machte sich von ihr los und ging zur Tür.

»Ich komme in ein paar Tagen wieder.« Er warf die Tür hinter sich zu.

Rowan seufzte, bückte sich, hob seinen Schemel auf und setzte sich, das Gesicht in den Händen vergraben.

»Er wird wiederkommen. Du kennst ihn! Er muss umherziehen, um den Kopf frei zu bekommen.«

Rowan wusste, dass Arlete recht hatte. Trotzdem tat es ihr weh, dass ihre Wiedersehensfreude so schnell getrübt worden war. Sie hoffte nur, dass er diesmal nicht so lange unterwegs sein würde. Drystans Kriegszüge dauerten von ein paar Tagen bis über Wochen, in denen sie jeden Tag für seine sichere Rückkehr betete und Rigani um eine baldige Heimkehr anflehte. Der Gedanke an die Muttergöttin tröstete sie ein wenig. Sie nahm sich vor, gleich morgen in den Tempel zu gehen.

Es war gefährlich da draußen. Sie selbst hatten sich dreimal vor Römerpatrouillen verstecken müssen. Das war früher nie vorgekommen, wenn sie zu Caius' Weingut gereist waren. Er würde hoffentlich vernünftig sein und diese umgehen. Auch wenn Rowan keinen Zweifel daran hatte, dass es die keltischen Krieger mit den Legionären aufnehmen konnten, so wusste sie doch, dass es eine Annäherung mit Halvor unmöglich machen würde, falls sein Vater noch mehr seiner Kameraden tötete. Ja, es war eine gute Idee, morgen in den Tempel zu gehen. Am besten war es, sie brachte Rigani ein Opfer dar, um diese gütig zu stimmen. Nur zur Sicherheit ...

Während Rowan ihren Gedanken nachhing, machte sich Thorin missmutig auf den Weg zum Haupttor. Er kickte einen faustgroßen Stein aus dem Weg und ignorierte den anschließenden Schmerz in seinem Fuß.

»Dann soll er halt kommen, der tolle Halvor und an der Seite der Eltern über die Siedlung herrschen!«, zischte er zwischen zusammengebissenen Zähnen, während er mit Blick nach unten weiterstapfte.

»Wer soll kommen?«, riss ihn Iains Stimme aus seinen Gedanken.

Er antwortete mit einer wegwischenden Handbewegung. »Niemand, wenn ihm sein Leben lieb ist«, knurrte Thorin. Kurz erschrak er selbst über die Härte seiner Worte, immerhin war es sein Bruder, über den er sprach. Er wechselte schnell das Thema. »Was gibt es Neues? Ist etwas vorgefallen in meiner Abwesenheit?«

Iain zog spöttisch die Mundwinkel nach unten. »In der Abwesenheit unseres Möchtegernhäuptlings, meinst du wohl!«

Thorin, der nicht zum Scherzen aufgelegt war, machte einen schnellen Satz und packte seinen Ziehbruder am Kragen. »Ich hab dich was gefragt, du Wurm! Antworte gefälligst oder ich prügel dich windelweich, sodass du die nächsten Tage nicht mehr sitzen kannst!«

Der um einen Kopf kleinere Mann hob abwehrend die Hände, doch seine Augen blitzten erbost. »Schon gut! Lass mich los!«

Thorin funkelte ihn noch einmal wütend an, dann stieß er Iain so heftig von sich, dass dieser Mühe hatte, sich auf den Füßen zu halten.

»Was ist denn mit dir ...?«

»Tu, was ich dir gesagt habe, und berichte endlich!«, herrschte ihn Thorin an.

Iain überlegte offenbar kurz, ob er der Aufforderung nachkommen sollte, doch ein Blick auf den wütenden Häuptlingssohn schien zu genügen, um ihn zu einer Antwort zu bewegen. »Es war alles ruhig. Bis auf die dumme Ziege von Edana, die es geschafft hat, sich von den Stallungen durch das Tor in den bewohnten Ostteil der Siedlung zu begeben. Dort hat sie prompt die Gemüseauslage von einem der Bauern auf dem Markt entdeckt und genüsslich verspeist. Da war vielleicht was los! Eda hatte alle Hände voll zu tun, den aufgebrachten Bauern zu beruhigen. Er wollte die Ziege als Entschädigung haben, doch ...«

»Die Ziege interessiert mich nicht!«, unterbrach ihn Thorin unwirsch. »Hast du sonst nichts zu berichten?«

Iain kniff die Augen zusammen, dann schüttelte er den Kopf. »Nein, nichts.«

»Warum sagst du das nicht gleich!« Thorin machte auf der Hacke kehrt und ließ seinen verärgerten Ziehbruder zurück, als er auf die restliche Wachmannschaft zutrat, um sich auch von ihnen Bericht erstatten zu lassen.

Iain starrte dem Häuptlingssohn wütend hinterher. Was erlaubte sich dieses Bürschchen? Führte sich auf, als wäre er der Häuptling höchstpersönlich! Er schnaubte zweimal laut, dann spuckte er auf den Boden und ging zur Kate der Wachmannschaft. Sollte Thorin doch seine restliche Wache für ihn übernehmen, der alte Besserwisser! Iain lachte gehässig.

In der Mannschaftsunterkunft angekommen, verzog er angewidert das Gesicht. Was waren seine Mitbewohner nur für Schweine! Halbvolle Näpfe mit Essensresten darin zogen ganze Schwärme von Fliegen an. Der Gestank reichte von herb bis süßlich-faulig. Iain drehte auf der Hacke um und verließ die schmuddelige Kriegerunterkunft. Na warte!

Wenn die anderen vom Dienst zurückkamen, würde er ihnen Beine machen! Wenigstens über die paar Männer hatte er das Sagen.

Er verzog den Mund zu einer Art Grimasse, als er über sein Schicksal nachdachte. Ihm gebührten mehr Respekt und Ehre, dessen war er sich sicher. Sein Vater Biorach war ein ganzer Kerl gewesen! Einer, der wusste, wie sich ein Keltenhäuptling zu verhalten hatte. Nicht so ein Weichling, der mit den verdammten Römern Handel trieb! Iain schnaubte laut, als er an Caius und dessen Familie dachte. Die gingen hier auf dem Donnersberg ein und aus, als ob sie hierher gehörten. Ein Grinsen stahl sich auf sein Gesicht, als er sich ausmalte, was er mit ihnen anstellen würde, wenn er hier das Sagen hätte. Allen voran mit der hübschen Livi ...

Seine Gedanken gingen zurück zur Häuptlingsfamilie. Ja, sein Vater und seine Mutter hatten erkannt, wer hier oben herrschen sollte. Ganz gewiss kein verweichlichter Häuptling und seine angeheiratete Bäuerin! Kurz spürte er einen Stich tief im Inneren. Hatte Rowan ihn nach dem Tod seiner Eltern nicht wie eine Mutter behandelt? Pah! Wer war denn Schuld daran, dass er als Waise aufwachsen musste? Drystan höchstpersönlich hatte seinen Vater gerichtet! Und seine Mutter hatten sie gejagt wie Vieh! Nein! Ihnen gebührte wahrlich kein Dank!

In seiner Wut hatte Iain nicht bemerkt, wohin ihn seine Schritte geführt hatten, als er plötzlich vor der Tempelanlage stand. Ein paar Frauen gingen fröhlich miteinander schwatzend mit Kräuterbüscheln unter dem Arm an ihm vorbei in Richtung Heiligtum. Sollten die dummen Weiber doch ihre Muttergöttin anbeten. Iain hatte von klein auf nicht begriffen, was es mit diesem ständigen Beten und Opfern auf sich hatte. Der Mensch selbst war der Einzige, der sein Schicksal lenkte. Nicht irgendeine ominöse Gottheit, die man gnädig stimmen musste. Axt und Schwert, das waren seine Gottheiten! Sie machten ihn zum Bestimmer über Leben und Tod.

Er hielt kurz inne und blickte sich auf dem Vorplatz um. Trieb sich Eda hier nicht meistens herum? Er grinste beim Gedanken an das Mädchen. Sie war immer nett zu ihm gewesen. *Und schön naiv,* fügte eine gehässige Stimme in seinem Kopf hinzu. Wenn er gejammert hatte, dass er noch hungrig war, hatte die dumme Gans ihm ihr restliches Essen rübergeschoben. Edana würde ihr letztes Hemd geben, wenn man sie darum bat.

Bei dem Gedanken an seine Ziehschwester spürte er, wie sich seine Männlichkeit regte. Das wäre schon ein Leckerbissen! Etwas anderes als die dreckigen Bauernmädchen, die sonst für ihn die Beine breit machten. Nun gut, die eine oder andere hatte er ein wenig überreden müssen. Er grinste, als er an seine letzte Eroberung dachte. Das Weib hatte ihn angelächelt und er war ihr in den Wald gefolgt, doch als er sie packte, hatte sie sich geziert, das dumme Ding. Erst einen heiß machen, dann nicht wollen. So etwas gab es in seiner Welt nicht. Er nahm sich, was er wollte. Ein Wachkamerad hatte ihn einmal gefragt, ob er keine Angst hätte, dass der Häuptling es herausfinden würde. Da hatte Iain lauthals lachen müssen! Er und Angst! Lächerlich!

Seine Augen suchten weiter die großzügige Tempelanlage ab, als ihm plötzlich ein Gedanke kam. Hatte der rothaarige Möchtegernhäuptling nicht ein Auge auf die kleine Römerin geworfen? Immerhin hatte er sie miteinander turteln sehen, als sie meinten, sie wären allein im Wald. Ein breites Grinsen stahl sich auf sein Gesicht. Ein Häuptlingssohn, der es mit einer Feindin trieb! Wenn das herauskäme, wäre dieser Trottel Thorin endlich geliefert. Und er, Iain, würde als Ziehsohn Drystans in dessen Fußstapfen treten!

Der gedrungene Krieger streckte bei dem Gedanken stolz die Brust heraus. Dann hätte er erreicht, was er immer gewollt hatte! Er rieb sich die Hände. Vielleicht sollte er noch ein wenig nachhelfen? So ungerecht, wie er hier immer behandelt wurde, war es nicht sicher, dass er seinen rechtmäßigen Platz als Häuptling antreten durfte. Er legte den Kopf in den Nacken und dachte nach. Ein plötzlicher Gedanke ließ ihn innehalten. Wenn er die Tochter des Stammesoberhaupts ehelichte, dann hätte er gleich ein doppeltes Anrecht auf diesen Titel!

Nach einem letzten zufriedenen Blick auf den Tempel drehte sich Iain um und stapfte wieder zurück zur Mannschaftsunterkunft. Er musste in Ruhe nachdenken, wie er seinen Plan umsetzen konnte. Dass Edana sich ihm nicht freiwillig hingeben würde, war ihm klar. So großzügig war die dumme Gans dann doch wieder nicht! Sein Grinsen wurde breiter und entblößte braune Zahnstummel in seinem Mund, als ihm eine Idee kam.

Einige Tage später fand sich Edana erneut im täglichen Widerstreit mit der störrischen Ziege. Sie zog so fest sie konnte an dem Strick, den das heftig meckernde Tier um den Hals gebunden hatte, doch es bewegte sich kein Stück vom Fleck. Scheinbar gefiel es ihr auf der sonnigen Wiese oben im Westteil der Siedlung, wo die Bauern ihre Tiere grasen ließen. Ein weiteres kleines Zicklein sprang laut meckernd herbei, als wollte sie schimpfen über die Störung ihrer tierischen Idylle.

»Nun mach schon, du stures Biest! Artos Junge hat bestimmt gleich wieder Hunger. Komm mit zum Stall, damit ich dich melken kann! Danach kannst du wieder mit deinen Freunden umhertollen.«

Zur großen Überraschung des Mädchens ließ sich die Ziege plötzlich ohne Gegenwehr wegführen. Hatte sie ihre Worte etwa verstanden? Edana schüttelte den Kopf. Nein, gewiss nicht, das Tier freute sich bestimmt nur auf die paar schrumpeligen Äpfel, die es immer nach dem Melken bekam.

Die Druidin ging auf den hölzernen Verschlag zu und machte sich an die Arbeit. Ihre Hände zogen an den Zitzen der genüsslich kauenden Ziege, während ihre Gedanken sich um die Ereignisse der letzten Wochen drehten. Sie war stolz auf ihren Vorschlag, es mit Ziegenmilch bei Artos Sohn zu probieren. Den Blick, mit dem sie der Krieger und seine Frau bedacht hatten, als der Kleine, der so jämmerlich nach Nahrung geweint hatte, endlich satt und zufrieden eingeschlafen war, würde Edana ihr Leben lang nicht vergessen. Auch Meallá und Mareg hatten ihr auf die Schulter geklopft und »Gut gemacht!« gesagt!

Ein Lob dieser Art hatte sie bislang nur einmal erhalten. Vor Kurzem, als es ihr gelungen war, mit ihrer unermüdlichen Pflege Halvors Fieber zu senken und ihn vor dem sicher geglaubten Tod zu bewahren. Der Gedanke an ihren Bruder ließ sie aufseufzen. Zu gerne wäre sie mit Thorin und ihrer Mutter in die Römervilla gefahren, um nach ihm zu sehen. Er war ihr in der intensiven Zeit der Pflege und Sorge ans Herz gewachsen. Doch ihr Vater hatte den Kopf geschüttelt und gemeint, ihr Platz wäre hier. Sie wollte mit ihrer Mutter sprechen, denn die schaffte es immer, Vaters Meinung zu ändern, doch Meallá hatte ihr ins Gewissen geredet. Die Entscheidung des Häuptlings sei weise, hatte sie gesagt. Auch dass ihr Platz als Druidin hier in der Siedlung sei, wo sich die Menschen auf sie verlassen würden.

Edanas Wangen überzogen sich mit einem feinen Rot, als sie daran dachte, wie sie wütend auf den Boden gestampft hatte und aus ihrer gemeinsamen Unterkunft gestürmt war, um sich abzuregen. Aber Meallá hatte recht behalten. Kurz nach Mutters und Thorins Abreise war ein aufgelöster Arto in den Tempel gekommen, in seinen Armen ein jämmerlich schreiendes Bündel und hatte um Hilfe gefleht. Wäre sie mit abgereist, hätte der kleine Junge vielleicht nicht überlebt.

Edana fühlte jäh eine große Dankbarkeit in sich, dass sie dem Kind helfen konnte, und den Drang, der Göttin für diese Erfahrung zu danken. »Rigani, große Mutter, du hast mir die Weisheit geschenkt, ein kleines Menschenleben zu bewahren. Hierfür gebühren dir Dank und Ehre!« Sie überlegte kurz, dann fuhr sie mit fester Stimme fort: »Ich weiß nun, dass mein Platz hier im Tempel ist. Ich will dir auf ewig dienen und Werkzeug für dich sein!«

Eine leichte Gänsehaut überzog die Arme des Mädchens, als sie ihr Gebet beendet hatte. Ja, sie hatte damals die Entscheidung getroffen, im Tempel das Druidenhandwerk zu erlernen. Doch im Verlauf der Jahre hatte es immer mal wieder Momente des Zweifelns gegeben, ob sie den eingeschlagenen Weg auch wirklich fortsetzen wollte. Die langen Tage beim Mörsern der Kräuter, die sie in einem dunklen Tempelraum verbracht hatte, hatten sie mürbe gemacht. Sie wusste, ihr Vater würde sie sofort und mit Freuden wieder in seinen Haushalt aufnehmen, wenn sie ein Wort diesbezüglich verlieren würde, und sie bestmöglich verheiraten.

Sie schüttelte bei dem Gedanken den Kopf, sodass ihr Schleier verrutschte und ihr in die Augen fiel. Nein, das wollte sie nicht! Sie meinte, was sie eben gesagt hatte. Ihr Leben gehörte der Göttin und dem Dienst an den Menschen hier in der Siedlung. Sie löste ihre Hände vom Euter der Ziege, um ihren Schleier wieder zu richten, was das vorwitzige Tier sofort nutzte, um sich über den Sack mit Äpfeln herzumachen, der an der Wand lehnte.

Edana seufzte. Ein Blick in den gut gefüllten Eimer ließ sie die Entscheidung treffen, dass es für heute gut war. Sie packte den Strick und zog die Ziege wieder hinaus auf die weite Grasfläche. Auch wenn es abends bereits empfindlich kühl wurde, so erlaubten die Bauern ihren Tieren, so lange es ging, im Freien zu weiden. Sie löste den groben Strick und beobachtete amüsiert, wie das gefleckte Zicklein mit wilden

Sprüngen und ohrenbetäubendem Gemecker zu ihren Artgenossen hüpfte, die es ebenso laut begrüßten.

Sie raffte ihr Gewand, um zurück zur Tempelanlage zu eilen. Meallá wollte nicht, dass sie nach Sonnenuntergang unterwegs war, und ein Blick auf die schon recht tief stehende Sonne verriet ihr, dass sie sich beeilen musste, wollte sie es noch rechtzeitig schaffen. Sie hatte beim Melken wohl die Zeit vergessen, denn die Bauern hatten ihr Tagewerk bereits beendet und sie war allein auf der großen Weide.

»Sind schon hässliche Tiere, diese Ziegen!«

Edana fuhr zusammen, als sie hinter sich plötzlich eine Stimme vernahm. Sie wirbelte herum.

»Iain! Du hast mich zu Tode erschreckt!«

Der Angesprochene grinste, dann hob er entschuldigend die Hände. Edana bemerkte die dunklen Halbmonde unter seinen Fingernägeln. Auch die Kleidung sah speckig und ungewaschen aus, was den strengen Geruch erklärte, der ihr in die Nase stieg.

»Was machst du hier auf der Wiese? Solltest du nicht in der Mannschaftsunterkunft sein und dich säubern?«

Iain, der ihren abschätzenden Blick bemerkt hatte, grinste noch breiter. »Waschen wird überbewertet.« Dann machte er einen Satz auf das Mädchen zu und zog sie fest an sich. »So muss ein Mann riechen! Das wollen die Weiber!« Sein wieherndes Lachen erklang, gefolgt von Edanas entrüstetem Aufschrei.

»Lass mich sofort los, du Widerling! Sonst ...«

»Sonst was? Häh? Sonst holst du deinen Vater, den großen Häuptling, zur Hilfe?« Seine Stimme triefte vor Spott. »Ach ja, das geht ja gar nicht. Er ist mal wieder nicht hier, sondern unterwegs, wahrscheinlich um seinen dreckigen Römersohn zu holen!«

Edana sog scharf die Luft ein. Was bildete sich Iain ein, sie festzuhalten und so über Vater zu sprechen? Hatte er zu viel getrunken? Nein, ihre Nase konnte den verräterischen Geruch des sauren Biers, das die Wachmannschaft trank, nicht ausmachen. Auch wenn der säuerliche Geruch nach Schweiß, der ihre Nase traktierte, diesen wohl auch überdecken konnte.

»Ich sage es dir noch einmal, Iain. Lass mich sofort los!«

Das höhnische Gelächter wurde lauter und zu ihrem Entsetzen verstärkte er die Umklammerung eher, als dass er sie löste. Sein stinkender Atem verursachte ihr Übelkeit, als er ihr zuraunte: »Du willst es doch auch, Edana! Das spürt ein Mann. Tagein, tagaus sitzt du in deinem feinen Tempel und betest ein Nichts an, dabei musst du doch die Gelüste des Fleisches spüren wie jede andere Frau.« Er löste eine Hand und griff ihr grob an die Brust. »Ich will dir zeigen, was du verpasst, meine Süße.«

Edana schrie laut auf und versuchte, sich aus der Umklammerung zu befreien, doch es half nichts. Iain war, wenn auch nicht viel größer als sie selbst, doch um ein Vielfaches stärker. »Ja, wehr dich nur, meine Hübsche. Dann macht es gleich noch viel mehr Spaß!«

Mit einer jähen Bewegung eines Beines riss er sie von den Füßen. Entsetzt versuchte sie, den Sturz mit ihrer rechten Hand abzufangen. Ein lautes Knacken ertönte, als sie ungehindert darauf fiel. Der Schmerz raubte ihr fast die Sinne.

Sie kämpfte damit, bei Bewusstsein zu bleiben, als sein jäh auf sie fallendes Körpergewicht ihr abermals die Luft nahm. Seine schmutzige Hand schob sich auf ihren, zum Schrei geöffneten, Mund, während die andere versuchte, ihre Röcke hochzuziehen. Edana nahm ihre Umgebung nur noch verschwommen wahr, als er in ihr Ohr stöhnte: »Das wirst du von jetzt an immer bekommen, meine Hübsche. Wenn wir erst mal verheiratet sind, dann werde ich es dir jeden Tag so besorgen!«

Er musste den entsetzten Ausdruck auf ihrem Gesicht bemerkt haben, denn er fuhr gehässig fort: »So eine wie dich, die für jeden Krieger die Beine breit macht, wollen die garantiert nicht im Tempel haben. Vielleicht trägst du gleich auch noch einen Balg in dir. Aber mach dir keine Sorgen. Ich werde großzügig anbieten, dich zum Weib zu nehmen.« Er lachte laut auf, während er gleichzeitig versuchte, seine Bracae herunterzuziehen. Das Letzte, was sie hörte, bevor ihr die Sinne schwanden, war: »Und wenn dann dein feiner Bruder die Römerschlampe ehelicht, dann werde ich Häuptling dieser Siedlung sein!«

»Edana, Kind, wach auf!«

Wie durch einen dichten Nebel nahm sie die Stimme ihrer Mutter wahr. Sie versuchte zu sprechen, doch mehr als ein Krächzen brachte sie nicht zustande.

»Hier, trink einen Schluck, es wird dir gut tun.«

Edana spürte ein Gefäß an ihren rissigen Lippen und öffnete gehorsam den Mund. Das kühle Nass rann wohltuend ihre Kehle hinab.

»So ist es gut. Aber trink nicht zu schnell, nicht dass du dich noch verschluckst.«

Edana öffnete langsam die Augen. Wo war sie? Ihre Mutter saß an ihrer Bettstatt und strich ihr zärtlich über die Stirn, doch sie befanden sich nicht in der Häuptlingskate.

»Wo ... wo bin ich?«, fragte sie schwach. Sie versuchte, sich aufzusetzen, doch ein jäher Schmerz in ihrem rechten Arm ließ sie aufschreien und wieder zurück auf die Pritsche sinken.

»Beweg dich nicht, Kind! Dein Arm ist schwer verletzt und muss ruhig gehalten werden. Du hast auch viele Blutergüsse am ganzen Körper, die erst abheilen müssen.«

Verwirrt blickte Edana ihre Mutter an. »Ich verstehe nicht ... Wo bin ich und was ist geschehen?«

Rowan seufzte. Dann nahm sie Edanas Gesicht in beide Hände und sagte leise: »Du bist im Heilhaus, Kind. Du wurdest überfallen und verletzt. Iain ...«

Als Edana den Namen hörte, drängten die Erinnerungen mit aller Wucht auf sie ein. Sie schluchzte auf und versuchte, die Hände wie zur Abwehr zu heben.

»Sschhh, mein Kind. Dir kann nichts mehr passieren. Du bist in Sicherheit.«

Tränen rannen über Rowans Wangen, eine Tatsache, die das Mädchen fast mehr erschreckte, als die Erinnerung an sich. Sie hatte ihre Mutter noch nie weinen sehen. Selbst als der Schatten sie im Griff hielt, weinte sie nie vor ihr. »Es ist gut, Mutter«, wisperte sie und legte ihre unverletzte Hand auf Rowans. »Mir geht es gut.«

Eine seltsame Mischung aus Lachen und Weinen antwortete ihr. »Was bist du nur für ein tapferes Mädchen!«

Edana verzog die Lippen zu einem Lächeln. »Das habe ich wohl von meiner Mutter geerbt.«

Sie spürte deren Arme, die sich um sie schlangen und sie festhielten. Ein Schmerz in ihrer Rippengegend ließ sie aufstöhnen, doch als Rowan sich von ihr lösen wollte, flüsterte sie: »Nein, halt mich fest!«

In der innigen Umarmung versunken, weinten beide stille Tränen, die eine aus Scham und dem Schrecken der Erinnerung, die andere aus Trauer und Entsetzen.

Als sie sich endlich voneinander lösten, fragte Edana leise: »Wie bin ich hierher gekommen?«

Rowan streichelte ihrer Tochter wieder über die Stirn, dann sagte sie: »Du warst lange weg und Meallá hat sich Sorgen um dich gemacht. Sie ging zu den Wachen am Tor und fragte nach dir. Ulik, der gerade seinen Dienst beendet hatte, bot an, nach dir zu suchen. Er war es, der dich schließlich auf der großen Weide gefunden hat. Dich und ...« Ihre Stimme brach.

Edana holte tief Luft, dann fragte sie leise: »Was ist mit ... mit ...?« So sehr sie sich auch bemühte, der Name wollte ihr nicht über die Lippen kommen.

»Mit Iain?« Rowans Stimme klang tieftraurig, als sie den Namen ihres Ziehsohns aussprach. Edana nickte.

Ihre Mutter wischte sich eine letzte Träne aus dem Augenwinkel, dann sah sie ihre Tochter an. »Ulik hat die Situation richtig eingeschätzt, Iain gepackt und von dir gerissen. Du warst besinnungslos, das wusste Ulik aber nicht. Er ging vom Schlimmsten aus.« Rowans Stimme zitterte. »Er hat Iain windelweich geprügelt und mit einem Strick aus dem Stall fest verschnürt. Dann hat er ihn wie ein Stück Vieh hinter sich hergezogen, bis vor die Häuptlingskate. Dort hat er geschrien, dass du tot seist und er deinen Mörder gefasst hätte.«

Das Mädchen sog vor Entsetzen scharf die Luft ein. Ihre arme Mutter! Was für Ängste musste sie ihretwegen ausgestanden haben!

»Ich bin sofort losgerannt, als er mir sagte, wo er dich gesehen hatte. Meallá folgte mir. Als ich dich da so liegen sah, so blass und deinen Arm, der in einem unnatürlichen Winkel von deinem Körper abstand, dachte ich, Ulik hätte recht und du wärst tot.« Rowan schluchzte auf und Edana verstärkte den Druck ihrer Hand auf der ihrer Mutter. »Doch Meallá merkte schnell, dass du noch lebst, und da haben wir dich hierher ins Heilhaus gebracht, damit Mareg sich um dich kümmern kann.«

Edana nickte. Sie konnte sich vorstellen, was danach geschehen war. Schließlich war sie oft genug dabei gewesen, wenn Mareg Verwundete versorgte. Erst wurde genau nachgeschaut, was verletzt war, dann wurde der Verunglückte gesäubert und anschließend verbunden. Edana schielte auf ihren rechten Arm, den zwei dicke Äste gerade hielten, die mit Leinentüchern umwickelt waren. Ja, das kannte sie. Mareg würde dem Verletzten mitteilen, dass er seinen Arm lange nicht gebrauchen dürfte. Erst wenn alles abgeheilt war, konnte man schauen, ob er sich noch wie früher bewegen ließ ... Nein, darüber wollte sie sich jetzt keine Gedanken machen!

»Was ist mit... mit ihm passiert?« Sie würde seinen Namen nie wieder in den Mund nehmen!

»Thorin hat ihn ebenfalls verprügelt, sodass sein Gesicht kaum mehr zu erkennen war. Erst als Mareg kam und ihm sagte, dass du lebst, hat er von ihm abgelassen. Da dein Vater nicht da war, musste Thorin über Iains Schicksal entscheiden. Er hätte ihn mit seiner Axt sofort gerichtet, hätte er dich entehrt. Doch Ulik kam rechtzeitig, um das Schlimmste zu verhindern. So hat Thorin die Druiden gebeten, ihm Rat zu erteilen. Immerhin ist Iain sein Ziehbruder. Meallá hat einen Ziegenbock geopfert und eine Eingeweideschau vorgenommen, um Rat von den Göttern zu erhalten.«

Edanas Arme überzogen sich mit einer leichten Gänsehaut. Zum Glück war sie bislang erst einmal bei einer Eingeweideschau anwesend gewesen und drückte sich auch sonst vor Opferungen. Meallá hatte aber darauf bestanden, obwohl das Mädchen argumentiert hatte, dass ihr Platz im Heilhaus war. Edana hasste es, die weit aufgerissenen Augen der Opfertiere zu sehen, die ihr Schicksal zu erahnen schienen.

»Was hat Meallá Thorin geraten?«, fragte sie mit kaum hörbarer Stimme.

Rowan atmete tief ein, dann antwortete sie: »Iain wurde mit sofortiger Wirkung aus der Siedlungsgemeinschaft ausgestoßen.«

Edana schnappte nach Luft.

Rowan nickte. »Er wurde nur in ein grobes Tuch gekleidet den Berg hinabgetrieben und für Lebzeiten vom Donnersberg verbannt.«

Edana rief aus: »Aber das heißt ja ...«

»Ja, Kind. Es ist sein Todesurteil. Ein Verbannter allein kann nicht überleben. Er hat keine Waffen, kein Essen und mit den Römern, die in letzter Zeit immer häufiger in der

Gegend gesichtet wurden, wohl auch keine Überlebensmöglichkeit.«

Edana schluchzte auf. Sie hasste ihren Ziehbruder, doch zerriss es ihr das Herz, wenn sie daran dachte, dass sie die Ursache dafür war, dass ...

»Dich trifft keine Schuld, mein Kind«, sagte Rowan mit fester Stimme.

»Aber, aber du weißt ja nicht, was geschehen ist ...«

»Dann erzähle es mir, wenn du dazu bereit bist. Doch meine Meinung steht bereits fest. Die Schuld trifft allein Iain.«

Eine einsame Träne kullerte über Edanas Wange, als sie leise anfing, die Vorkommnisse zu schildern. Es war seltsam, doch je länger sie redete, desto besser fühlte sie sich. Als sie geendet hatte, blickte sie ihre Mutter mit großen Augen an.

»Du armes Kind! Du hast dir nichts zuschulden kommen lassen. Es war allein Iains Schuld, hörst du?«

Das Mädchen nickte tapfer, dann ließ sie den Kopf zurück auf die Bettstatt sinken. Ihre Glieder fühlten sich bleischwer an und der Schmerz in ihrem Arm schien im Rhythmus ihres Herzschlags zu wachsen.

»Hier, trink das, mein Kind. Das wird deine Schmerzen lindern und dir Schlaf bringen. Mareg hat es so angewiesen.«

Bitter rann die Flüssigkeit in ihren Mund, doch bereits kurze Zeit später sank sie dankbar in einen tiefen Schlaf.

10. Rückkehr

Römisches Kastell, 73 v. Chr.

Drei lange Tage, die Halvor bis an den Rand der Erschöpfung trieben, hatten sie gebraucht, um endlich das römische Kastell, in dem seine Einheit stationiert war, zu erreichen. Er dankte den wortkargen Söldnern, die ihn begleitet hatten. Sie nickten ihm zu und machten sich sogleich auf den Heimweg, wobei sie das Pferd, das Caius ihm zur Verfügung gestellt hatte, am Zügel führten.

Halvor stand vor dem Wall des Militärlagers und beschattete seine Augen, als er an der mächtigen Befestigung entlang sah. Der Schutzwall maß beinahe tausend Fuß an jeder Seite und war quadratisch um das Lager angelegt. Ihm war nur zu bewusst, wie viel Schweiß es ihn und die Kameraden gekostet hatte, den Graben rund um das Kastell auszuheben und den Aushub aufzuschütten. Die in der Erde so zahlreich vorhandenen Steine wurden zur Verstärkung kurzerhand mit auf die Befestigung geschüttet. Anschließend hatte man Grassoden darauf platziert, die eine zusätzliche Verstärkung des Erdhügels boten.

Die Brustwehr auf dem Wall bestand aus beidseitig angespitzten Pila muralia, die den Soldaten Schutz vor angreifenden Feinden boten. Er wollte gar nicht wissen, wie viel Mühe es kostete, ein Lager für mehrere Legionen zu errichten! Dieses Kastell beherbergte eine kleinere Einheit, die gerade einmal aus drei Kohorten bestand.

Als Halvor den Blick schweifen ließ, bemerkte er die rege Bautätigkeit um das Lager herum. Er stellte fest, dass in seiner Abwesenheit einige neue Gebäude entstanden waren. Neben Verkaufsständen, die alle möglichen Waren angeboten, fanden sich auch Wirtshäuser und Freudenhäuser, die von den Männern in ihrer Freizeit gern aufgesucht wurden.

Halvor richtete den Blick wieder nach vorn und trat auf das Tor zu. Die zwei wachhabenden Soldaten musterten ihn interessiert.

»Was ist dein Begehr?«, fragte der Linke schroff. Da Halvor in Zivilkleidung vor ihm stand, konnte er nicht wissen, dass er es mit einem Kameraden zu tun hatte.

»Ave«, grüßte Halvor höflich. »Mein Name ist Lucius Varius und ich werde vom Praefectus erwartet.«

Gelangweilt winkten ihn die Wachen durch und widmeten sich dem nächsten Ankömmling, der bereits hinter ihm wartete, um seine Waren anzubieten.

Halvor schritt zügig die lange gerade Straße entlang, die in der Mitte des Kastells verlief. Links und rechts des Weges reihten sich die Tentoria der Soldaten aneinander. Fein säuberlich in Reih und Glied erhoben sich die Giebelzelte, die jeweils aus vier schräg zueinanderstehenden Holzpfosten bestanden, über die eine Haut aus Ziegenleder gespannt war. In jedem Zelt schliefen je acht Mann. Halvor schluckte. Nie wieder würde er mit seinem besten Freund Claudius, der sein Zeltnachbar gewesen war, fröhliche Abende in ihrer Behausung verbringen können. Er fehlte ihm sehr und er fragte sich zum wiederholten Male, ob er ihn und Marius hätte retten können, wenn seine Herkunft früher aufgedeckt worden wäre. Hätte Drystan ihn doch als Ersten zur Hinrichtung bringen lassen! Dann wären seine Freunde vielleicht noch am Leben ...

Nur noch wenige Schritte trennten Halvor vom Zelt des Praefectus. Dieser wohnte in einem Tabernaculum, das dem

Tentorium nicht unähnlich war, jedoch aus einem festen Holzrahmen bestand, was es stabiler machte.

Vor dem Eingang standen zwei Soldaten Wache. Halvor kannte die beiden, da sie in der Nähe seines Zeltes untergebracht waren und sie schon manche Abende miteinander verbracht hatten.

»Lucius Varius«, rief der rechte Soldat überrascht. »Mit dir hatten wir gar nicht mehr gerechnet! Wir dachten, die Barbaren hätten dir den Garaus gemacht!« Er klopfte Halvor wohlwollend auf die Schulter.

»Aber sag, wo sind denn Marius und Claudius?«, hakte der Linke nach. »Seid ihr nicht gemeinsam aufgebrochen? Und wie siehst du überhaupt aus?«

Er musterte ihn von oben bis unten.

Halvor hob die Hand. »Lasst mich später in Ruhe alles berichten«, bat er. »Erst muss ich mich beim Praefectus melden und ihm Rede und Antwort stehen.«

Die beiden nickten verständnisvoll und deuteten auf den Zelteingang. Er trat ins Innere und brauchte einen Moment, bis sich seine Augen an die Dunkelheit gewöhnt hatten. Der Praefectus saß, über Karten gebeugt, an einem Tisch. Halvor räusperte sich kurz und nahm Haltung an.

»Ah, Lucius Varius, da bist du ja wieder«, sagte der Praefectus und lehnte sich in seinem Stuhl zurück. Sein graues Haar stand wirr vom Kopf ab. Offensichtlich war er während der Arbeit öfter mit den Händen hindurchgefahren.

»Bist du wiederhergestellt?«, erkundigte sich der Kommandant.

Halvor nickte. »Ich hatte das große Glück, von einer Heilkundigen behandelt zu werden, was meine Genesung beschleunigt hat.«

Der Praefectus winkte ab. »Davon hattest du mir ja bereits geschrieben. Was mich mehr interessiert: Wie genau kannst du die Barbarensiedlung beschreiben, auf der man dich gefangen hielt?«

Halvor erstarrte. Was hatte der Praefectus vor?

»Leider war ich die meiste Zeit nicht bei Bewusstsein, daher kann ich nicht viel darüber berichten«, sagte er vorsichtig. »Darf ich fragen, warum Ihr das wissen wollt?«

Der Praefectus seufzte. »Eigentlich geht dich das nichts an, aber ich will mal nicht so sein. Wir haben Befehl aus Rom erhalten, den Barbaren deutlicher ihre Grenzen aufzuzeigen. Rom kann und will sich die ständigen Überfälle auf Kastelle und Gutshäuser nicht mehr bieten lassen. Den Barbaren muss endlich Einhalt geboten werden!« Er hieb mit der Faust wütend auf den Tisch. »Daher bekommen wir in den nächsten Wochen noch mal Verstärkung geschickt und auch die anderen Lager werden aufgestockt. Wäre ja gelacht, wenn wir gegen diese Wilden nicht ankämen!« Er lachte hämisch. »Schade, dass du uns keine genaueren Angaben zu der Barbarensiedlung machen kannst. Es wäre uns sehr geholfen, wenn wir diese Wilden ausräuchern könnten.« Er musterte ihn mit kaltem Blick. »Erzähle mir von deren Kriegern. Wie konnten drei gut ausgebildete Legionäre von diesen Barbaren übertölpelt werden?«

»Wir waren in der Unterzahl«, verteidigte sich Halvor. »Marius, Claudius und ich wurden von den Kriegern aus dem Hinterhalt angegriffen und umzingelt. Bei dem anschließenden Kampf wurde ich schwer verletzt. Danach verschleppte man uns in die Siedlung, um als Opfergaben für ihre Götter zu dienen.«

»Ja, ja, das schriebst du bereits. Erzähle mir lieber von der Ausrüstung der Barbaren.«

Halvors Gedanken gingen zum Anführer der Kelten, seinem leiblichen Vater Drystan. »Sie sind furchterregend anzusehen, da sie sich ihre Körper mit weißer Farbe bemalen und auch Haare und Gesicht einkalken. Sie tragen blaue Zeichen auf ihrer Haut und ihre Sprache scheint aus der Kehle zu kommen. Die Krieger tragen meist Schilde, die mit Metallbeschlägen verstärkt sind. Sie haben keine einheitliche

Ausrüstung«, erinnerte er sich. »Einige tragen eine Art Rüstung aus verstärktem Leder, andere kämpfen mit nacktem Oberkörper.« Halvor sah, wie der Praefectus geringschätzig den Mund verzog.

»Sie kämpfen mit gewaltigen Streitäxten und Schwertern, viele tragen Speere mit eisernen Spitzen«, fuhr er mit seiner Erzählung fort. »Unser Gladius ist viel kürzer als die langstieligen Streitäxte der keltischen Krieger, daher ist es schwer, sich gegen sie zur Wehr zu setzen. Eine solche Axt hat mir diese Verwundung beigebracht.« Er zog seine Tunika hoch und entblößte die gewaltige Narbe an seiner Seite. Der Praefectus sog scharf die Luft ein.

»Wahrlich eine schwere Verletzung«, befand er und bedeutete Halvor, sich zu bedecken. »Nun melde dich bei deiner Einheit und lass dich wieder in den Dienst eingliedern. Aber, bei Jupiter, lass dir zunächst eine anständige Uniform geben!« Mit einer Handbewegung gab der Praefectus Halvor zu verstehen, dass er sich entfernen durfte.

Beim Hinausgehen grüßte er die beiden Wachen am Eingang erneut und lief schleunigst zum Versorgungszelt, wo er unter viel Murren und Schimpfen eine neue Ausrüstung bekam. Es war nicht gern gesehen, wenn ein Soldat nicht pfleglich mit seiner Ausstattung umging, und noch seltener kam es vor, dass man alles ersetzen musste. Seine neue Lorica hamata, das Kettenhemd, schien schon einigen Männern gedient zu haben, wie Halvor anhand der Beulen und Kratzer stirnrunzelnd feststellte. Auch die rote Tunika, die unter dem Panzer getragen wurde, hatte bereits bessere Zeiten gesehen und war an einigen Stellen geflickt. Kleinlaut bat er den Versorgungssoldaten um einen neuen Cingulum militare, was dieser mit einem wütenden Schnauben quittierte. Der Verlust des Gürtels kam einer Entehrung gleich, wie Halvor wusste. Doch was hätte er tun sollen? Seine gesamte Ausrüstung war ihm bei dem Überfall abgenommen worden.

Nachdem er das Gewünschte endlich erhalten hatte, überlegte er, wie er das Ganze transportieren sollte. Den neuen Helm setzte er sich der Einfachheit halber auf den Kopf und den Rest der Ausrüstung, unter anderem ein Paar Caligae, mit Nägeln beschlagene Sandalen, und nicht zuletzt den Cingulum militare wickelte er in die Tunika. Er würde später noch mal kommen müssen, um die Waffen abzuholen, da er nicht alles auf einmal tragen konnte. Allein der ovale Schild wog eine ganze Menge und konnte nicht einfach unter den Arm geklemmt werden.

Als Halvor in sein Zelt trat, sah er zu seiner Erleichterung, dass niemand da war, dem er Rede und Antwort stehen musste. Er begab sich zu seinem Schlafplatz und legte die schwere Last ab. Er setzte sich auf sein Lager und starrte er eine Weile auf den Platz links von ihm, der bereits leer geräumt worden war. Claudius' persönliche Dinge hatte man wohl inzwischen an seine Familie geschickt. Seufzend zog er sich um und verstaute den Rest der Ausrüstung ordentlich. Es fühlte sich merkwürdig an, nach dieser langen Zeit wieder Uniform zu tragen.

Auf dem Weg zum diensthabenden Offizier war sich Halvor der vielen neugierigen Blicke bewusst, die ihm folgten. Offenbar hatte sich die Geschichte seiner Gefangennahme und Rückkehr bereits herumgesprochen. Ihm wurde klar, dass er noch oft über den Überfall und den Tod der Kameraden würde sprechen müssen, auch wenn das sehr schmerzhaft für ihn war. Vor allem Claudius fehlte ihm. Mit ihm war er durch dick und dünn gegangen. Sie hatten gemeinsam die schwere Zeit der Grundausbildung hinter sich gebracht und sich gegenseitig die Stellen mit Salbe bestrichen, die von den vielen Übungsschlägen mit den Holzschwertern schmerzhaft geschwollen waren. Sie hatten sich Mut zugesprochen, wenn ein Tag sie wieder einmal an den Rande der Verzweiflung brachte. Ohne ihn würde das Lagerleben nicht mehr dasselbe sein.

Der Offizier teilte Halvor für die Nachtschicht ein, wofür er nicht undankbar war. So konnte er zumindest den meisten Fragen eine Weile entgehen. Er beschloss, einen Rundgang um das Lager zu machen, um zu sehen, was sich in seiner Abwesenheit verändert hatte. Er lief auf dem breiten Streifen, der den Wall von den Zelten trennte, und sah sich um. Alle vier Ausfalltore waren verstärkt worden, wie er sofort bemerkte. Offenbar rechnete man mit Angriffen der Barbaren und wollte vorbereitet sein. Auf dem Exerzierplatz übte sich eine Gruppe jüngerer Soldaten im Nahkampf, angepeitscht durch das Brüllen ihres Ausbilders. Der Schweiß lief ihnen über die Gesichter, da sie den Kampf in voller Montur unter der gleißenden Sonne ausüben mussten.

Als Halvor das Kastell durch das Haupttor verließ, stellte er überrascht fest, dass neben den Wirts- und Hurenhäusern auch ein neues Badehaus eröffnet hatte, was sich in der sommerlichen Hitze sicherlich hervorragend für eine Erfrischung eignete. In den Straßen um das Kastell herrschte ein geschäftiges Summen. Händler priesen lautstark ihre Waren an, der Schmied hämmerte auf ein verbogenes Schwert ein und aus den Wirtshäusern drang lautes Gelächter.

Halvor beschloss, dass es Zeit für eine Abkühlung war. Als er eine Schenke betrat, schlug ihm abgestandene Luft entgegen. Einige Soldaten, die sicher genau wie er Nachtschicht hatten, und ein paar ältere Männer, die sich lautstark unterhielten, hielten sich in dem Raum auf. Halvor sah sich um, doch bevor er sich an einen freien Tisch setzen konnte, wurde er von den Soldaten herbeigewunken.

»Setz dich zu uns, Kamerad! Niemand sollte allein trinken müssen«, sagte ein rotwangiger Hüne, dessen lichtes Haar an seinem glänzenden Kopf klebte.

Obwohl er lieber allein geblieben wäre, setzte er sich zu den vier Soldaten, die ihn neugierig musterten.

»Wirt, einen Becher Wein für unseren Freund«, rief der Hüne und klopfte Halvor auf die Schulter, dass er fast vom Stuhl geflogen wäre.

Der beleibte Mann nickte und goss satten, roten Wein in einen Becher, den er anschließend vor ihm platzierte.

Halvor schnippte ihm eine Münze zu, woraufhin der Wirt sich zufrieden verzog.

»Wo kommst du denn her?«, fragte ein kleiner, pickliger Soldat neugierig.

In knappen Worten berichtete Halvor von seinen Erlebnissen. Die Zuhörer lauschten mit offenem Mund, unterbrachen seine Ausführungen jedoch nicht.

»Du bist richtigen Barbaren gegenübergestanden?«, fragte der Kleine staunend.

Halvor nickte und nippte an seinem Wein.

»Stimmt es, dass diese Wilden am ganzen Körper behaart sind und nur Tierlaute hervorbringen?«, wollte auch schon ein dunkelhaariger Soldat wissen.

»Ist es wahr, dass sie ihre Frauen an den Haaren herumschleifen und auf dem Boden schlafen?«, fragte ein anderer.

»Ich habe gehört, dass sie ihre Toten essen«, machte sich der Hüne wichtig.

Halvor schüttelte vor so viel Unwissenheit den Kopf. Unwillkürlich musste er an Rowan denken, die stolze keltische Häuptlingsfrau, die so gar nichts mit den Ausführungen der Soldaten gemein hatte. Er erinnerte sich an Edana, die ihn mit ihren Heilkünsten dem Reich der Toten entrissen hatte und ohne die er hier nicht sitzen würde. Doch wie sollte er diesen Hohlköpfen all dies klarmachen, ohne selbst als Keltenfreund zu gelten?

»Sie sprechen eine andere Sprache, doch sie können sich genauso unterhalten wie wir es gerade tun«, sagte er daher vorsichtig.

»Ach was«, winkte der Picklige ab. »Die grunzen wie die Schweine, was soll dabei Vernünftiges herauskommen?«

»Ihre Frauen sind gerade gut genug dafür, als Huren zu dienen«, stellte der Dunkelhaarige fest. »Drüben im Hurenhaus beschäftigen sie ausschließlich keltische Sklavinnen.« Mit den Händen zeichnete er weibliche Formen in die Luft. »Die Blonden haben es mir besonders angetan«, teilte er ihnen leutselig mit. »Die sind teilweise so jung, dass sie da unten noch nicht mal behaart sind, sage ich euch. Aber im Bett sind sie echte Wildkatzen.« Stolz schob er den Ärmel seiner Tunika nach oben und entblößte tiefe Kratzer am Oberarm. »Das war eine besonders junge Hure. Ein Leckerbissen, sag ich euch. Wie die gefaucht hat!« Er lachte laut. »Aber ich hab ihr auch einige Blessuren verpasst, darauf könnt ihr wetten!« Er zwinkerte Halvor anzüglich zu, der Mühe hatte, sich nicht angewidert wegzudrehen. Allein die Vorstellung, dass sich ein widerlicher, schwitzender Soldat einem Mädchen wie der zierlichen Edana aufdrängte, verursachte ihm Übelkeit.

»Wollen wir gleich rüber zum Hurenwirt?«, fragte der Picklige grinsend. »Bei deinen Erzählungen ist mir das Wasser im Mund zusammengelaufen. Die Blonde würde ich mir gern einmal näher ansehen!«

Seine Kameraden johlten und klopften zustimmend mit ihren Bechern auf den Holztisch.

»Was ist mir dir? Kommst du auch mit?«, wandte sich der Hüne an Halvor.

Der winkte ab. »Nein, danke. Geht nur allein. Mir steckt der lange Ritt noch in den Knochen. Ich werde wohl erst einmal ins Badehaus gehen, um meine müden Muskeln zu entspannen.«

»Entspannung findest du im Hurenhaus auch«, sagte der Picklige mit breitem Grinsen. »Vielleicht kommst du ja noch nach!«

Die Männer erhoben sich und verließen das Wirtshaus. Halvor atmete tief durch. Was war nur mit ihm los? Früher war er mit Claudius durchaus das eine oder andere Mal im

Hurenhaus gewesen. Noch nie hatte er sich über die Mädchen, die dort beschäftigt waren, Gedanken gemacht. Doch jetzt sah er das liebevolle Gesicht seiner leiblichen Mutter vor sich oder die zierliche, fleißige Edana und konnte dem primitiven Geschwätz über die unzivilisierten Barbaren nichts mehr abgewinnen.

Ohne Zweifel hatten die Kelten barbarische Rituale. Dass sie ihren Göttern sogar Menschenopfer darboten, erschien Halvor völlig unverständlich. Doch ansonsten hatten die Kelten, mit denen er Bekanntschaft geschlossen hatte, so gar nichts gemein mit den tiergleichen Wilden, von denen ihnen in der Ausbildung immer wieder berichtet worden war und von denen man sich am Abend gerne am Lagerfeuer erzählte. Nur Drystan glich diesen Barbaren aus den Erzählungen, fuhr es Halvor durch den Kopf. Dieser hatte sich als axtschwingender Wilder in sein Gedächtnis gebrannt.

Seufzend trank er den letzten Schluck von dem angenehm fruchtigen Rotwein, bevor er sich auf den Rückweg zum Kastell machte. Aus dem Hurenhaus drangen spitze Schreie und ein junges, grell geschminktes Mädchen versuchte, ihn auf ihre Reize aufmerksam zu machen. Sie zog ihr Kleid so weit nach vorne, dass er ihre kleinen Brüste sehen konnte, doch Halvor winkte ab und beschleunigte seine Schritte. Sie war doch noch ein Kind!

Nachdenklich lief er zu seinem Tentorium und legte sich mit hinter dem Kopf verschränkten Armen auf seine schmale Liege. Tausend Gedanken schwirrten ihm durch den Kopf. Sein ganzes Leben schien durcheinander gekommen zu sein.

Er musste eingeschlafen sein, denn er erwachte durch lautes Gelächter. Schlaftrunken fuhr er hoch und rieb sich die Augen. Die Dämmerung würde bald einsetzen, somit wurde es Zeit für ihn, sich zum Dienst zu begeben. Schnell besorgte er sich eine große Schale Puls, um seinen Magen zu besänftigen, bevor er noch die restlichen Waffen aus dem Versorgungszelt besorgte. Der Getreidebrei schmeckte genauso fad, wie er ihn in Erinnerung hatte, doch wenigstens füllte er den Magen.

Auf dem Weg zum Dienst traf er einige Kameraden aus seinem Zelt, die ihn mit Fragen bestürmten. Halvor vertröstete sie mit dem Hinweis auf seine Nachtschicht auf später, worüber er froh war.

Der Dienst in der Nacht war eine eintönige Angelegenheit. Halvor war für den Wachdienst eingeteilt worden, so drehte er Runde um Runde um das Lager. Anfangs waren noch das Klappern von Geschirr und laute Gespräche und Gelächter zu hören, doch nach und nach verstummten die Geräusche. Lediglich das vereinzelte Meckern von Ziegen oder das Grunzen von Schweinen war zu vernehmen. Halvor nahm seinen Dienst ernst. Zu eingebrannt waren ihm die Berichte überfallener Lager im Gedächtnis, bei denen Dutzende massakriert worden waren. Die Menschen außerhalb der Lagerwälle waren in solchen Fällen die Hauptleidtragenden, da die Barbaren keine Unterschiede zwischen römischen Soldaten oder den Siedlern um die Kastelle machten. Selbst keltische Sklavinnen fanden bei solchen Überfällen regelmäßig den Tod, da sie durch ihre Arbeit als entehrt galten.

Die Nachtschicht verlief ereignislos und als die Sonne am Horizont erschien, streckte er sich gähnend. Er war froh, sich gleich auf seiner Pritsche ausstrecken zu dürfen. Die Nacht war kühl gewesen und Halvor nahm sich vor, beim Versorgungszelt ein Sagum zu holen. Der dicke Stoff würde ihn warmhalten. Eine alte Fibel zum Zusammenhalten hatte er noch im Zelt.

Die nächsten Tage verliefen in gleichmäßiger Eintönigkeit, worüber Halvor dankbar war. Tagsüber schlief er, dann unternahm er lange Spaziergänge in der Gegend oder besuchte das Badehaus, um sich den Staub vom Körper zu waschen. Das Wirtshaus mied er ebenso wie die Hurenhäuser. Ihm fiel auf, dass die Nachfragen seiner Kameraden immer seltener wurden. Anscheinend hatte sich herumgesprochen, dass er keinen großen Wert auf Konversation oder Gesellschaft legte. Ihm konnte das nur recht sein, auch wenn er sich zunehmend einsam fühlte. Die Gespräche mit Livia fehlten ihm genauso wie die gemeinsamen Ausflüge mit ihr und Thorin, wie er zu seinem Erstaunen feststellte. Bestimmt steckten sie schon mitten in den Hochzeitsvorbereitungen. In der Villa war er nur selten allein gewesen. Immer war jemand in der Nähe gewesen, meist Livia, Aurelia oder Rowan.

Wie vom Praefectus vorhergesagt, kamen im Laufe der nächsten Tage immer mehr Truppen im Kastell an. Von hier aus würden sie in der Umgebung verteilt werden. Neue Latrinen mussten ausgehoben werden, die Grenzwälle wurden nach außen versetzt, um Platz für zusätzliche Tentoria zu schaffen. All das sorgte für viel Arbeit und wenig Zeit zum Nachdenken. Auch die Soldaten der Nachtschicht mussten nun früher ihren Dienst antreten, um bereits zwei Stunden vor Einbruch der Dämmerung zur Schaufel zu greifen. Halvor machte die harte Arbeit nichts aus. Seine Narbe spannte zwar anfangs stark, doch nach und nach gewöhnte sich sein Körper an die Tätigkeit.

Nachdem über eine Woche seit seiner Rückkehr vergangen war, kehrte so etwas wie Alltag bei ihm ein. Er verbrachte nach wie vor die meiste Zeit allein und mied Begegnungen. Das Hauptthema, über das ständig gesprochen wurde, waren die unzivilisierten Wilden, die es zu besiegen galt, um Rom zu Ruhm und Ehre zu verhelfen. Halvor war sich nur allzu bewusst, sollten seine Kameraden jemals von seiner wahren Herkunft erfahren, würde er das Ziel ihres beißenden Spottes werden, wenn nicht gar Schlimmeres geschehen würde.

Immer öfter hatte er das Gefühl, nichts mehr mit den Männern um ihn herum gemein zu haben. Wenn er darüber nachdachte, hatte er vorher meist seine gesamte Zeit mit Claudius verbracht. Mit ihm hatte er sich blendend verstanden. Doch nun war niemand mehr da, dem er sich verbunden fühlte. Eine Zeit lang empfand er eine Art Zorn auf Rowan und Edana, durch die seine Herkunft aufgedeckt worden war. Warum hatten sie ihn mit dieser Erkenntnis belasten müssen? Dann jedoch schämte er sich wieder für seine Gedanken, immerhin hatte er ihnen zu verdanken, dass er noch am Leben war. Und schließlich konnten sie auch nichts dafür, wie das Schicksal ihnen allen mitgespielt hatte ...

Als Halvor gerade einen Napf mit Puls auslöffelte, schnappte er Gesprächsfetzen zwischen seinen Banknachbarn auf, die seine Aufmerksamkeit sofort fesselten.

»Ein Barbarenfürst wurde gefangen genommen, sagt ihr?«, fragte er aufgeregt.

Sein Nachbar nickte und schob den Helm nach hinten, um sich ausgiebig am Kopf zu kratzen.

»Ja, er wurde heute Morgen hergebracht. Aber besonders fürstlich sieht der nicht gerade aus, möchte ich mal anmerken! Aber was erwartet man auch von solchen Wilden?« Er lachte laut und spuckte einen dicken Batzen Schleim ins Feuer, dass es zischte.

»Wahrscheinlich sitzen die auf einem Thron aus Holzstämmen oder besser noch auf einem Erdhaufen«, gackerte sein Banknachbar los.

»Woher kommt denn der Kelte?«, hakte Halvor nach.

Der beleibte Soldat überlegte. »Wie war doch der Name gleich? Irgendwas mit dem Wetter ...« Er bohrte ausgiebig in der Nase.

Halvor fuhr es eiskalt über den Rücken. »Kommt er etwa vom Donnersberg?«

Der Soldat beäugte ihn misstrauisch. »Und wenn's so wäre? Was geht dich das eigentlich an?«

Halvor winkte ab. »Ich bin nur neugierig. Immerhin passiert es nicht alle Tage, dass ein echter Barbarenfürst hier vorbeikommt!«

Besänftigt nickte der Soldat. »Hast auch wieder recht, Jüngelchen. Bin gespannt, was sie mit ihm anstellen!«

Halvor verabschiedete sich mit knappen Worten und lief mit pochendem Herzen los. War das möglich? War Drystan hier im Lager? War sein leiblicher Vater gefangen genommen worden und wartete hier auf seinen Tod?

Eine gehässige Stimme meldete sich, die ihm bedeutete, dass der Keltenhäuptling den Tod mehr als verdient hatte, nach dem, was er mit seinen Kameraden gemacht hatte. Doch kaum hatte sich dieser Gedanke verflüchtigt, sah er Rowans Antlitz vor sich. Sie war ihrem Mann in großer Liebe zugetan, daran bestand kein Zweifel. Es würde ihr das Herz brechen, wenn Drystan starb.

Unruhig lief er zwischen den Zeltreihen entlang und knetete nervös die Finger. Er musste herausfinden, ob es wirklich sein leiblicher Vater war, der in Gefangenschaft geraten war. Wenn ja, wo war sein Gefolge abgeblieben? Soweit Halvor wusste, ritt der Keltenhäuptling nur selten allein aus. Auf einmal brach ihm der Schweiß aus. War Thorin bei ihm gewesen? War er am Ende getötet worden, als sein Vater gefangen genommen worden war? Fieberhaft überlegte er, wie er mehr herausfinden konnte.

Seine Schritte trugen ihn immer näher an das Zelt des Praefectus. Er hatte Glück. Vor dem Eingang hielten wieder die zwei Soldaten Wache, die er kannte. Mit langsamen Schritten näherte er sich ihnen.

»Schon lange nicht mehr zusammen etwas getrunken, nicht wahr, Secundus?«, eröffnete er das Gespräch freundlich lächelnd.

»Das ist wahr«, erwiderte der Angesprochene nickend.

»Dann müssen wir das schleunigst nachholen!«, sagte Halvor und schlug dem anderen Soldaten grinsend auf die Schulter.

Der lachte gutmütig. »Da brauchst du mich nicht lange überreden, Lucius! Wenn du zahlst, bin ich dabei!« Er zwinkerte Halvor zu.

»Aber klar doch«, beeilte der sich zu sagen. Er wandte sich zum Gehen. »Ach ja, stimmt es eigentlich, dass ein Keltenhäuptling gefangen genommen worden ist?«, fragte er gespielt beiläufig.

»Na klar, der Kerl ist gerade bei unserem Praefectus und steht ihm Rede und Antwort«, sagte Secundus verschmitzt grinsend. »Man hat extra einen keltischen Sklaven als Übersetzer heranschaffen müssen, was einige Zeit gedauert hat, wie du dir denken kannst. Die Wilden haben ja nicht mal eine gemeinsame Sprache!«

Halvor nickte. »Wurden noch mehr Gefangene gemacht?«

Der Soldat schüttelte den Kopf. »Nein, nur er.«

Er bedankte sich und erneuerte sein Versprechen, den beiden Wein auszugeben, bevor er weiterlief.

Allein festgenommen? Das konnte einiges bedeuten. Entweder war Drystan wirklich ohne Begleitmannschaft unterwegs gewesen und von einer Einheit aufgegriffen worden oder, was in Halvors Augen wahrscheinlicher war, war er mitsamt seinen Kriegern überwältigt worden. Da nur der Anführer selbst von Wert für die Römer war, hatten sie seine Männer bestimmt niedergemetzelt.

Er beschleunigte seine Schritte, um aus dem Sichtfeld der Wachen zu kommen, dann bog er ab und nahm die nächste Lagerstraße wieder links, um von hinten an das Zelt des Praefectus heranzukommen. Als er sich diesem näherte, verlangsamte er seine Schritte. Tatsächlich hörte er Stimmen. Es bereitete ihm wenig Mühe, die dröhnende Stimme des Praefectus herauszuhören. Die Antworten kamen leiser und waren kaum zu verstehen. Halvor sah sich um und trat noch näher an das Zelt heran. Er tat so, als müsse er einen Stein aus seiner Sandale entfernen.

»Warum meinst ausgerechnet du, mehr über die Barbarensiedlung auf dem Donnersberg zu wissen?«, hörte er den Praefectus fragen.

Der Gefangene war also tatsächlich aus dem keltischen Oppidum! Er vernahm eine leise Stimme, die kehlige Laute sprach. Das musste der Übersetzer sein. Eine lautere antwortete ihr. Halvor stutzte. Er hatte Drystan einige Male reden hören, doch diese Stimme hörte sich anders an.

»Sein Vater war der rechtmäßige Anführer der Siedlung«, antwortete schließlich der Übersetzer. »Er wurde von dem jetzigen Häuptling unrechtmäßig vom Thron verstoßen, daher hat er noch eine Rechnung mit ihm offen. Eigentlich stünde es ihm zu, die Siedlung zu leiten.«

Halvor schüttelte verwirrt den Kopf. Was ging hier nur vor sich?

Der Praefectus lachte. »Uns soll es recht sein, wenn sich die Barbaren gegenseitig ans Messer liefern!« Er fuhr fort, den Gefangenen zu befragen. »Wieso sollten wir uns zum Werkzeug deiner Rache machen lassen?«

»Er sagt, dass im Häuptlingshaus unermessliche Schätze lagern, die von überall zusammengeraubt wurden.«

»Jetzt wird es interessant!«

Halvor konnte die Gier in der Stimme des Praefectus hören.

»Wenn ihr die Siedlung einnehmt, werdet ihr große Reichtümer erbeuten. Er ist gerne bereit, euch dabei zu helfen. Natürlich verlangt er dafür eine angemessene Belohnung ...«

»Wir werden sehen«, knurrte der Praefectus. »Erzähle mir von den Befestigungen auf dem Donnersberg.«

»Die Siedlung ist gut befestigt«, hörte er den Übersetzer sagen. »Es ist sehr schwer, sie einzunehmen. Aber der Gefangene sagt, er kennt die Wachwechsel genau, sodass es möglich ist, die Wachen zu überrumpeln.«

Entsetzt lauschte Halvor den Worten des Übersetzers. Er hielt nichts von Drystan, aber war er ein Verräter an seinem eigenen Volk? Das schien so überhaupt nicht zu dem zu passen, was er über ihn gehört hatte.

»Traust du dir zu, mit unseren Truppen zu ziehen und ihnen die Schwachstellen der Verteidigung aufzuzeigen?«, ertönte die Stimme des Praefectus.

Nach einigem Gemurmel konnte Halvor den Übersetzer hören. »Es ist ihm ein Vergnügen, mitzukommen und den Barbaren auf dem Donnersberg ihre Grenzen aufzuzeigen! Allerdings erinnert er noch einmal daran, dass er dafür eine angemessene Gegenleistung verlangt.«

Der Praefectus lachte. »Wenn uns dieser Kerl die Siedlung zu Füßen legt, werde ich mich großzügig zeigen, sag ihm das.«

»Der Gefangene ist zufrieden und erwartet eure Order. Er legt sein Schicksal dem ruhmreichen römischen Reich zu Füßen«, bekam er zur Antwort.

»Ja, ja, ist ja schon gut. Nun bringt ihn weg! Er stinkt, als käme er direkt aus dem Schweinepferch.«

Halvor hörte Schritte und beeilte sich hochzukommen und seinen Weg fortzusetzen. Er bog links ab und sah gerade noch, wie der Eingang des Zeltes hochgehoben wurde und ein kleiner, relativ stämmiger Mann zwischen zwei Soldaten hinausgeführt wurde. Das war nie im Leben der großgewachsene Drystan!

Halvor folgte ihnen in der Parallelstraße, um einen besseren Blick auf das Gesicht des Gefangenen zu erhaschen. Kurz bevor er in ein Zelt geführt wurde, gelang es ihm schließlich, ihn von vorne zu sehen. Er erkannte ihn sofort. Nie würde er das Gesicht dieses Mannes vergessen. Es war Iain, der Krieger, der ihn und seine Kameraden in der Gefangenschaft schwer misshandelt hatte. Halvor erinnerte sich grob, dass er sie totgeschlagen hätte, wenn Thorin nicht dazwischengegangen wäre. Aber aus welchem Grund gab er sich als der rechtmäßige Keltenhäuptling aus?

Grübelnd lief er weiter. Er versuchte, sich die Siedlung auf dem Donnersberg ins Gedächtnis zu rufen, was ihm jedoch nur leidlich gelang. Auf dem Hinweg war er zu schwer verletzt gewesen, als dass er seine Umgebung wahrgenommen hätte. Auf dem Rückweg lag er auf Caius' Karren und hatte mehr oder weniger die meiste Zeit vor sich hingedämmert. Wie groß war die Gefahr, in der Rowan und die ihren schwebte? Entsetzt gestand er sich ein, sich Sorgen um sie zu machen. Dann fiel ihm ein, dass Livia in Kürze die Frau von Thorin werden würde. Damit wäre auch sie in größter Gefahr!

Halvor lief zu seinem Zelt und legte sich auf die Pritsche. Er war von seiner Nachtschicht hundemüde und hatte das Gefühl, keinen klaren Gedanken fassen zu können. Es dauerte lange, bis er endlich einschlief, doch selbst im Schlaf begegneten ihm die Menschen auf dem Donnersberg. Rowan, Edana, Thorin und allen voran Livia.

Nach einigen Stunden wachte er auf und fühlte sich kein bisschen frischer. Er suchte das Badehaus auf und tauchte in dem lauwarmen Wasser unter. Doch auch hier fand er keine Lösung für sein Problem. Er war römischer Soldat und damit Gehorsam und Disziplin verpflichtet, bei Jupiter! Was scherte es ihn, wenn eine keltische Siedlung ausgelöscht wurde? Deshalb war er doch hier, oder etwa nicht?

Die anschließende Nachtwache ließ ihn ebenfalls nicht zur Ruhe kommen. Eine Zeit lang zählte er seine Schritte, um sich abzulenken, doch auch das half nichts. Er musste sich zähneknirschend eingestehen, dass ihm wohl Einiges an den Menschen auf dem Donnersberg lag, und zwar mehr, als gut für ihn war! Wieder und wieder malte er sich aus, was mit ihnen geschehen würde, wenn die römischen Truppen sie eingenommen hätten. Dass das nur eine Frage der Zeit war,

war Halvor klar. Mit der anrückenden Truppenverstärkung und dem, was Iain ausgeplaudert hatte, war es keine Frage mehr, ob die Siedlung fallen würde, sondern wann.

Die Soldaten würden keine Gnade kennen und die meisten Kelten an Ort und Stelle töten. Die Order war, kein Wagnis einzugehen, und ein toter Feind konnte einem in Zukunft nicht mehr gefährlich werden. Die übrigen Menschen würden versklavt werden. Halvor bezweifelte, dass dieses Schicksal dem Tod auf dem Schlachtfeld vorzuziehen war. Wenn er etwa an die Mädchen in den Hurenhäusern dachte ... Sehr wahrscheinlich würden die Offiziere auch Massenhinrichtungen zu Abschreckungszwecken anordnen, um den umliegenden Keltenstämmen zu signalisieren, wie mit Feinden Roms verfahren wurde.

Halvor blieb abrupt stehen, sank auf die Knie und reckte seine Hände nach oben.

»Jupiter, sag du mir doch, was ich machen soll!«, flehte er verzweifelt. »Zählen wirklich nur die Bürger Roms oder sind alle Menschen dir untertan? Ist es in deinem Sinne, Frauen und Kinder zu ermorden, sich andere Kulturen zu unterwerfen? Minerva, schenke mir Weisheit und lenke meine Schritte! Ich weiß nicht mehr weiter!«

Er setzte sich auf den Boden und ließ den Kopf hängen. Noch nie in seinem Leben hatte er eine solche Ratlosigkeit verspürt. Er hatte immer gewusst, wer er war und auf welcher Seite er stand, doch auf einmal schien ihm der Boden unter den Füßen weggezogen zu sein! Wer war er? Konnte er wirklich zum Verräter an seinem Volk werden? Oder schlug das keltische Herz in seiner Brust stärker und er hatte eine Verpflichtung ihnen gegenüber?

In der Ferne hörte er Donner grollen. Auf einmal wusste er, was er zu tun hatte. Er stand auf, strich sich den Sand aus der Kleidung und blickte ernst nach oben.

»Ich danke dir, Jupiter.«

11. Hoffnung

Keltisches Oppidum auf dem Donnersberg, 73 v. Chr.

Selbst die Vögel im Wald waren verstummt, als sich die Prozession der Krieger dem Haupttor der Siedlung näherte. Noch konnte Rowan die Männer nicht sehen. Nur das rhythmische Klappern der Hufe sowie das Schnauben der Pferde durchbrachen die Stille.

Sie zog eine Augenbraue hoch und betrachtete die Menschenmenge, die sich um sie herum am Tor versammelt hatte. Was sie sah, ließ sie frösteln. Kein Lächeln, keine Freude zierte die Gesichter, stattdessen erblickte sie den für ihr Volk so typischen stoischen Gesichtsausdruck, der keinerlei Gefühlsregung zeigte.

Arme Livia, ging es ihr durch den Kopf. So einen Empfang in ihrer neuen Heimat hatte sie dem Mädchen nicht gewünscht. Doch es war kein Wunder, dass das Volk so reagierte, wenn sie an die Geschehnisse vor ein paar Tagen zurückdachte ...

»Wo willst du hin?« Rowan sah ihren Mann fragend an.

Der durchdringende Blick seiner stahlblauen Augen, mit dem er sie bedachte, ließ sie frösteln.

»Drystan, so sprich doch mit mir! Du bist gerade erst zurückgekehrt. Warum willst du schon wieder weg?«

Rowan sah, dass er seine Zähne so fest aufeinanderbiss, dass die Kieferknochen stark hervortraten. Sie kannte ihn und wusste, dass ein weiteres Nachhaken ihrerseits zu nichts führen würde.

So hatte er oft ausgesehen, wenn er wieder einmal vom Schatten gefangen auf Suche nach Halvor gegangen war. Die Erkenntnis ließ ihren Atem stocken. Doch sie spürte noch etwas anderes tief in ihrem Inneren, dem sie nun Ausdruck verlieh.

Sie stellte sich ihm in den Weg, stemmte die Fäuste in die schmalen Hüften und schaffte es, obwohl sie den Kopf in den Nacken legen musste, um ihn direkt anzusehen, eine würdevolle Haltung einzunehmen. Ihre Stimme klang ruhig. Wenn sie zornig war, wurde sie nie laut. Das hatte sie von ihrem geliebten Vater gelernt.

»Jetzt hör mir mal gut zu! Dein Sohn wird in Kürze eine wunderbare Frau ehelichen. Damit macht er nicht nur sich glücklich, sondern vereint zwei Familien, deren Schicksal die Muttergöttin für alle Zeiten unwiderruflich miteinander verbunden hat. Somit erfüllt er auch ihren Plan. Doch was tust du? Du packst deine Sachen und haust einfach ab!« Ihre grünen Augen blitzten, als sie ihm noch »Warum, Drystan?« zurief.

Der Häuptling schnaubte laut. Er packte seinen Lederbeutel und sah zur Tür. Nach einem Blick auf seine Frau hielt er inne.

»Sie ist keine von uns«, knurrte er und zog die Augenbrauen zusammen.

»Sie ist keine von uns?«, wiederholte Rowan. »Das ist sie sehr wohl, mein geliebter Gemahl. Dein Blut fließt durch ihre Adern und macht sie zu einer der unseren. Oder erinnerst du dich nicht mehr an das Versprechen, das Caius und du am Schwurstein getauscht habt, als ihr euer Blut vermischt und Brüderschaft gelobt habt?«

Drystan schnaubte abermals. »Es ist nicht richtig! Eine Römerin als Häuptlingsfrau! Du kannst nicht erwarten, dass ich einfach dabeistehe und in aller Ruhe zusehen werde, wie Thorin unser Volk verrät!«

»Livia ist genauso Keltin wie Römerin. Sie spricht unsere Sprache, sie kennt und liebt unsere Sitten und Traditionen und was das Wichtigste von allem ist: Sie liebt unseren Sohn über alles!«

»Pah, Liebe!« Drystan wandte sich zur Tür.

»Darf ich dich daran erinnern, dass unsere Verbindung in den Augen deines Vaters und denen des Volkes ebenso unmöglich und unerwünscht war? Du wiederholst die Geschichte, Drystan. Unsere Geschichte!« Rowans Wangen hatten sich leicht gerötet.

Er drehte sich nicht um. »Ich werde ihm nicht im Weg stehen. Aber ich werde auch nicht dabeistehen und so tun, als würde ich diese Verbindung gut heißen!« Dann stieß er die Tür auf und trat ins Freie.

Entsetzt blickte Rowan ihrem Mann hinterher. Das durfte nicht sein! Hatte er ihre Worte denn nicht vernommen? Wie konnte er seinem Sohn dasselbe antun, was sein Vater damals ihnen angetan hatte? Wusste er nicht mehr, wie sehr sie darunter gelitten hatten, dass sie ihre Liebe nicht leben durften?

Sie stieß einen lauten Seufzer aus, ging zum Tisch und ließ sich auf einen Hocker plumpsen. Jegliche Kraft schien aus ihrem Körper gewichen zu sein. Sie bemerkte den Tonbecher, der mit Honigwein gefüllt war, und nahm einen großen Schluck. Das süße Getränk rann kühl ihre Kehle hinab. Sie setzte den Becher ab und drehte das mit filigranen Mustern verzierte, ovale Gefäß in den Händen. Es war ein Geschenk Aurelias gewesen. Sie hatte ihr immer etwas mitgebracht, von dem sie glaubte, es würde Rowan gefallen. Ihr wurde warm ums Herz, wenn sie an die kleine Römerin dachte. Sie kannte keinen Menschen, der großzügiger und gütiger war als ihre Freundin. Gleich wie oft sie darüber nachdachte, es war ihr nach wie vor ein Rätsel, dass Aurelia den Kelten keinerlei Zorn entgegenbrachte. Immerhin waren es keltische Krieger gewesen, die vor vielen Jahren ihren Vater getötet und das Weingut in Brand gesteckt hatten ...

Rowan nahm einen weiteren Schluck und spürte, wie ihre Kraft langsam zurückkehrte. Sie straffte die Schultern. Sollte Drystan doch gehen! Sie, die Häuptlingsfrau, würde dafür sorgen, dass die Feierlichkeiten stattfanden und für Thorin und Livia unvergesslich würden. Mit diesem Gedanken erhob sie sich und wandte sich zur Tür. Am besten fing sie gleich damit an und besprach die Zeremonie mit Meallá. Entschlossen trat sie nach außen und lenkte ihre Schritte in Richtung Tempel.

Zu ihrer Erleichterung hatte die Druidin keinerlei Einwände gegen die Vermählung. In ihren Augen floss keltisches Blut in Livias Adern, was sie zu einer der ihren machte. Sie waren übereingekommen, dass die Zeremonie am Schwurstein stattfinden sollte. Die rituelle Opferung dagegen würden die Druiden am Vorabend bereits im Tempel vornehmen. Hierfür versprach Rowan zwei ausgewachsene Rinder und zwei Ziegenböcke, was Meallá sichtlich zufrieden stimmte.

Ihr nächster Weg führte sie zum Markt. Sie wollte Livia etwas ganz Besonderes schenken und so schlenderte sie zwischen den Ständen umher und besah die Auslagen. Ihr fiel auf, dass viel weniger Händler als sonst ihren Weg zum Donnersberg gefunden hatten. Nachdenklich zog sie die Augenbrauen zusammen. Das musste sie unbedingt mit Drystan besprechen.

Wenn er wieder da ist, schoss es ihr durch den Kopf. Energisch wischte sie eine vorwitzige rote Strähne aus dem Gesicht, als könne sie damit die Gedanken an den Häuptling wegwischen.

Ihr forschender Blick suchte die Holzstände ab. Hatte sie das letzte Mal nicht einen Stand mit entzückendem Glasschmuck gesehen? Ja, da hinten, direkt neben dem Kräuterstand. Zielsicher steuerte Rowan den Händler an, der, als er ihrer gewahr wurde, aufgeregt die Hände knetete. Die Häuptlingsfrau persönlich erwies ihm die Ehre.

Mit einem breiten Grinsen und ausgebreiteten Armen empfing er sie an seinem Stand. »Werte Häuptlingsfrau, was darf ich bescheidener Glashändler für euch tun?«

Rowan nickte ihm nur kurz zu und wandte sich der Auslage zu. Neben einigen einfacheren Armreifen und -perlen aus Glas wurden auch bunt gefärbte Anhänger mit aufwendigen Verzierungen angeboten. Die Augen des Händlers blitzten auf, als er sah, dass sie sich seinen teureren Schmuckstücken zuwandte.

»Ihr seid wahrlich eine Frau mit Geschmack, werte ...«

»Lass dein Gesäusel, Händler«, unterbrach ihn Rowan. »Ich bin hier, um ein besonderes Schmuckstück für eine junge Dame zu erwerben. Dein Gesäusel kannst du dir also sparen.«

Der feiste Mann schnappte erst nach Luft, fing sich jedoch gleich wieder und zeigte ihr diverse Stücke. Doch nichts davon konnte die Häuptlingsfrau überzeugen.

Sie überlegte bereits weiterzugehen, als er sagte: »Ich hätte hier noch etwas ganz Besonderes, werte Dame!«

Sie hielt inne und betrachtete ihn auffordernd. Der Händler bückte sich, nachdem er einen misstrauischen Blick in alle Richtungen geworfen hatte, was Rowan amüsierte. Immerhin war der Markt der Siedlung für seine Sicherheit bekannt. Vorsichtig legte er ein in Leinen eingeschlagenes Bündel auf die Tischplatte. Als er das Tuch aufdeckte, verschlug es ihr den Atem. Zwei gläserne Armringe kamen zum Vorschein, deren dunkelblaue Tönung Rowan sofort an die Augen ihres Sohnes Thorin erinnerten. Darauf befanden sich filigranste Verzierungen, die in der Farbe der Sonne mit dieser um die Wette funkelten. Zärtlich berührte sie das kühle Glas mit ihrer Fingerspitze. Ja, das war das richtige Geschenk für Livia!

Zufrieden bedeutete sie ihm, dass er ihr die Armringe einpacken sollte, und bezahlte seinen beinahe unverschämt hohen Preis, ohne mit der Wimper zu zucken. Sie verließ den Stand des glücklich lächelnden Händlers und ging weiter.

»Häuptlingsfrau!« Eine tiefe Stimme ließ sie herumfahren.

»Ulik! Was machst du denn hier?«

»Ich bin auf der Suche nach Euch. Ich wollte mich erkundigen, wie es Edana geht?«

Rowan lächelte den Hünen an. »Das ist sehr lieb von dir! Es geht ihr gut. Die Verletzung an ihrem Arm wird heilen, meinte Mareg.« Dann fügte sie leise hinzu: »Dank dir ist ja Schlimmeres verhindert worden.«

Die Wangen des Kriegers färbten sich rot. »Dafür müsst ihr mir nicht danken. Das hätte jeder getan.«

Rowan legte ihre schmale Hand auf den breiten Unterarm des Mannes. »Wir sind dir sehr dankbar, Ulik, und das darf auch gesagt werden.«

Seine Wangen wechselten ins Tiefrote und sie beeilte sich zu sagen: »Nun hast du mich ja gefunden und kannst wieder deiner Wege ziehen.« Sie sah förmlich, wie sich Erleichterung auf seinem Gesicht breit machte. Dann fiel ihr etwas ein.

»Dürfte ich dich um einen Gefallen bitten?«

»Alles, was Ihr wünscht!«

Sie hielt ihm das kleine, fest verschnürte Paket hin. »Würdest du dies sicher in die Häuptlingskate bringen und Arlete geben? Sag ihr, es ist ein Geschenk für Livia.« Der Krieger streckte die Hand aus und nahm das Päckchen entgegen. In seiner großen Pranke war es kaum mehr zu sehen.

»Aber Vorsicht! Es ist zerbrechlich!«

Ulik nickte steif und stapfte dann langsam davon, das Paket behutsam mit ausgestreckter Hand vor sich haltend, die Augen fest darauf geheftet. Rowan musste bei seinem Anblick lachen. Ach, tat das gut, mal wieder zu lachen! Ihre Laune stieg und mit ihr die Lust, sich weiter auf dem Markt umzusehen. Sie schlenderte umher und erstand zwei Achsnägel, mit denen sie Thorin eine Freude machen wollte. Eine kleine Bronzearbeit, ein Gesicht mit einer Art halbmondartiger Kopfbedeckung zierte das obere Ende des fingerdicken Eisenstabs, der durch die Radachse geschoben wurde, um das Rad eines Transportwagens zu sichern. Rowan wusste, dass Thorin und Livia oftmals vom Donnersberg zur römischen Villa reisen würden. Diese besonderen Achsnägel würden ihrem Gefährt ein würdevolles Aussehen verschaffen. Zufrieden ging sie zurück zur Häuptlingskate, wo sie der aufgeregten Arlete ihre Errungenschaften zeigte.

»Ach Herrin, die sind wunderschön!«, rief die Dienstmagd vor Entzücken aus, als sie die Glasarmringe erblickte. »Die Farbe erinnert sofort an ...«

»Thorins Augen«, vollendete Rowan den Satz und die beiden Frauen brachen in lautes Gelächter aus.

»Es wird ein schönes Fest werden, Herrin.«

Rowan nickte bedächtig. »Wenn du mich heute früh gefragt hättest, hätte ich nicht daran geglaubt. Doch jetzt glaube ich, dass du recht hast, Arlete. Es wird ein schönes Fest werden, weil wir beide dafür sorgen werden!«

Arlete nickte eifrig.

»Wann kommt Livia hier an?«

»Thorin bricht in zwei Tagen auf, um sie und ihre Eltern herzugeleiten.«

»Trifft er sie wie immer unten in der Ebene?«

Rowan schüttelte den Kopf. »Nein. Er hat gesagt, dass er seine Braut selbst heimholen wolle.«

Arlete wischte sich eine Träne aus dem Augenwinkel. »Der Junge heiratet ...«

Rowan nahm sie in die Arme und drückte sie. Auch sie fühlte einen Kloß im Hals bei dem Gedanken daran, dass ihr Sohn sich vermählte.

»Da müssen wir beide ja alt werden, wenn das Kind schon heiratet«, sagte sie dann lachend, um die Stimmung wieder zu lockern.

»Ihr seid noch genauso schön wie als junges Mädchen!«

»Ach Arlete, es ehrt dich, dass du das sagst, aber wir beide wissen, dass dem nicht so ist. Und das ist auch gut so.« Sie deutete auf ihr Gesicht. »Jede einzelne Falte, jede graue Strähne ist ein Zeichen der Geschichte meines Lebens.« Leiser fügte sie hinzu: »Ich will kein Kapitel daraus missen.«

Arlete nickte, dann umarmten sich die Frauen noch einmal innig.

Rowan schüttelte den Kopf bei der Erinnerung und blickte abermals über die stumme Menge, die sich am Tor versammelt hatte. Sie konnte das Verhalten der Menschen um sie herum nicht ändern, aber sie würde ihr Bestes tun, um den kommenden Tag zu etwas Besonderem für Livia und ihren Sohn zu machen. Eine ganze Schar Krieger, die dem Häuptlingssohn entgegengeritten war, um ihn das letzte Stück des Weges zu geleiten, war mittlerweile ins Blickfeld gerückt, doch Thorin konnte sie nicht ausmachen. Ungeduldig stellte sie sich auf ihre Zehenspitzen und reckte ihren Kopf, was jedoch nicht half, über die hünenhaften Krieger auf ihren Pferden zu sehen. Sie spürte, wie sich eine kleine Hand in die ihre schob, und blickte nach rechts.

»Edana! Was machst du denn hier?«

»Mein Bruder bringt seine zukünftige Frau nach Hause, die noch dazu meine beste Freundin ist. Das werde ich mir wohl nicht entgehen lassen.«

»Weiß Mareg ...«

»Mareg hat es mir ausdrücklich gestattet. Sei unbesorgt. Ich durfte das Heilhaus heute verlassen.«

Rowans Herz wurde leicht. Endlich eine gute Nachricht! Sie bückte sich und umarmte ihre zierliche Tochter, deren rechter Arm mit einer Leinenbinde am Leib fixiert war, vorsichtig. »Ich freue mich so, mein Kind.« Dann fügte sie ernst hinzu: »Livia wird dich heute an ihrer Seite brauchen und dein Bruder auch.« Das Mädchen nickte nach einem Blick auf die stummen Menschen um sie herum.

Jäh ging ein Raunen durch die Menge, als ein festlich geschmückter Wagen erschien. Blumenranken wanden sich um das Gefährt. Auf dem Kutschbock hielt Thorin mit einer Hand die Zügel, den anderen Arm hatte er um Livia gelegt, die mit roten Wangen neben ihm saß.

Rowan erkannte am Blick ihres Jüngsten, dass er angespannt war. Eine steile Falte zwischen den Augenbrauen – eine Angewohnheit, die er von seinem Vater hatte – zeigte, dass er mit dem Empfang unzufrieden war. Sie konnte es ihm nicht verdenken. Der Häuptlingssohn brachte seine Braut nach Hause und die Menge starrte ihnen stumm entgegen. Er hob die Hand und das Gefährt stoppte. Die Krieger ritten auseinander und formten einen Halbkreis um das Vehikel.

Rowan trat ein paar Schritte nach vorne, Edana an ihrer Seite, und breitete beide Arme aus. »Willkommen in eurem Zuhause, Thorin und Livia! Möge die Göttin eure Verbindung segnen« – ein unwilliges Raunen erklang von der Menge, doch sie fuhr unbeirrt fort – »und ein neues Zeitalter des Friedens und der Versöhnung hier oben auf dem Donnersberg einleiten. Eine Zeit des Miteinanders und des gegenseitig voneinander Lernens. Eine Zeit des baldigen neuen Häuptlingspaares, Thorin und Livia!«

Totenstille senkte sich über das Bergplateau, als Rowans Worte verhallten. Der Häuptlingssohn erhob sich und zog seine Braut auf die Beine, deren Gesichtsausdruck Unsicherheit bezeugte.

»Ich danke dir, Mutter.« Dann wandte er sich mit blitzenden Augen an die Siedlungsbewohner. »Eure Stille spricht Bände! Doch eure Stimmen werden nicht gebraucht, um in diese Verbindung einzuwilligen, also schweigt ruhig weiter.«

Er wollte gerade anheben weiterzusprechen, als Livias sanfte Stimme erklang. »Werte Bewohner der Siedlung! Ich verstehe euer Zögern und eure Ängste. Eine Römerin als Häuptlingsfrau! Das ist undenkbar, sagt ihr. Ich hingegen sage euch, dass ein friedliches Miteinander auf Dauer der einzige Weg sein wird zu überleben.« Einige Menschen nickten, andere sahen ärgerlich aus, wie Rowan bemerkte.

Livia fuhr fort: »Ich werde immer eine Römerin bleiben, daran kann und will ich nichts ändern. Aber ich gelobe hier vor euch und eurer Göttin Rigani, dass ich immer mit euch und für euch sein werde. Ich werde mich niemals gegen euch wenden und mein Leben in den Dienst des hiesigen Volkes geben.«

Abermals senkte sich Schweigen über die Menge, bis plötzlich ein vereinzeltes Fußtrampeln erklang, das sich wie eine Welle durch die Menschenmenge zog und zu einem gewaltigen Crescendo anschwoll. Auch die Krieger fielen in die Beifallsbekundungen ein, indem sie mit den Griffen ihrer Speere gegen die Schilder klopften. Rowans Herz ging auf und eine unendliche Erleichterung durchflutete sie. Ja, Livia würde eine würdige Nachfolgerin für sie werden. Sie war in der Lage, die Menschen für sich einzunehmen und ihren gelegentlich hitzköpfigen Gatten einzufangen. Ein Lächeln umspielte ihre Lippen, als sie daran dachte, wie ähnlich sich ihr Sohn und ihr Mann diesbezüglich waren. Dann seufzte sie. Wenn Drystan nur rechtzeitig zurückkommen würde ...

Die Menge verlief sich, als die Krieger damit begannen, ihre Pferde am Zügel zum Westteil der Siedlung zu führen. Thorin sprang elegant vom Wagen und hob seine Braut kurzerhand vom Kutschbock. Rowan bemerkte den verliebten Blick, mit dem sich die beiden ansahen, und lächelte. Sie trat auf sie zu und wandte sich an die Römerin. »Ich freue mich, dass du nun endgültig nach Hause gekommen bist!«

Livia strahlte. Schon seit sie denken konnte, hatte sie die Zeit, die sie auf dem Donnersberg hatte verbringen dürfen, geliebt. Der Gedanke, nun für immer hierher zu gehören, erfüllte sie offenbar mit großer Dankbarkeit und Glück.

»Ich danke dir, Rowan. Es fällt mir nicht schwer, mein altes Zuhause zurückzulassen. Zum einen werden Thorin und ich sicher oft dorthin reisen, um nach dem Rechten zu sehen. Zum anderen habe ich hier oben ebenfalls eine Mutter, die ich sehr liebe.«

Rowan zog das Mädchen in ihre Arme und drückte sie fest. »Und ich eine weitere Tochter«, flüsterte sie ihr ins Ohr.

»Darf ich jetzt auch mal ran?«, erklang Edanas lachende Stimme, woraufhin sich Rowan von Livia löste und zusah, wie diese vorsichtig die Freundin umarmte.

Rowan blickte ihren Sohn an: »Wo sind Caius und Aurelia?«

Er wies mit dem Kinn nach hinten. »Sie haben drei Wagenladungen Wein für die Feier geladen und fahren in ihrer eigenen Kohorte.« Dann fügte er so leise hinzu, dass nur sie seine Worte verstehen konnte: »Es war gefährlich genug, mit nur einem Gefährt den Weg zurückzulegen. Aber so waren wir wendig genug, um im Notfall römischen Legionären auszuweichen. Mit drei Wagen wäre das nicht gegangen. Und Caius und Aurelia müssen sich als Römer in der Ebene nicht verbergen. Es sind kaum mehr Krieger anderer Stämme unterwegs. Die Ebene wimmelt vor Rotgewandeten.«

Rowan erschrak. Die Situation schien sich innerhalb kürzester Zeit deutlich verschärft zu haben. Das war bestimmt auch der Grund, warum sie so wenige Händler auf dem Markt gesehen hatte. Und Drystan ist da unten, schoss es ihr plötzlich durch den Kopf.

Als hätte er ihre Gedanken gehört, fragte Thorin: »Wo ist Vater?« Seine Stimme klang hart. Sie konnte es ihm nicht einmal verdenken. Die Abwesenheit des Häuptlings bei der

Ankunft seines Nachfolgers war ein großer Affront ihm und seiner Braut gegenüber.

Sie legte ihre Hand auf seinen muskulösen Unterarm. »Bitte verdenke es ihm nicht, mein Sohn. Er ... er konnte nicht kommen.«

Thorin starrte sie einen Moment an, dann nickte er und sagte: »Es ist der Schatten, nicht wahr?«

Rowan blickte ihn überrascht an. »Der Schatten?«

Er zuckte mit den Schultern. »So nannten Eda und ich es immer, wenn Vater schweigsamer wurde und wieder einmal aufbrach, um Halvor zu suchen. Oder wenn du dich tagelang in deine Bettstatt zurückgezogen hattest ...«

Ein Schluchzen entschlüpfte Rowans Kehle, als sie seine Worte vernahm. Schnell legte ihr Sohn ihr beide Arme um die Schultern und zog sie an sich.

»Es ist in Ordnung, Mutter. Wir haben das immer verstanden, auch wenn es uns oft traurig gemacht hat.« Dann wisperte er: »Ich wünschte nur, Vater wäre bei meiner Vermählung an meiner Seite.«

Rowan strich ihm sanft über das lange rote Haar. »Ich weiß, mein Sohn. Ich weiß.« Sie umarmten sich abermals innig.

Rowan hatte Livia und Edana vorausgeschickt, damit sich die Römerin nach der langen Fahrt den Staub aus dem Gesicht waschen konnte. Sie selbst hatte mit ihrem Sohn auf die Ankunft von Caius und Aurelia gewartet und diese dann in die Häuptlingskate geleitet, wo die Dienstmagd mit einem wahren Festmahl aufwartete.

»Mmmh, dein Essen schmeckt wie immer fabelhaft, Arlete!«, erklärte Livia und biss herzhaft in ein über dem offenen Feuer knusprig gebratenes Stück Fleisch, sodass ihr der Saft über das Kinn lief.

»Kind! Was sind das nur für Manieren?!«, rief Aurelia entsetzt aus, woraufhin alle am Tisch in lautes Gelächter ausbrachen.

Es wurde eine heitere Runde an diesem Abend, einzig Drystan, dessen Abwesenheit Caius stirnrunzelnd zur Kenntnis genommen hatte, fehlte, um Rowans Glück perfekt zu machen.

Am nächsten Morgen schlenderte sie gemeinsam mit Aurelia über den Markt, um noch letzte Besorgungen für die Vermählung am kommenden Tag zu erledigen.

»Es fällt mir nicht leicht, dass das Kind darauf bestanden hat, nach eurem Ritus zu heiraten. Nicht einmal die Tunica recta oder die Palla galbeata wollte sie haben ...«

Rowan betrachtete die kleine Römerin, die an ihrer Seite lief. Sie konnte gut verstehen, dass es für sie nicht einfach war, auf gewohnte Riten zu verzichten. Immerhin war Livia ihr einziges Kind ...

»Erzähl mir mehr von euren Traditionen«, forderte Rowan sie, einer Eingebung folgend, auf, während sie an einem Stand zwei Trinkhörner mit Met erstand und eines davon ihrer Freundin reichte.

Aurelias Augen blitzten auf, als sie begann, von den drei Tage andauernden Feierlichkeiten zu berichten, die bei einer Vermählung üblich waren. Rowan hörte mit echtem Interesse zu und nippte währenddessen an dem kühlen Honigwein.

»Der Hochzeitstag selbst beginnt mit einer Eingeweideschau, der Auspicia, um das Schicksal des neuen Ehepaares vorherzusagen«, erzählte Aurelia aufgeregt weiter, nachdem sie vom Vortag berichtet hatte, an dem die Braut hergerichtet wurde.

Rowan horchte auf. »Eine Eingeweideschau?« Plötzlich kam ihr ein Gedanke und sie sagte grinsend: »Das lässt sich einrichten.«

Aurelias Kopf fuhr herum und sie starrte ihre Freundin mit großen Augen an. »Das würdest du tun?«

Rowan lachte laut auf. »Auch unsere Druiden praktizieren die Eingeweideschau, meine Liebe. Ich werde gleich mit Meallá sprechen, aber ich bin mir sicher, dass sie nichts dagegen haben wird.«

Aurelia strahlte. »Das bedeutet mir wirklich viel, Rowan! Ich freue mich darauf, wenigstens einen Teil unserer Traditionen morgen erleben zu dürfen. Dann beginnen wir den Tag also mit einer Auspicia in eurem Haus!«

»In unserem Haus?«, fragte Rowan. Aurelia nickte. Oh je, da würde sie ein wenig Überzeugungsarbeit bei der Druidin leisten müssen. Die Eingeweideschau fand immer im Tempel statt, soweit sie wusste. Sie straffte die Schultern. Das würde sie schon regeln, dachte sie mit Blick auf ihre immer noch strahlende Freundin.

Es war einfacher gewesen, als sie vermutet hatte. Meallá hatte, nachdem sie Rowan die Zusage abgenommen hatte, einen weiteren Ziegenbock für die rituelle, geplante Opferung im Tempel zu spenden, zugestimmt, eine Eingeweideschau in der Häuptlingskate vorzunehmen.

»Das ist eine sehr sinnvolle Sitte, die die Römer da haben«, erklärte die Druidin nachdenklich, bevor sie im Inneren des Heiligtums verschwand.

Zufrieden machte sich Rowan auf den Weg nach Hause, wo sie bereits von einer strahlenden Livia samt deren Mutter erwartet wurde. Das Mädchen drehte sich mit ausgebreiteten Armen und jauchzte vor Freude.

»Das Kleid ist wunderschön, Rowan!«, jubelte die junge Römerin.

»Es freut mich, dass es dir gefällt«, erwiderte sie zufrieden. Ja, das fein gewebte blaue Gewand mit der goldverzierten Borte über dem bodenlangen schneeweißen Untergewand stand Livia ausgezeichnet. Filigrane Fibeln hielten das

Obergewand an den zierlichen Schultern der Römerin zusammen, ein goldener gewebter Gürtel betonte die schmale Taille.

»Die Verzierungen hast du wirklich selbst gestickt?«, fragte Aurelia bewundernd.

»Mit Arletes Hilfe«, antwortete Rowan und warf einen dankbaren Blick in Richtung ihres Dienstmädchens, was diese mit einem Lächeln quittierte.

Livia machte zwei schnelle Schritte, dann fühlte Rowan bereits die Arme der jungen Römerin um sich geschlungen und deren Kopf auf ihrer Brust.

»Danke, danke, danke!«

»Herzlich gerne, mein Kind! Es soll der schönste Tag in deinem Leben werden.« Dann fügte sie hinzu: »Und in dem von Thorin.« Ihre Stirn umwölkte sich leicht.

»Mach dir keine Gedanken, Rowan. Ich weiß, wie wichtig es für dich und vor allem für Thorin wäre, wenn Drystan hier wäre. Aber dem ist nicht so und wir machen trotzdem das Beste daraus. Davon lasse ich mir den schönsten Tag unseres gemeinsamen Lebens nicht verderben.«

Rowan blickte die jüngere Frau liebevoll an. Sie bewunderte die Stärke, mit der diese allen Widrigkeiten entgegentrat. Erst die Situation am Tor, nun die Tatsache, dass der Häuptling fehlte. Ja, genau so musste eine Häuptlingsfrau sein. Stark und mit einem unbändigen Willen. Ihr Sohn hatte wahrlich gut gewählt. Ganz abgesehen davon, dass Rowan Livia seit Jahren liebte wie ihr eigenes Kind. Was konnte es also Schöneres geben, als dass Thorin sie zur Frau nahm und sie zu ihrer richtigen Tochter wurde?

Der restliche Tag verging wie im Fluge. Die Frauen halfen Arlete, diverse Köstlichkeiten herzustellen, während sie draußen auf dem Marktplatz die Männer hörten, die lange Holzplatten auf Baumstümpfe stellten, um die Tafel für das morgige Festmahl vorzubereiten.

Nach einem langen arbeitsreichen Tag fiel es Rowan zu ihrer Überraschung nicht schwer, in den Schlaf zu finden, obwohl sie innerlich wegen Drystans Abwesenheit immer noch eine starke Anspannung fühlte.

Der nächste Morgen begann mit strahlendem Sonnenschein und einem deftigen Frühmahl, das Arlete auftischte. Thorin, der schon am Vorabend die Kate verlassen und bei Johs genächtigt hatte, würde sich dort für die Feierlichkeit fertigmachen und seine Braut später in der Häuptlingskate abholen. Kurz nach dem Morgenmahl waren Meallá und Edana gekommen und hatten die Auspicia vorgenommen. Die Druidin hatte ausführlich die Eingeweide studiert und sich schließlich an die Brauteltern gewandt, da die Zeremonie deren Wunsch gewesen war: »Die Wege des Schicksals sind verworren. Ich sehe große Veränderungen und Leid« – Caius und Aurelia sogen bei dieser Aussage scharf die Luft ein – »jedoch auch Glück und Hoffnung.« Dann blickte sie die beiden direkt an. »Eure Linie wird mit Livia nicht enden.«

Nun war es Livia, die die Luft einsog und errötete. Caius übergab, wie in seiner Kultur üblich, eine großzügige Spende an die Druidin, was diese mit einem schlichten Nicken bedachte. Anschließend half Edana ihrer Meisterin, die Überreste aufzuräumen, und geleitete sie zur Tür.

Dort verharrte Meallá für einen kurzen Moment und wandte sich dann an direkt Rowan. »Das Schicksal hält für uns alle Prüfungen bereit. Es ist an uns, diese zu bestehen, um Glück zu erfahren.« Damit verließ sie die Häuptlingskate und ließ eine nachdenkliche Häuptlingsfrau und glückliche Brauteltern zurück.

Rowan, die den fragenden Blick der anderen bemerkt hatte, straffte die Schultern. »Nun lasst uns nach vorne schauen und dieser jungen Dame in ihr Gewand helfen. Doch dazu, mein werter Caius, müssen wir dich leider dieser Kate verweisen.« Die Frauen lachten und Caius machte sich, nach einer letzten liebevollen Umarmung seiner Frau und Tochter, auf den Weg zu Johs. Von dort aus würde er in Kürze gemeinsam mit Thorin zum Haupttor gehen, wo sich das Volk für den Zug zum Brauthaus sammelte.

Kurze Zeit später saß Livia vollständig eingekleidet und mit geröteten Wangen auf einem Hocker und ließ sich von Rowan die Haare hochstecken. Zierliche Haarnadeln und -spangen gaben der kunstvollen Frisur ihren Halt. Zum Entzücken der Römerin hatte Edana, die nach der Eingeweideschau in der Kate geblieben war, einen kleinen Korb voller lieblich duftender blauer Blüten mitgebracht, die sie in Livias Haar feststeckten. Trotz ihres verletzten Arms hatte sie es sich nicht nehmen lassen, die besonderen Blumen für ihre Freundin zu pflücken.

Als sie fertig waren, erhob sich das Mädchen, drehte sich zu den anwesenden Frauen um und fragte: »Wie sehe ich aus?«

»Du siehst umwerfend aus«, rief Edana aus und umarmte ihre Freundin vorsichtig mit ihrem gesunden Arm.

»Mein Kind«, sagte Aurelia ergriffen, »du bist bezaubernd!« Prompt kullerten zwei dicke Tränen über die Wangen der Brautmutter, die ihre Tochter zärtlich mit dem Handrücken wegwischte.

Nun trat Rowan auf die junge Frau zu, in ihrer Hand ein in ein Tuch gefaltetes Päckchen. »Ja, du bist wahrlich wunderschön, Livia. Doch hiermit« – sie schlug das Leinen zurück und die dunkelblauen Glasringe mit der zierlichen gold-gelben Verzierung kamen zum Vorschein – »wirst du die schönste Braut aller Zeiten sein.«

Livia riss ihre Augen weit auf, als sie die Schmuckstücke erblickte. Ein kleiner Laut der Entzückung entwich ihren Lippen, als sie zaghaft die Hand danach ausstreckte. Rowan lächelte und half ihr, an jeden Arm einen Reif anzulegen. Als sie fertig war, starrten vier Augenpaare auf das junge Mädchen.

»Bei Rigani, will man so was schon mal gesehen haben«, entfuhr es Arlete, was alle mit einem erlösenden Lachen quittierten.

»Schhht, hört doch«, rief Edana plötzlich und blickte in Richtung Tür.

Die Frauen verstummten abrupt und schauten angespannt zum Eingang.

Bumm, bumm, bumm.

Stille.

Dann abermals: bumm, bumm, bumm.

»Sie kommen.« Rowans Stimme klang gefasst, während sich Livias Wangen dunkelrot färbten.

»Ganz ruhig, mein Kind«, sagte die Keltin und trat an die Seite der Braut. Auf der anderen platzierte sich Aurelia, dahinter reihte sich Edana ein. Der Klang der Trommeln wurde lauter, je mehr sich der Zug der Häuptlingskate näherte, bis er plötzlich ebenso abrupt verstummte, wie er begonnen hatte.

Rowan trat nach vorne, öffnete die Tür, dann nahm sie wieder ihren Platz an Livias Seite ein. Als sie Thorin erblickte, der im Türrahmen erschien, verschlug es ihr fast den Atem. *Drystan,* war ihr erster Gedanke. Der Anblick, der sich ihr bot, sandte sie in ihrer Erinnerung zurück an jenen Tag vor vielen Jahren, an dem Drystan sie zu ihrer Vermählung abgeholt hatte. Der großgewachsene Kelte trug damals den gleichen roten Umhang wie ihr Sohn heute, eine fast knielange weiße Tunika, die von einem dunklen Ledergurt zusammengehalten wurde, und hatte das Haar mit einem Lederband nach hinten gebunden. Auch von der Statur und den blauen Augen her ähnelte er seinem Vater sehr.

Sie spürte, wie Livias kleine Hand sich in die ihre schob und sie sanft drückte, was sie wieder ins Hier und Jetzt zurückbrachte. Sie lächelte ihrem Sohn auffordernd entgegen, der daraufhin die Häuptlingskate betrat.

»Ich bin hier, um meine Frau zu holen, um mit ihr vor den Göttern vereint zu werden«, sprach er mit fester Stimme, die die Aufregung, die Rowan in seinen Augen aufblitzen sah, Lügen strafte.

Nun war es Aurelia, die vortrat und ihm die Hand ihrer Tochter reichte. »So hole sie dir. Möge eure Verbindung gesegnet sein. Sie muss etwas ganz Besonderes sein, immerhin wachen die Götter zweier Kulturen über euch.«

Thorin nickte den Frauen zu, dann geleitete er Livia nach draußen, was mit Jubel vom Volk, das in einem Halbkreis um die Kate versammelt war, bedacht wurde. Rowan zog die Augenbrauen zusammen. Ja, die Menschen jubelten, doch in ihren Ohren klang es noch immer recht verhalten. Sie ließ sich nichts anmerken, als sie ins Freie trat und ihren Platz im Brautzug direkt hinter dem Brautpaar einnahm, Edana an ihrer Seite.

Eigentlich müsste Drystan neben mir stehen ...

Sie schüttelte den Kopf, um die düsteren Gedanken an ihren Mann zu vertreiben, die heute immer wieder hartnäckig aufblitzten. Hinter ihr hakte sich Aurelia bei Caius ein, dessen Gesichtsausdruck ernst war und nicht zu dem fröhlichen Anlass zu passen schien. Dann schloss sich zunächst der Kreis der Krieger um sie herum und das Volk reihte sich hinter ihnen ein. Der Zug setzte sich, von rhythmischem Trommeln begleitet, langsam in Bewegung.

Rowan drehte den Kopf und fragte: »Alles in Ordnung, Caius?«

Zu ihrer Erleichterung nickte der Römer. »Nicht alle Tage geleite ich meine Tochter zu ihrer Vermählung. Aber ich kann mir keinen besseren Mann für sie vorstellen als deinen Thorin.«

Rowan lächelte ihm zu, dann wandte sie den Kopf nach vorne und folgte dem Brautpaar hoch erhobenen Hauptes.

Es dauerte eine ganze Weile, bis der lange Zug am Schwurstein angekommen war. Die Menschen formten einen Halbkreis und drängelten hier und da, um besser sehen zu können. Thorins Kameraden, die in voller Kriegermontur und Bewaffnung einen recht furchterregenden Eindruck machten, stellten sich vor die Menge. Mit strengen Blicken brachten sie die Menschen dazu, mit dem Gerangel aufzuhören, und sorgten gleichzeitig für Ruhe. Die Trommeln schlugen ein letztes Mal, dann legte sich eine nahezu gespenstische Stille über den Platz, in dessen Mitte sich der rote Sandstein befand, in den die Keltensonne eingemeißelt war.

Thorin und Livia standen direkt vor dem Schwurstein. Meallá, die ein reich verziertes, silbrig glänzendes Gewand trug, dessen Trompetenärmel den Boden berührten, trat zu ihnen. Sie breitete die Arme aus und setzte zu sprechen an.

»Halt!«, donnerte plötzlich eine dunkle Stimme über den Versammlungsplatz und ein lautes Raunen ging durch die Menge.

Ein Zittern durchlief Rowans Körper, als sie die Stimme vernahm und sie sah, wie sich die Menge, wie von Geisterhand geführt, teilte und zwei Männer auf die Lichtung traten. Sie traute ihren Augen kaum, als sie die beiden erkannte.

»Drystan! Halvor!«, rief sie laut aus und setzte an, zu ihnen zu eilen, doch die erhobene Hand und der strenge Blick ihres Mannes geboten ihr Einhalt. Ein weiteres, diesmal heftigeres Zittern durchlief sie. Was geschah hier? War Drystan gekommen, um die Eheschließung seines Sohnes zu verhindern? Weshalb war Halvor hier und wieso war er wie ein Kelte gekleidet?

Sie sah, wie der Häuptling Thorin, der mit ernstem Gesicht zu seinem Vater getreten war, etwas zuraunte, konnte die Worte jedoch nicht verstehen. Sie bemerkte aber, wie ihr Sohn mit stoischem Gesichtsausdruck zurücktrat und einen Arm um seine blass gewordene Braut legte.

Dann erhob Drystan seine Stimme. »Mein Volk, ihr habt euch heute hier versammelt, um die Verbindung meines Sohnes Thorin mit Livia zu feiern. Doch zunächst gilt es, einige Dinge zu klären.« Er machte eine kurze Pause, in der er zu dem Brautpaar blickte. »Wie ihr alle wisst, ist Thorin mein Zweitgeborener.« Eine abermalige Pause, dann: »Mein erster Sohn und somit rechtmäßiger Nachfolger wurde uns auf grausame Art und Weise vor vielen Jahren genommen.« Nun schwankte sein Blick zu Halvor, der mit hoch erhobenem Haupt in die Menge sah. Rowan versuchte, dessen Blick einzufangen, doch es gelang ihr nicht.

Was ging hier nur vor? War Halvor etwa gekommen, um seinen rechtmäßigen Platz einzunehmen?

Ein abermaliges Raunen lief durch die Menge. Ein kurzer Blick Drystans zu den Kriegern reichte, dass diese in kürzester Zeit für Ruhe sorgten.

Dann fuhr er fort: »Rigani hat in ihrer Güte beschlossen, dass wir unseren erstgeborenen Sohn wiederfinden, mögen ihre Wege für manche auch hart erscheinen.« Ein erneuter Seitenblick zu Halvor. »Doch nun ist er hier und an diesem heutigen wegweisenden Tag ist es unabdingbar, bestimmte Dinge zu klären und dazu gehört...« – er machte abermals eine kurze Pause – »auch meine Nachfolge.«

Rowan sah, wie Thorins Gesichtsfarbe ins Dunkelrote wechselte und seine Braut beruhigend auf ihn einsprach.

»Was hat dieser Kerl denn nun schon wieder vor?«, vernahm sie Caius verärgert neben sich. »Ich schwöre bei den Göttern, wenn er meiner Tochter wehtut ...«

Weiter kam er nicht, denn der Häuptling fuhr mit donnernder Stimme fort: »Thorin, trete nach vorn zu deinem Bruder.«

Der großgewachsene Kelte atmete ein paar Mal tief durch und wisperte etwas in Livias Richtung, bevor er mit steif wirkenden Bewegungen nach vorne schritt und sich an die Seite seines Bruders stellte.

Es war das erste Mal, dass Rowan ihre drei Männer nebeneinander stehen sah, und ein Schluchzer entrang sich ihrer Kehle. Wenn es nur nicht das letzte Mal war... Gebannt starrte sie nach vorn.

Plötzlich legte Drystan Halvor eine Hand auf die Schulter, was dieser mit einem Nicken quittierte.

»Livia, würdest du bitte für mich übersetzen?«, fragte Halvor mit einem Blick über seine Schulter.

Die Römerin, deren Hautfarbe mittlerweile so weiß wie ihr Untergewand war, nickte und machte ein paar Schritte nach vorne. Dann übersetzte sie die Worte des jungen Mannes, der abermals ansetzte zu sprechen.

»Volk des Donnersbergs, ich bin heute hier, um meinen rechtmäßigen Platz« – er drehte sich zu Thorin um und fixierte ihn mit einem durchdringen Blick, den dieser mit zusammengepressten Lippen quittierte – »an den zweitgeborenen Sohn des Häuptlings, meinen Bruder Thorin, zu übergeben.«

Rowan spürte, wie urplötzlich ihre Knie unter ihr wegzusacken drohten und wie sich Caius' Arm blitzschnell unter ihren Ellbogen schob, um sie zu stützen.

»Ja, ich bin Halvor, der erstgeborene Sohn von Drystan und Rowan.« Er deutete mit einer Hand hinter sich auf die Keltensonne im Schwurstein und hob mit der anderen sein im Sonnenlicht glänzendes Medaillon hoch, das das gleiche Symbol zierte und das er um seinen Hals trug.

Rowan spürte, wie ihr Edana unter den anderen Arm griff, um ihr Halt zu geben. Sie konnte es nicht fassen. Ihr erstgeborener Sohn stand hier und jetzt vor dem ganzen Volk zu seiner Herkunft. Er war wahrlich zu ihr zurückgekehrt. Ihre Augen füllten sich mit Tränen.

Halvor fuhr fort: »Das Schicksal hat mich von hier fortgeführt. Mein Bruder jedoch wuchs hier auf und durchlief die Ausbildung, die euer zukünftiger Anführer durchlaufen sollte. Deshalb ist es nur rechtens, dass er den Platz als Nachfolger des Häuptlings beibehält.«

Thorin starrte seinen Bruder mit großen Augen an, dann legte er eine Hand auf dessen Unterarm, was dieser erwiderte.

»Wir sind Brüder, Thorin. Ich mag zwar der ältere von uns beiden sein, doch du bist der geeignetere für diese Aufgabe.« Dann lächelte er auch Livia an, die neben ihren zukünftigen Gemahl getreten war.

»Aber wenn mich nicht alles täuscht, sind wir heute hier, um eine Vermählung zu feiern. Dem will ich nicht länger im Wege stehen. Ich wünsche euch beiden, Livia und Thorin, alles Glück dieser Welt. Mögen die Götter eure Verbindung segnen!«

Das Volk brach in Jubelrufe aus, als sich die Brüder umarmten und sich gegenseitig auf den Rücken klopften. Die Wangen der jungen Römerin hatten wieder etwas Farbe bekommen und auch Rowan fühlte, wie ihre Kraft langsam zurückkehrte.

Bei Rigani, deine Wege sind wirklich unergründlich, dachte sie.

Sie hörte, wie Caius laut ausatmete, und lächelte ihm zu.

»Da hat er noch mal Glück gehabt, dein Drystan«, sagte er schmunzelnd, doch die steile Falte auf seiner Stirn verriet die Anspannung der letzten Minuten.

Die Krieger klopften, nach einem Blick des Häuptlings, dreimal auf ihre Schilde und abermals senkte sich Ruhe über den Platz.

»Mein Volk«, ertönte Drystans Stimme erneut. »Ich sagte anfangs, dass es einige Dinge zu klären gibt, so lasst mich zum nächsten Punkt kommen.«

Was denn noch?, ging es Rowan durch den Kopf und ihr Körper spannte sich unwillkürlich wieder an.

»Wie euch ebenfalls bekannt ist, ist die zukünftige Braut und somit eure künftige Häuptlingsfrau Römerin.«

Rowan sog scharf die Luft ein. Was hatte er vor?

»Eine Tatsache, die euch nicht allen zu gefallen scheint, wie ich dem verhaltenen Jubel, mit dem ihr das Brautpaar hierher geleitet habt, entnehmen konnte.« Eine steile Falte zierte seine Stirn und sein strenger Blick schweifte über die Reihen, wobei der eine oder die andere den Kopf einzog.

»Ich kann es euch nicht verdenken, denn auch mir hat es nicht gefallen, dass sich mein Sohn für eine Römerin entschieden hat.«

Rowan glaubte abermals, ohnmächtig zu werden. Was machte er nur? Wollte er die Verbindung doch noch vereiteln?

Urplötzlich lächelte der Häuptling und zeigte auf sie. »Meine geliebte Frau hat mir jedoch in all ihrer Weisheit erklärt, dass auch keltisches Blut durch die Adern dieser jungen Frau«, er deutete auf Livia, »fließt. Und nicht nur irgendein keltisches Blut.« Er hielt kurz inne. »Mein Blut!«

Die Menge raunte erneut. Rowan erkannte, dass diese Tatsache vielen nicht geläufig zu sein schien, und begriff langsam, was er vorhatte.

»Genau hier, an diesem Ort, haben Livias Vater«, sein ausgestreckter Finger schwankte leicht nach rechts und zeigte auf Caius, »und ich uns vor vielen Jahren Brüderschaft geschworen und unser Blut vereint. Es ist an der Zeit, diesen Schwur zu erneuern, um ein für alle Mal klarzumachen, dass Livia und ihre Familie zu uns gehören.«

Er nickte Caius zu, der daraufhin hoch erhobenen Hauptes auf den Platz trat. Drystan zückte einen kleinen Dolch, schnitt sich mit einer raschen Bewegung in die linke Handfläche und hielt dem Römer das blutige Messer entgegen. Dieser tat es ihm gleich. Dann blickten sich die beiden Männer in die Augen und reichten sich die Hände. Das Volk jubelte laut auf und Meallá trat nach vorn.

»Möge Rigani die Verbindung dieser beiden Familien segnen.«

Abermaliger Jubel erklang.

Dann wandte sich die Druidin mit strengem Blick an den Häuptling. »Aber nun ist es meine Aufgabe, die Vermählung der beiden vorzunehmen, die Ihr unterbrochen habt.« Sie schmunzelte leicht bei ihren letzten Worten, doch ihr Fingerzeig bedeutete allen außer dem Brautpaar, den Platz vor dem Schwurstein zu räumen. Drystan lachte auf und wollte eine Hand auf Halvors Arm legen, der ihm diesen jedoch entzog, wie Rowan bemerkte.

Vor dem Volk hatten sie Einheit gezeigt, erkannte sie. Die Wahrheit war offenbar eine andere. Sie fühlte einen leichten Stich im Herzen, dann wandte sie sich den Geschehnissen auf dem Versammlungsplatz zu, wo die Druidin mit dem Vermählungsritual begonnen hatte. Nein, heute war kein Tag zum Traurigsein. Ihre Familie war vereint und bekam mit Livia einen liebenswerten Zuwachs.

Drystan trat an ihre Seite und sie drückte liebevoll seine Hand, was er mit einem Lächeln quittierte. Halvor nickte ihr kurz zu und stellte sich dann an Caius' Seite, der ihm leise die Geschehnisse übersetzte.

Die Zeremonie folgte dem üblichen Ritus, wie es im Vorfeld mit dem Brautpaar vereinbart worden war. Zu große Veränderungen hätten womöglich zu Unmut im Volk geführt, weshalb Caius und Aurelia eine weitere kleine Feier nach römischem Ritus auf dem Weingut abhalten würden, wenn sie das Brautpaar das nächste Mal besuchte. Die einzige Ausnahme war, als Thorin, zum Erstaunen aller, plötzlich auf ein Knie sank und seiner Braut einen silbernen Ring präsentierte, den er ihr dann an den Finger steckte, was bei Livia Freudentränen hervorrief.

»Es ist ein römischer Brauch, der Braut einen Ring zu geben. Eigentlich machen wir das bereits bei der Verlobung, aber dass Thorin das für Livi macht...«, wisperte Aurelia mit Tränen in den Augen.

Dann war die Zeremonie vorüber und das Volk brach in Jubel aus. Eine deutlich befreitere, lautere Beifallsäußerung als vorher, wie Rowan glücklich bemerkte. Ein strahlender Thorin schritt an der Seite seiner Frau in Richtung Dorfplatz, hinter ihnen eine Reihe an Menschen, die sich einer langen Schlange gleich bis zur Dorfmitte wand.

Das Fest wurde rauschend. Der Wein, den Caius großzügig gestiftet hatte, floss in Strömen. Die Menschen lachten, sangen und tanzten bis tief in die Nacht hinein. Schließlich erhob sich Thorin und griff nach der Hand seiner Frau, die er unter dem grölenden Gefeixe der Kameraden zu der Kate geleitete, mit der das Häuptlingspaar die beiden überrascht hatten.

»Hier sollt ihr wohnen, bis ihr eines Tages unseren Platz einnehmen werdet«, sagte Rowan feierlich, als sie den staunenden jungen Leuten die Kate präsentierte, die sie heimlich für sie hatten erbauen lassen, was nicht einfach gewesen war, lag sie doch in unmittelbarer Nähe zum Häuptlingshaus.

Schmunzelnd fügte sie hinzu: »Und dann tauschen wir einfach die Plätze und die Häuser, wenn wir zu alt werden, um das Volk angemessen anführen zu können.«

Thorin umarmte seine Mutter innig und auch Livia zeigte sich höchst erfreut über das großzügige Geschenk. Die Kate verfügte über zwei durch Vorhänge abgetrennte Schlafkammern und einen großräumigen Wohnbereich, dessen Kernstück ein langer, blank polierter Holztisch war.

»Damit meine Fia euch und eure Gäste angemessen verwöhnen kann, gibt es natürlich auch eine Feuerstelle mit allem Drum und Dran«, ertönte Arletes Stimme. Dann watschelte sie zu Thorin und tätschelte ihm die Wange. »Du sollst es gut haben, Junge. Du und deine wunderschöne Braut. Und wer weiß? Vielleicht springen ja bald ein paar rothaarige Kinder um den Tisch?« Ihr gewaltiger Busen wackelte, als sie in lautes Gelächter ausbrach, in das die anderen einstimmten. Dann fuhr sie fort: »Du kennst meine Älteste Fia gut, Thorin, und sie dich. Sie wird euch euren Haushalt genauso gut führen, wie ich den deiner Eltern.«

Thorin bückte sich und drückte der kleinen Dienstmagd einen dicken Schmatzer auf die Wange, was diese erröten ließ. Dann schnappte er sich seine Braut, die sich unverhofft in die Luft gehoben fühlte, und trug sie unter Gejohle der anderen über die Schwelle.

»Woher wusste er, dass das ein römischer Brauch ist?«, fragte Aurelia staunend und wischte sich abermals eine Träne aus dem Augenwinkel.

Rowan schmunzelte. »Vermutlich gar nicht. Denn es ist auch ein keltischer Brauch!«

Bei diesen Worten lachten alle Umstehenden laut auf, bevor sie sich zum Dorfplatz zurückzogen, wo die Feier bis in die frühen Morgenstunden weiterging.

Erschöpft zog sich Rowan schließlich mit Drystan in die Häuptlingskate zurück. Halvor war bei Johs untergekommen. Den Vorschlag seiner Mutter, bei ihnen zu nächtigen, hatte er mit einem energischen Kopfschütteln abgelehnt, was ihr wehtat, was sie aber auch verstehen konnte.

»Es war ein wunderschönes Fest«, wisperte sie und schmiegte sich an ihren Gatten in der gemeinsamen Bettstatt.

»Ja, das war es. Dank dir, mein kleiner Rotschopf.« Drystan ergriff ihre Hand, führte sie an seinen Mund und küsste die Innenseite ihres Handgelenks, was einen Schauer durch ihren Körper laufen ließ.

»Ich danke dir, dass du zurückgekommen bist«, sagte sie leise.

Er schwieg kurz, dann drehte er sich zu ihr. »Es gibt einiges, was ich dir erklären muss. Zum Beispiel, wie ich Halvor gefunden habe und wie sich alles weitere ereignet hat.«

Sie sah ihn aus großen Augen an, als er fortfuhr: »Doch alles zu seiner Zeit, meine Schöne. Für jetzt habe ich andere

Pläne mit dir.« Mit diesen Worten rollte er sich geschmeidig auf sie und verschloss ihren Mund, dem ein leises Stöhnen entfuhr, mit seinen Lippen.

12. Entscheidungen

Keltisches Oppidum auf dem Donnersberg, 73 v. Chr.

Am nächsten Morgen saß Rowan mit Arlete plaudernd am langen Tisch, als es an die Holztür klopfte. Die kleine Dienstmagd erhob sich trotz ihres beachtlichen Umfangs flink und ließ eine wie immer frisch wirkende und lächelnde Aurelia sowie einen recht zerknittert aussehenden Caius ein.

»Oh weh«, lachte Rowan beim Anblick des Römers. »Hat dir gestern Abend dein eigener Wein zu gut geschmeckt?«

Die drei Frauen brachen in schallendes Gelächter aus, während sich Caius auf einen Hocker plumpsen ließ und sich beide Ohren zuhielt.

»Nicht so laut«, schimpfte er. »Mein armer Kopf!«

Zu seinem Verdruss hatte dies aber die gegenteilige Wirkung und das Lachen wurde lauter. Er stöhnte auf, ließ seinen Kopf in beide Hände sinken und starrte schmollend auf die Tischplatte.

»Komm, Arlete, wir tischen ihm was von deinem leckeren Morgenbrei auf, dann wird das schon wieder werden.«

Die Dienstmagd nickte ihrer Herrin eifrig zu, watschelte zur Feuerstelle und füllte zwei Näpfe. Zu guter Letzt gab sie einen großzügigen Schuss Honig dazu, bevor sie diese vor den Gästen abstellte.

Aurelia bedankte sich und aß das Morgenmahl mit sichtlichem Genuss, während ihr Gemahl lustlos in dem Napf rührte. Beide benutzten einen Spießlöffel mit spitzem Stiel, der gleichzeitig zum Aufspießen von Fleischstücken genutzt werden konnte. Die Löffel hatten sie Rowan vor einigen Jahren geschenkt, da sie wussten, dass die Keltin dieser römischen Tischsitte viel abgewinnen konnte. Thorin und Drystan lachten oft darüber oder zogen sie damit auf, aßen sie doch meist, wie in ihrem Volk üblich, mit den Fingern. Rowan ließ sich davon jedoch nicht abbringen und benutzte zu fast jeder Mahlzeit einen Spießlöffel.

»Jetzt komm schon, Caius. Ein wenig Getreidebrei wird dir gut tun. Wenn du ein wenig isst, werde ich Edana später auch bitten, dass sie dir einen Sud gegen deine Kopfschmerzen zubereitet.«

Der Römer warf Rowan einen dankbaren Blick zu, dann schob er sich gehorsam einen Löffel der süßlichen Speise in den Mund.

»Wo ist eigentlich Drystan?«, fragte Aurelia und sah sich in der langen Kate um. Ihr Blick blieb an dem Vorhang, der den Schlafbereich vom Wohnbereich trennte, hängen. »Schläft er noch?«

Rowan schüttelte den Kopf. »Er ist bereits kurz vor Sonnenaufgang gegangen. Ich weiß auch nicht, was so dringlich war.« Nachdenklich fügte sie hinzu: »Drystan hat gestern Nacht einige Andeutungen gemacht, aber ...« Sie errötete leicht. »Nun, sagen wir mal, wir kamen nicht dazu, dass er mir mehr erzählen konnte.«

Aurelia lächelte wissend, bevor sie die Hand der Freundin tätschelte. »Es ist schön, euch beide mal wieder so innig miteinander zu sehen«, flüsterte sie.

Rowan lächelte und wisperte in Aurelias Richtung: »Ich bin so froh, dass er zurückgekommen ist. Noch dazu mit Halvor!«

»Ja, das war ein ganz schöner Auftritt gestern! Die Stimmung hat sich vollkommen gewandelt, nachdem Drystan und Halvor gesprochen hatten. Ich bin so froh für Thorin und Livi!«

Rowan nickte abermals. »Ich habe einen Moment gebraucht, Drystans Beweggründe gestern zu verstehen. Aber es war genau das, was das Volk brauchte. Eine klare Ansage zur Nachfolge und zu Livias Zugehörigkeit.«

»Und ich war erst wahnsinnig wütend auf ihn, weil ich dachte, er stört die Hochzeit«, ließ sich plötzlich Caius vernehmen, dessen Gesicht wieder eine gesündere Farbe angenommen hatte. Mit einem Seitenblick bemerkte Rowan zufrieden, dass er seinen gesamten Napf leer gegessen hatte.

»Ich muss zugeben, dass Drystan und ich noch nie Freunde waren«, fuhr er mit nachdenklicher Stimme fort. »Aber was er gestern für meine Tochter und deren Glück getan hat ... Sagen wir mal so, er hat mich wirklich beeindruckt!«

Rowan lächelte ihrem Freund zu, dann erhob sie sich. »Was meint ihr? Sollen wir dem frisch vermählten Paar einen Besuch abstatten?«

Eifriges Nicken antwortete ihr und die beiden Römer erhoben sich ebenfalls. Ein plötzliches Klopfen an der Holztür ließ sie innehalten.

»Ah, vielleicht hatten die beiden die gleiche Idee«, sagte Rowan lachend und öffnete die Tür mit Schwung.

»Halvor!«, rief sie erstaunt aus.

Der große, blonde Mann blickte sie stumm an, bevor er die Kate betrat.

»Ave, Caius und Aurelia.« Liebevoller sagte er: »Ave, Rowan.«

»Ave, Halvor«, ertönte es aus drei Kehlen, während Arlete bereits zur Feuerstelle lief, um dem Besucher ebenfalls einen Napf mit Morgenbrei vorzusetzen. Die Vier setzten sich wieder an den Tisch, Rowan stellte zwei Krüge darauf, einen mit Met, einen mit Wein aus Caius' Weingut sowie einige Tonbecher.

Sie betrachtete ihren Erstgeborenen, der zunächst hungrig das Morgenmahl verschlang. Ohne die Schwellungen und Verfärbungen in seinem Gesicht bemerkte sie die Ähnlichkeit, die er mit Edana und somit auch mit ihr hatte. Ob sie ihn aber erkannt hätte, wenn er ihr über den Weg gelaufen wäre? Sie bezweifelte es. Allerdings war da diese gewisse Haltung, der gerade Rücken und der hoch erhobene Kopf, den er mit seinem Vater und Bruder gemein hatte ...

Als er fertig gegessen hatte, legte er den Spießlöffel in den Napf und wischte sich mit dem Handrücken über den Mund. Anschließend sah er ernst in die Runde.

»Ihr fragt euch sicher, was ich hier mache?« Sein Blick streifte seine Mutter. »Es sei denn, Drystan hat euch schon aufgeklärt?«

Rowan schüttelte den Kopf. »Er musste schon sehr früh weg, deshalb kam er noch nicht dazu, mit mir zu sprechen.«

Halvor nickte wissend, dann begann er zu erzählen: »Ich war auf meinem Weg zum Donnersberg, weil ich in meinem Lager etwas erfahren hatte, das ich euch mitteilen musste.«

Drei Augenpaare starrten ihn gebannt an.

Er atmete ein paar Mal tief ein und aus. »Ein Angriff der römischen Legionäre auf den Donnersberg steht unmittelbar bevor.«

Ungläubige Stille antwortete ihm. Aurelia presste eine Hand auf den Mund und unterdrückte einen entsetzten Aufschrei. Rowans Gesicht wurde kreideweiß, während Caius nach ihrer Hand griff.

Halvor erzählte weiter: »Es ist dem Praefectus zu Ohren gekommen, dass auf dem Donnersberg ein florierender Markt stattfindet und dass die Häuptlingsfamilie wahre Reichtümer hortet, die man sich nur holen muss.«

Rowan sprang von ihrem Hocker auf, sodass dieser klappernd umfiel. »Reichtümer?« Sie deutete mit dem Arm um sich. »Welche Reichtümer? Ja, wir leben vielleicht besser als unsere Bauern, aber von Reichtümern kann wahrlich keine Rede sein!«

Aurelia trat zu ihr und versuchte, sie zu beruhigen. Doch Rowan wies sie von sich und lief eiligen Schrittes auf und ab.

»Mein Praefectus wollte das zunächst ja auch nicht glauben. Ich meine, natürlich wussten wir bereits von dem Markt, aber der Zeuge hat es ihm einfach zu schmackhaft gemacht.« Halvor zuckte entschuldigend mit den Schultern.

Rowan blieb stehen und sah ihn mit funkelnden Augen an. »Welcher Zeuge?«

Ihr Sohn schwieg zunächst, dann erwiderte er ernst ihren Blick. »Iain.«

»Iain!«, riefen Rowan, Aurelia und Caius wie aus einem Mund und sahen sich entsetzt an.

»Ja, er wurde von einer Patrouille nicht weit von hier gefangen genommen. Als er ins Lager gebracht wurde, erzählte er, dass er der wahre Erbe des Donnersbergs sei, aber dass ein anderer die Häuptlingswürde an sich gerissen und ihn verjagt hätte. Deshalb wisse er auch so genau über die Reichtümer in der Häuptlingskate Bescheid.«

Rowan sog scharf die Luft ein. Sie hatte Iain nach dem Tod seiner Eltern mit offenen Armen empfangen und wie einen der ihren großgezogen. Dass er trotz alldem, was vorgefallen war, nun auch noch diesen Verrat beging, brach ihr ein weiteres Mal das Herz.

Eine Träne rann über ihre Wange, als sie ihren Sohn fassungslos ansah. »Bist du dir ganz sicher, dass es Iain war?«

Halvor nickte, bevor er düster sagte: »Ich werde den Namen des Mannes, der den Kopf meines besten Freundes mit Füßen getreten hat, niemals vergessen!«

Rowan erinnerte sich mit Schaudern an die grausame Szene, als Iain den abgetrennten Kopf des römischen Legionärs mit seinem Fuß trat, sodass dieser in hohem Bogen über die Wiese flog.

»Und nun bist du hier und verrätst damit deine Truppen und dein Volk?«, erklang plötzlich Caius' Stimme, die einen sarkastischen Unterton angenommen hatte. Scheinbar erinnerte er sich daran, wie ihn der junge Römer vor allem anfangs behandelt hatte.

Halvor wandte den Kopf zu ihm und fixierte seinen Blick. »Verrat erkennen wohl am besten Verräter!«

Caius wollte aufspringen, doch Aurelia legte eine Hand auf seinen Arm. »Lass ihn ausreden.«

Halvor nickte ihr zu, dann atmete er ein paar Mal tief ein und aus. »Es ist mir nicht leicht gefallen, diesen Schritt zu gehen, dessen seid gewiss. Wahrscheinlich bin ich auch deshalb gerade so aufbrausend geworden.« Er warf einen Seitenblick auf Caius. »Ich bin als Römer aufgewachsen und diene mit Stolz in der römischen Legion. Aber es ist in meinen Augen nicht rechtens, Frauen und Kinder abzuschlachten, nur um vermeintliche Reichtümer abzugreifen.« Er klang erregt, als er weitersprach: »Und schon gar nicht, wenn ich weiß, dass das, was dem Praefectus erzählt wurde, falsch ist.« Seine Stimme wurde leiser. »Und weil ich einige der Frauen«, sein Blick streifte kurz Rowan, »und Menschen hier näher kennengelernt habe.« Er nahm einen großzügigen Schluck aus dem Becher, dann schaute er sich in der Runde um.

Caius hatte sich wieder gefangen. »Ich weiß, dass du mich als Verräter gesehen hast, als wir uns kennengelernt haben. Doch ich hoffe, du hast nun erkannt, dass wir beide ganz ähnlich empfinden. Wir sehen die Menschen, wie sie sind. Als Menschen eben. Keine verabscheuungswürdigen Bestien, die es abzuschlachten gilt. Wenn man sich die Zeit nimmt, die Leute und ihre Kultur kennenzulernen, und ihnen sein Herz öffnet, so wird es einem tausendfach zurückgezahlt. Man lernt Menschen kennen«, nun blickte er ebenfalls in Rowans Richtung, »die das eigene Leben nicht nur bereichern, sondern auch in ganz neue Bahnen lenken.«

Rowan lächelte den Römer und seine Frau warm an. »Das kann ich nur bestätigen. Euch und eure Kultur kennenzulernen hat mein Leben mit so viel Freude erfüllt, dass ich es nicht in Worte fassen kann. Der gestrige Tag ist Zeugnis dafür, was daraus entstehen kann. Ein römisches und ein keltisches Herz, die gemeinsam im Takt der Liebe schlagen und unsere beiden Kulturen vereinen.«

Halvor wandte sich an Caius. »Du hast recht. Ich sah in dir einen Verräter an unserem Volk. Doch aus deinen Worten spricht Weisheit.«

Zu Rowans großer Überraschung griff er plötzlich nach ihrer Hand und hielt sie fest. »Die Menschen hier sind wertvoll. Wert, geschützt zu werden, und wert, sie besser kennenzulernen.«

Ihre Augen füllten sich mit Tränen. Sie hob seine Handfläche an ihre Wange. »Mein Sohn, obwohl du uns Nachricht von großem Unglück bringst, ist dies der glücklichste Moment meines Lebens.« Eine Träne bahnte sich ihren Weg hinab, wo sie an Halvors Hand hängenblieb. »Ich sehe es als Zeichen der Götter an, dass du, Sohn zweier Kulturen, gekommen bist, um uns zu retten.«

Halvor lächelte sie an. »Mögen deine Götter und die meinen dafür Sorge tragen, dass den Menschen hier oben nichts passiert.« Damit hob er seinen Becher an, was die anderen ihm gleichtaten und sie prosteten sich zu.

Nachdem alle getrunken hatten, sagte Caius nachdenklich: »Ich würde den Schutz der Menschen hier aber lieber nicht allein den Göttern anvertrauen.«

Halvor nickte. »Drystan weiß Bescheid. Deshalb wird er wohl unterwegs sein, um seine Truppen zu formieren.«

Aurelias hohe Stimme erklang. »Wissen Thorin und Livi davon?«

Halvor schüttelte den Kopf. »Drystan und ich haben uns entschieden, es ihnen nicht an ihrem Hochzeitstag zu sagen.«

»Das war sehr umsichtig von euch«, antwortete Aurelia. »Aber wir müssen ihnen jetzt Bescheid geben, denn wir müssen schließlich so schnell es geht weg von hier.«

Rowan starrte die kleine Römerin an. »Weg von hier?«

Diese nickte. »Natürlich. Oder willst du etwa hier warten, bis die Legionen einmarschieren?«

Caius, der Rowans Entsetzen über die Worte seiner Frau bemerkt hatte, erhob seine Stimme. »Was hier wie und wann geschieht, liegt wohl kaum an uns zu bestimmen. Drystan wird sicher einen Plan gefasst haben.«

»Das hat er ganz bestimmt. Niemals wird er unsere Siedlung kampflos aufgeben«, erwiderte Rowan mit Überzeugung in der Stimme. Dann wandte sie sich ihren Sohn zu: »Du hast uns aber noch nicht erzählt, wie es dazu kam, dass Drystan und du gemeinsam auf der Vermählungszeremonie aufgetaucht seid?«

Halvor grinste. »Nachdem ich mich aus meinem Lager geschlichen und mich auf den Weg gemacht hatte, habe ich, wann immer nötig, die Kleidung getragen, die ihr mir gegeben hattet. So konnte ich mal als Römer, mal als einer von euch, mich ohne große Schwierigkeiten hierher durchschlagen. Am Abend vor meiner Ankunft hatte ich ein kleines Feuer gemacht, da ich zwei Kaninchen erlegt hatte, die ich mir zum Abendmahl zubereiten wollte. Ich saß, in meine rote Tunika gekleidet, aber ohne Rüstung, am Feuer und hielt eines der Kaninchen auf einen Ast gesteckt über die Flammen, als ich urplötzlich die Kante eines Schwertes unter meinem Kinn spürte.«

Rowan sog scharf die Luft ein, unterbrach ihren Sohn jedoch nicht in seiner Erzählung.

»Der Angreifer bellte etwas in einer Sprache, die ich nicht verstand, und ich verfluchte mich dafür, in diesem Moment die falsche Kleidung zu tragen. Ich hob also beide Hände und drehte meinen Kopf, um meinen Gegner besser sehen zu können. Ich glaube, wir waren beide überrascht, als wir uns erkannten.«

Drei Augenpaare starrten gebannt auf ihn. Er nahm genüsslich einen Schluck, dann fuhr er fort: »Es war Drystan.«

»Drystan!«, erklang es wie aus einem Munde.

Der junge Römer nickte. »Er hat mich lange seltsam angesehen, bevor er die Klinge endlich sinken ließ.« Er blickte zu seiner Mutter und sagte leise: »Ich könnte schwören, dass er in diesem Moment überlegt hat, mich zu töten.«

Entsetzt schrie Rowan auf. »Niemals, Halvor! Das würde er nie tun!«

»Wir haben alle gesehen, wozu er in der Lage ist«, erwiderte er harsch, auf die Hinrichtung seiner Freunde anspielend.

»Du bist sein Sohn, Halvor! Dein Leben ist ihm wichtiger als sein eigenes!« Dann fügte sie etwas nachdenklicher hinzu: »Es war die Uniform. Deshalb hat er dich so angesehen. Es tat ihm in der Seele weh, dich in der roten Legionärsuniform zu sehen.«

Ihr Sohn hob abermals den Becher, um einen kleinen Schluck zu nehmen. Er schien nachzudenken, denn auf seiner Stirn war die gleiche Falte erschienen, die sie von Edana kannte, wenn diese nachdachte.

»Du könntest recht haben«, sagte er schließlich.

Rowan seufzte erleichtert. Sie wusste, dass Halvors Verhältnis zu seinem Vater niemals normal sein würde. Aber es war ihr wichtig, dass er ihn und seine Beweggründe verstand.

»Wie ging es dann weiter?«, drängte Aurelia ungeduldig.

»Nun«, setzte Halvor an, »ihr könnt euch vorstellen, dass es nicht leicht war, ihm mitzuteilen, warum ich in der Nähe des Donnersbergs war. Livi war zwar so nett und hat mir ein paar Brocken eurer Sprache beigebracht, als ich bei euch weilte, aber zu mehr als mit Rowan sprechen hat es nicht gereicht. Die Erklärung schien ihm nicht genügt zu haben, denn er bedeutete mir zu warten. Die ganze Nacht saß ich da und habe gewartet. Ich dachte schon, er kommt nicht wieder, doch bei Tagesanbruch stand er plötzlich da. Er hatte einen Mann mitgebracht.«

Zwei Augenpaare richteten sich fragend auf Caius, der lachend die Hände hob. »Ich war es nicht! Sonst hätte ich euch schon längst davon erzählt.«

»Johs«, stellte Rowan fest und sah zu Arlete, die nur kurz aufsah, als sie den Namen ihres Mannes vernahm, dann aber weiter in ihrem Kessel rührte.

Sie versteht uns nicht, ging es Rowan durch den Kopf. Kein Wort von dem, was wir hier sprechen ... Vielleicht war das gut so, immerhin hatte Halvor gerade den Untergang der Siedlung prophezeit. Drystan musste Zeit bekommen, Vorkehrungen zu treffen, bevor die Bewohner davon erfuhren. Auf Johs konnte sie sich verlassen, dass wusste sie. Ihr Milchbruder würde niemals etwas verraten, schon gar nicht, wenn der Häuptling ihm zu schweigen befohlen hatte.

Halvor blickte seine Mutter an. »So ist es. Johs kam und hat für uns übersetzt.«

»Wie hat Drystan reagiert, als du ihm von dem bevorstehenden Überfall auf die Siedlung erzählt hast?«, fragte Rowan leise.

»Gar nicht. Er zog seine Stirn in Falten, seine Lippen wurden zu einem dünnen Strich, aber er sagte längere Zeit nichts. Dann sprach er plötzlich davon, dass ich mit ihm zur Hochzeitszeremonie kommen sollte, da noch Einiges geklärt werden müsse. Ich war ganz schön überrascht, dass er danach seelenruhig mit mir zurück auf den Donnersberg geritten ist. Über den Angriff hat er kein Wort mehr verloren!«

Rowan blickte ihren Sohn nachdenklich an. »Er wollte wohl Thorins besonderen Tag nicht zerstören.« Dann kam ihr jäh ein Gedanke und sie schlug die Hand vor den Mund. Ein erstickter Laut kam über ihre Lippen.

»Was hast du?«, rief Aurelia besorgt.

»Seine Nachfolge ... Er hat seine Nachfolge geregelt!«

Alle am Tisch starrten sie mit großen Augen an, als sie Rowans Worte verstanden. Ihre Gesichter drückten das aus, was sie am meisten fürchtete. Dass sie recht hatte! Keiner sagte etwas, nur das Schaben von Arletes Kelle im Kessel durchbrach die Stille.

Halvor legte den Arm um Rowans bebende Schultern. »Er ist ein Krieger. Er weiß, was er tut!«

»Ja«, flüsterte sie. »Er wird sein Leben für uns geben.«

Sie sprang auf und rannte in den hinteren Teil der Kate, wo sie hinter dem Vorhang verschwand.

Die drei Römer sahen sich betreten an, dann erhob sich Halvor und räusperte sich. »Ich denke, es ist besser, ich unterrichte Thorin über die Vorkommnisse, falls es Drystan nicht schon längst gemacht hat.«

»Ich komme mit dir«, sagte Caius und erhob sich von seinem Platz.

»Ich ebenfalls«, erklang Aurelias Stimme. »Ich will meiner Tochter beistehen, wenn sie die Nachricht erfährt.«

Halvor warf einen letzten Blick in die Richtung, in der seine Mutter verschwunden war, dann zuckte er hilflos mit den Schultern und folgte den beiden Römern nach draußen.

Sein Atem ging keuchend, als er das Pferd den Berg hinab jagte. Die roten Haare flatterten im Wind hinter ihm, der nackte, weiß gekalkte Oberkörper war von einem Schweißfilm überzogen, was die aufgemalten Zeichen in blauer Farbe leicht verlaufen ließ. Dies verlieh ihm ein noch wilderes Aussehen, wozu auch der ovale Langschild, den er auf seinen Rücken geschnallt hatte, beitrug. Am breiten Ledergürtel, den er über seinen Bracae trug, baumelte sein Schwert.

Wie konnte Vater nur wieder einmal ohne mich losziehen?, fragte er sich zum gefühlt hundertsten Mal und zog die Stirn kraus. Er verspürte abermals das dumpfe Gefühl in der Magengegend, das ihn überkommen hatte, als Halvor am Morgen zu ihm gekommen und ihm die Nachricht überbracht hatte, dass die Römer den Donnersberg angreifen wollten. Doch dies war noch nichts im Vergleich zu dem Gefühl, das sich einstellte, als er zum Haupttor gerannt war, um dort zu erfahren, dass sein Vater und die Mehrheit der Krieger bereits vor Stunden losgeritten waren. Es war, als hätte ihm jemand die Luft zum Atmen genommen.

Geschickt duckte er sich unter einem herabhängenden Ast und vernahm kurz darauf einen leisen Schmerzensschrei hinter sich. Scheinbar hatte Ulik nicht aufgepasst und den Ast ins Gesicht bekommen. Er grinste, als er sich dessen empörten Gesichtsausdruck vorstellte. Unvermittelt überkam ihn ein warmes Gefühl. Sein guter Freund! Auch wenn er versucht hatte, diesen davon abzuhalten, mit ihm zu kommen, so war er doch dankbar, dass er sich standhaft geweigert hatte.

»Ich gehe dorthin, wohin du gehst.« Schlicht, einfach, Ulik.

Thorin konzentrierte sich wieder auf den Pfad vor sich. Wie weit sein Vater wohl bereits gekommen war? Mit den Kriegern würde er vorsichtig sein müssen, denn die Staubwolke, die die vielen Pferde aufwirbelten, würde weithin zu sehen sein und die Römer auf seine Spur bringen. Somit würde er sich deutlich langsamer bewegen können als er und Ulik, was ihnen einen Vorteil verschaffte. Aber wo würde der Häuptling mit seinen Männern hinziehen? Thorin grübelte. Wohin würde er gehen, um die anmarschierenden Legionäre in einen Hinterhalt zu locken?

In Gedanken ging er den wohlbekannten Weg durch, den er so oft vom Donnersberg zu Caius' Villa geritten war. Und zu Livi ... Beim Gedanken an seine Frau musste er lächeln. Was war er nur für ein Glückspilz?! Die letzte Nacht hatte all seine Erwartungen übertroffen! Wie oft hatte er sich ausgemalt, bei seiner Livia zu liegen? Noch immer hörte er ihre erregte Stimme im Ohr, als sie seinen Namen flüsterte. Immer und immer wieder hatten sie sich geliebt.

Er war gerade erst eingeschlummert, als ihn das Hämmern an der Tür aus dem Schlaf gerissen hatte. Doch obwohl er kaum ein Auge zugemacht hatte, fühlte er sich beschwingt. Die Nachricht, die ihm sein Bruder überbracht hatte, hatte ihm wohl neue Energie gegeben. Er hatte nicht lange gebraucht, sich in Kriegermontur zu kleiden. Livi hatte erschrocken aufgeschrien, als sie ihren weiß gekalkten Mann erblickt hatte, und auch Caius und Aurelia waren blass geworden. Seine arme Frau ... Sie hatte sich den Morgen nach ihrer Hochzeit sicher anders vorgestellt. Aber er war der Sohn des Häuptlings und ausgebildeter Krieger und niemals würde er in aller Seelenruhe auf dem Donnersberg sitzen und darauf warten, dass die Legionäre seinen Vater töteten und dann die Siedlung einnahmen!

Vater ... Thorins Mund wurde zu einem dünnen Strich, als er an den Häuptling dachte. Wieso hatte er ihn schon wieder zurückgelassen? Hatten sie nicht gestern erst geklärt, dass er, Thorin, sein Nachfolger werden würde? Somit war sein Platz klar an dessen Seite!

Er biss die Zähne zusammen und beschleunigte seinen Ritt noch ein wenig. Seine Augen suchten die Ebene ab, in der Hoffnung, irgendwo eine verräterische Staubwolke zu entdecken. Doch da war nichts. Sein Blick blieb weit vorne an einem dunklen Band hängen. Das Wäldchen, vor dem der kleine Fluss lag, den sie immer auf dem Weg zur Villa Rustica überqueren mussten, ging es ihm durch den Kopf. Sein Kopf fuhr hoch. Natürlich! Sein Vater würde mit Sicherheit nicht so dumm sein und die Römer auf offenem Feld angreifen. Das Waldstück war ideal für einen Angriff, vor allem, da die Legionäre direkt davor in einer schmalen Reihe die Brücke überqueren mussten.

Er lachte kurz auf, dann ritt er beherzt drauf los.

Die Sonne stand schon hoch am Himmel, als sie sich endlich dem kleinen Waldstück näherten. Thorin hielt sein Pferd an und bedeutete Ulik, still zu sein. Kein Laut drang an sein angestrengt lauschendes Ohr. Das musste ein gutes Zeichen sein. Der Kampf hatte noch nicht begonnen. Seine Fersen geboten seinem Reittier, sich langsam in Bewegung zu setzen. Als sie in den Schatten des Waldes eintauchten, spürte er die angenehme Kühle auf seiner nackten, verschwitzten Haut, wurde aber jäh auch einer anderen Tatsache gewahr. Es war totenstill. Kein Vogel sang, kein Blatt raschelte, nichts. Er hob die Hand und die beiden Krieger kamen abermals zum Stehen.

Keinen ganzen Herzschlag später vernahm er plötzlich eine bekannte Stimme, die in rauem Ton bellte: »Thorin! Was in Riganis Namen machst du hier?«

Für einen Moment schlug ihm sein Herz bis zum Hals, als er die Wut in der Stimme bemerkte. Dann schob sich das Bild der lächelnden Livia vor sein Auge und er beruhigte sich augenblicklich. Er war hier, um sie zu schützen. Das musste sein Vater doch einsehen.

Bevor er einen Ton sagen konnte, trat Drystan hinter einem Baum hervor auf die kleine Lichtung, auf der sie standen, und funkelte seinen Sohn wütend an.

Thorin schluckte kurz, bevor er mit fester Stimme sagte: »Es ist meine Pflicht, mein Volk und meine Familie zu beschützen, Vater.«

Dieser schüttelte die weiße Mähne, sodass der Kalk einer Staubwolke gleich um ihn herumschwebte. Der Häuptling hatte auch sein Kopfhaar gekalkt, wusste er doch, dass dies den Römern besonders Angst einjagte. Thorin selbst hatte dafür keine Zeit mehr gehabt. Aber auch sonst verzichtete er meist darauf, denn wenn die Sonne auf sein rotes Haar fiel und es aufleuchten ließ, erschreckte das die Feinde auch so. Vereinzelte Krieger kamen nun ebenfalls hinter den Baumstämmen hervor und nickten ihm zu. Er las Zustimmung in ihren Blicken, was sich wie Balsam auf seine Seele legte, der dabei half, den eisigen Blick seines Vaters besser zu ertragen.

»Und wer soll in deiner Abwesenheit die Siedlung schützen? Hast du darüber schon mal nachgedacht?«, fragte Drystan mit ätzender Stimme.

»Dorran natürlich, wer sonst.« Thorin dachte gar nicht daran, sich auf einen verbalen Kampf mit seinem Vater einzulassen. Er war ein verheirateter Mann und Nachfolger des Häuptlings, auch wenn dieser das im Moment wohl anders sah.

Drystan grunzte kurz, anschließend bellte er seine Männer an: »Was steht ihr hier herum? Wenn der Feind kommt, kann er euch gleich der Reihe nach umpflügen. Wollt ihr das?«

Betretene Gesichter, dann zogen sich die Krieger wieder in ihre Verstecke zurück. Der Häuptling bedeutete seinem Sohn mit einer Handbewegung, ihm zu folgen. Seufzend ließ er sich vom Pferderücken gleiten und überließ es Ulik, sich um das Tier zu kümmern. Dann stapfte er hinter seinem Vater her ins Dickicht.

Drystan lief schweigend voraus und beachtete ihn nicht. Thorin hatte Mühe, die dornenbewehrten Äste des Gebüschs zur Seite zu streifen, um ihm zu folgen. Längliche rote Kratzer zeigten sich auf der weiß gekalkten Haut, aber er spürte den Schmerz nicht, war er doch viel zu konzentriert auf den Mann vor sich.

Endlich hielt dieser an, blickte sich einmal kurz um, dann fixierte er seinen Sohn mit stahlhartem Blick. »Du wirst sofort zurückreiten.«

Thorin fühlte, wie sich Wut in ihm breit machte. Erst ritt er einen halben Tag lang wie gehetzt hinter seinem Vater her, dann jagte ihn dieser durchs Dickicht und jetzt hieß er ihn einfach wieder zu verschwinden.

»Niemals!« Er schnaubte laut. Seine Augen suchten die seines Vaters. Nein, er hatte keine Angst mehr vor ihm. Er,

Thorin, war ein Mann! Ein Mann, der seine Frau und sein Volk schützen würde, komme was wolle!

Drystan betrachtete ihn aus zusammengekniffenen Augen und Thorin machte sich innerlich bereits auf weitere Schimpftiraden gefasst, als urplötzlich alle Spannung aus dem Körper des Häuptlings zu weichen schien und er sich auf die Knie fallen ließ.

»Vater!«, rief er erschrocken und kniete sich neben ihn. »Was ist mit dir?«

Drystan hob sein Gesicht langsam an und Thorin erschrak, als er den Ausdruck darin sah. Sein Vater, der Häuptling, hatte Angst! Die Erkenntnis durchfuhr ihn wie ein Blitzschlag.

»Wir werden die Römer aufhalten, Vater! Mach dir keine Sorgen!«

Drystan schüttelte den Kopf. Feiner Kalkstaub rieselte auf den Boden und bildete einen Kreis um ihn herum. Dann blickte er auf und sagte mit müder Stimme: »Vielleicht werden wir das, mein Sohn. Aber was kommt danach? Sie werden wiederkommen, immer und immer wieder! Du bist nicht blind und hast gesehen, wie viele von ihnen mittlerweile durch die Lande ziehen. Es wird kein Ende nehmen. Zumindest kein Gutes ...«

Thorins Gedanken wirbelten durcheinander. So hatte er seinen Vater noch nie gesehen! Ein seltsames Gefühlschaos machte sich in ihm breit. Da war Wut. Wut über einen Häuptling, der Schwäche zeigte. Wut über einen Vater, der ihn offenbar selbst für zu schwach hielt, sein Volk zu verteidigen. Aber auch Wut auf die Römer, die einfach in ihre Lande kamen und sie ihrer Heimat berauben wollten. Livis Römer! Thorin schluckte ... Hatte sein Vater gar recht und dieser Kampf würde ein endloser werden? Was würde dann aus ihm und Livia werden? Was aus seinem Volk?

»Deshalb, mein Sohn«, fuhr Drystan mit leiser Stimme urplötzlich fort, »wollte ich, dass du zurückbleibst und dich um alles kümmerst. Für den Fall, dass ich nicht zurückkomme.«

»Wieso sagst du so was?«, schrie Thorin aufgebracht.

Drystan lächelte kurz, dann legte er eine breite Hand auf die Schulter seines Sohnes. »Ich werde hier und heute alles versuchen, die Römer aufzuhalten. Auf eine Art und Weise, dass ihnen jegliche Lust auf weitere Angriffe auf unsere Siedlung vergeht! Doch dafür, mein Junge, werde ich Wagnisse eingehen müssen und diese kommen mit Risiken, wenn nicht gar Gewissheiten ...«.

Thorin schluckte. Das also war der Grund, warum ihn sein Vater nicht dabei haben wollte. Er hatte vor, sich für sein Volk opfern! Nein, das würde er nicht zulassen!

»Vater, mein Platz ist an deiner Seite. Nicht nur du trägst Verantwortung für die Menschen da oben. Es ist auch mein Volk, meine Familie, meine Frau.« Sein Finger zeigte in Richtung des fernen Berges. »Es ist auch meine Aufgabe, sie zu schützen. Gemeinsam werden wir ihnen entgegentreten, gemeinsam werden wir siegen!«

Drystan lächelte ihn an. »Du bist wahrlich der Sohn deiner Mutter! Der gleiche Dickkopf!« Dann stellte er ein Bein auf den Boden und streckte ihm eine Hand entgegen. »Komm, hilf einem alten Mann auf die Beine.«

Mit einem geschickten Hüpfer sprang Thorin auf und zog seinen Vater hoch. Zu seiner Überraschung umarmte ihn dieser kurz und flüsterte: »Ich bin stolz auf dich, mein Sohn und würdiger Nachfolger!«

Thorins Herz machte einen Satz. Noch nie hatte sein Vater mit ihm so gesprochen! Jahrelang hatte er das Gefühl gehabt, es ihm nicht recht machen zu können. Doch nun würden sie endlich Seite an Seite kämpfen, um ihre Lieben zu beschützen.

»Die Römer kommen!«, schallte plötzlich ein heiserer Ruf durch den Wald.

Vater und Sohn sahen sich ein letztes Mal stumm in die Augen, dann drehten sie sich um und rannten gemeinsam den Weg zurück zu den Kriegern.

Es folgte ein Gemetzel eines solchen Ausmaßes, wie Thorin es noch nie erlebt hatte. Die römischen Legionäre überquerten, wie vorhergesehen, die schmale Brücke in einer langen Reihe. Geduldig hatten die Krieger verdeckt von den Bäumen abgewartet, bis die ersten zwanzig auf der anderen Seite waren, dann waren sie brüllend losgestürmt. Äxte schwingend, Köpfe von Leibern abtrennend, wie in einem Blutrausch, laut schreiend, mit den nachrückenden Soldatenmassen kämpfend.

Thorin schwang unablässig sein Schwert. Spürte, wie es in Fleisch eindrang, Muskelstränge durchtrennte und Blut in Fontänen auf ihn spritzte. Zufrieden stellte er fest, dass er einen wahrlich furchterregenden Eindruck machte, wie er den Gesichtern der jungen Legionäre, die sich ihm entgegenstellten, entnehmen konnte. Er bleckte seine Zähne und stieß einen markerschütternden Kriegsschrei aus, als er sich auf den nächsten Soldaten stürzte.

Immer weiter und weiter schwang er sein Schwert. Mit der rechten Hand führte er die Waffe, mit dem linken Arm hielt er seinen schweren Holzschild und wehrte gezielte Hiebe auf ihn ab. Wie im Rausch bewegte er sich vorwärts, keine Müdigkeit verspürend. Kurz nahm er wahr, dass sein Vater direkt neben ihm kämpfte. Dieser zog gerade sein Schwert aus dem Brustkorb eines gefallenen Römers, als sich ihre Blicke kreuzten.

Ein lang gezogener Schrei war das Letzte, was Thorin vernahm, bevor sich eine seltsame Schwerelosigkeit seiner bemächtigte. Er lächelte, als sich das Bild der lächelnden Livia vor sein inneres Auge schob. Dass sein Körper kurz darauf schwer auf dem Boden aufschlug, merkte er bereits nicht mehr.

13. Schicksalspfade

Keltisches Oppidum auf dem Donnersberg, 73 v. Chr.

»Du wirst sehen, sie werden bald zurück sein«, redete Aurelia mit ruhiger Stimme auf Livia ein, die kreidebleich auf der Bank vor Rowans Kate saß. Sie kniete vor ihrer Tochter und hielt deren Hände fest in ihren umschlossen.

Livias Augen füllten sich mit Tränen. Sie wollte tapfer sein, aber sie war einfach nicht stark genug. Wenn sie doch nur die gleiche Stärke besitzen würde wie ihre Schwiegermutter! Rowan saß mit stoischem Gesichtsausdruck neben ihr und wirkte ganz ruhig, obwohl sie nicht nur um ihren Sohn, sondern auch noch um ihren Mann bangen musste.

Arlete trat aus der Kate und reichte Livia schweigend ein Trinkhorn. Dankbar nahm sie einen tiefen Schluck und musste gleich darauf husten. Die kleine Keltin lächelte vielsagend. Was hatte ihr Arlete nur in den Wein gemischt? Wärme breitete sich in ihrer Mitte aus und augenblicklich fühlte sie sich besser. Dankbar gab sie ihr das Horn zurück, die es gleich darauf an Rowan weiterreichte, die ebenfalls einen tiefen Schluck nahm.

Die Frauen blickten auf, als sie Caius mit Halvor im Schlepptau mit großen Schritten auf die Kate zulaufen sahen. Ängstlich blickte Livia ihnen entgegen. Hatten sie Neues erfahren?

Bekümmert schüttelte ihr Vater den Kopf. »Die Krieger haben alle Tore verrammelt. Dorran hat von Thorin vor seiner Abreise den Oberbefehl übertragen bekommen. Er hat sämtliche Krieger in Alarmbereitschaft versetzt und die Wachmannschaften rund um das Oppidum verdreifacht. Somit sind alle noch hier befindlichen Krieger im Einsatz.«

»Dorran ist ein guter Mann«, sagte Rowan mit fester Stimme. »Thorin hat weise gewählt.« Sie erhob sich. »Ich werde zum Tempel gehen und die Priester bitten, die Götter um Beistand für Drystan und Thorin mit ihren Männern anzuflehen. Die Muttergöttin wird uns nicht im Stich lassen.«

Sie beugte sich nach vorne und küsste Livia auf die Wange. »Sei stark, mein Kind«, flüsterte sie ihr ins Ohr. »Du bist nicht allein.«

Dann eilte sie in Richtung Tempel davon.

Livia fühlte sich von ihren Worten seltsam getröstet. Sie setzte sich aufrecht hin und wischte sich die Tränen von den Wangen.

»Was geschieht nun weiter?«, fragte sie an Halvor gewandt.

»Noch ist keine große Staubwolke zu erkennen. Wenn das römische Heer in unsere Richtung marschiert, wird der Staub, den die vielen Füße aufwirbeln, uns rechtzeitig warnen.« Er sah Livia und ihre Eltern an. »Es ist noch nicht zu spät zu fliehen«, sagte er eindringlich.

Empört sprang Livia auf. »Das ist doch nicht dein Ernst!«, rief sie. »Mein Mann ist der zukünftige Häuptling der Siedlung und da soll ich weglaufen, sobald Gefahr droht?« Sie lief vor Zorn rot an. »Das kannst du nicht von mir verlangen!«

Halvor hob beschwichtigend die Arme. »Ich meine es doch nur gut, Livia! Thorin würde nicht wollen, dass dir etwas zustößt!«

»Ich würde mich schämen, Thorin unter die Augen zu treten, nachdem ich wie ein kleines, verängstigtes Mädchen davongelaufen bin!« Sie wandte sich an ihre Eltern. »Vater, Mutter, bringt ihr euch in Sicherheit, ich bitte euch. Mein Platz ist auf dem Donnersberg, an der Seite meines Mannes, aber euch wird niemand behelligen, wenn ihr die Rückreise antretet, solltet ihr auf das Heer stoßen.«

Aurelia tauschte mit ihrem Mann einen Blick, bevor sie antwortete. »Wir bleiben an deiner Seite, mein Kind. Vertraue auf die Götter, die unsere Wege lenken.«

Erleichtert fiel Livia ihrer Mutter in die Arme, die tröstend über ihr langes Haar strich.

Den ganzen Tag bis nach Einbruch der Dämmerung harrten sie vor der Häuptlingskate aus. Arletes Versuche, sie zum Essen zu bewegen, schlugen allesamt fehl, also hatte sie jedem kurzerhand ein weiches Fladenbrot und einen Napf mit Gemüseeintopf in die Hand gedrückt, den sie draußen verspeisten. Hin und wieder liefen Halvor und Caius zum Haupttor, um nach Neuigkeiten zu fragen, doch stets kamen sie mit leeren Händen zurück.

Für die Nacht zogen sich alle in ihre Katen zurück, denn trotz der noch warmen Spätsommertage wurde es abends bereits empfindlich kühl. Livia starrte in die Dunkelheit und spielte gedankenverloren mit dem Ring an ihrem Finger. Erst gestern hatte Thorin ihn ihr angesteckt und sie hatte gemeint, vor Glück zerspringen zu müssen. Anschließend hatte sie hier mit ihm die schönsten Stunden ihres Lebens verbracht. Sie erinnerte sich an den zärtlichen Blick, mit dem er sie bedacht hatte, als sie aufgewacht war.

»Mein Herz«, hatte er gesagt, »du machst mich zum glücklichsten Mann der Welt!«

War das wirklich erst heute Morgen gewesen? Sie drückte ihre Nase in das weiche Fell neben ihr. Es trug immer noch seinen Duft. Diesen Geruch kannte Livia schon seit ihrer Kindheit. Sie schloss die Augen und sog tief die Luft ein. Fast konnte sie sich einbilden, Thorin läge immer noch neben ihr und würde sie jeden Moment in seine kräftigen Arme schließen.

Ihre Gedanken schweiften abermals zum gestrigen Tag zurück. Wie würdevoll er bei ihrer Hochzeit ausgesehen hatte! Wie unverschämt gut! Die roten Haare streng nach hinten gebunden, hatten seine blauen Augen sie in ihren Bann gezogen. Er hatte ein ähnlich imposantes Auftreten wie Drystan, doch seine Gesichtszüge waren weicher und freundlicher als die seines Vaters.

Livia wälzte sich noch eine ganze Zeit lang umher, gefangen in den Erinnerungen des vergangenen Tages, bis sie schließlich in einen kurzen traumlosen Schlaf fiel.

»Livia!« Eine Hand berührte sie sanft an der Schulter.

»Lass mich noch ein wenig schlafen, Thorin«, murmelte sie und kuschelte sich tiefer in die Felle.

»Livia, wach auf.«

Schlaftrunken schlug sie die Augen auf und blickte in das besorgte Gesicht ihrer Schwiegermutter. Schlagartig fielen ihr die Geschehnisse des Vortages wieder ein und sie war hellwach.

»Ist etwas geschehen?«

Rowan nickte. »Dorran war gerade bei mir. Sie haben einen oder mehrere Reiter unten am Berg ausgemacht.«

»Römer?«, fragte Livia erschrocken.

Rowan schüttelte den Kopf. »Nein, zumindest nicht in Armeestärke.«

Livia sprang auf und schlüpfte in ihren karierten Überwurf, den Rowan geschickt mit zwei Spangen an den Schultern verband. Dann ergriff sie die Hand ihrer Schwiegermutter und lief mit ihr aus der Kate. Erstaunt stellte sie fest, dass es noch Nacht war. Sie konnte nur kurz geschlafen haben. Ihre Eltern trafen ebenfalls gerade ein und musterten sie mit besorgtem Blick. Halvor, der in der Häuptlingskate geschlafen hatte, hatte sie offenbar verständigt.

Gemeinsam gingen die Fünf zum Haupttor, an dem trotz nachtschlafender Zeit rege Tätigkeit herrschte. Die Krieger hatten Fackeln entzündet, um besser sehen zu können.

Deutlich konnte man bereits das Schnauben und die Schritte eines Pferdes vernehmen. Livia war auf den Wall geklettert und hielt Ausschau nach ihrem Mann. Endlich schälte sich ein einzelner Reiter aus der Dunkelheit und hielt auf das Tor zu. Er ritt seltsam gebückt. Mit einem Aufschrei eilte Livia den Wall hinab und schlüpfte durch das bereits geöffnete Tor. Das Pferd kam direkt davor zum Stehen und als sie herantrat, hob der Reiter den Kopf. Beinahe hätte sie ihn nicht erkannt, da sich das weiß gekalkte Haar mit Blut vermischt hatte und einen gar fürchterlichen Anblick bot.

»Drystan«, rief da auch schon ihre Schwiegermutter, die ihren Mann sogleich erkannt hatte und an seine Seite geeilt war. Livia schaute hinter ihn. Wieso war Drystan allein? Wo war Thorin?

Sie blickte ihrem Schwiegervater in die Augen und augenblicklich wurde ihr eiskalt. Sein Blick war so voller Schmerz und Trauer, dass es ihr das Herz zerriss. Erst jetzt wurde sie des Bündels gewahr, das vor ihm über dem Sattel hing. Auf einmal bemerkte sie eine Haarsträhne, die sich daraus gelöst hatte. Sie war feuerrot.

Um Livia wurde es schwarz. Sie bemerkte nicht mehr, wie sie zu Boden sank. Als sie eine Weile später die Augen öffnete, lag sie in den Armen ihrer Mutter, die sie in ihrem Schoß wiegte wie ein Kleinkind.

»Was ist geschehen?«, flüsterte sie mit rauer Stimme. Dann fiel ihr Blick auf Rowan, die ihren Mann stützte. Er schien große Schwierigkeiten zu haben, aufrecht zu stehen. Das Bündel lag mittlerweile auf dem Boden. Das Pferd wurde von einem der wachhabenden Krieger zurück in die Stallungen gebracht. Sein lautes Wiehern brachte sie in die Gegenwart zurück.

Sie richtete sich abrupt auf. Ihre Mutter versuchte, sie zurückzuhalten, doch sie robbte auf Knien auf die Gestalt am Boden zu. Sie schlug das Tuch zurück und starrte in das Gesicht des Mannes, den sie von Herzen liebte und der nun mit geschlossenen Augen vor ihr lag. Als sie das Tuch ein wenig weiter anhob, verschlug es ihr den Atem. Überall war Blut und auch der Stoff war mit der dunklen Flüssigkeit getränkt.

»Thorin!«, schrie sie verzweifelt und rüttelte an seiner Schulter. »Wach doch auf, Thorin!« Sie rüttelte immer heftiger, doch seine Augen blieben geschlossen. Sie schluchzte auf und warf sich auf seine Brust. Sie spürte ... nichts! Kein Heben und kein Senken, keinen Atemzug, einfach nichts ... Livias Tränen versickerten in dem Stoff, in den Thorins Körper eingewickelt war. Ihr Haar tränkte sich mit seinem Blut, doch das bemerkte sie nicht. Thorin war tot! Ihr Thorin lebte nicht mehr! Laut schrie sie ihren Schmerz in die Dämmerung hinaus. Die Menschen um sie herum schwiegen betroffen.

Nach geraumer Zeit trat Halvor auf Livia zu, zog sie von dem Leichnam weg und nahm sie behutsam in die Arme. Sie schluchzte bitterlich, doch sie ließ es zu, dass er ihr hoch half. Sie vergrub ihren Kopf an seiner Brust und weinte heiße Tränen.

»Ich bin da«, flüsterte er leise. »Wir sind alle für dich da«, wiederholte er immer wieder. Er strich ihr über den Rücken und gab ihr den Halt, den sie so dringend benötigte.

Rowan fühlte sich am ganzen Körper taub. Lag da wirklich ihr toter Sohn auf der kalten Erde? Thorin, der immer so lebenslustig gewesen war und ihr so viel Freude bereitet hatte? Er war doch viel zu jung zum Sterben! Das konnte doch nicht sein! Die Götter mussten sich einen grausamen Scherz erlauben! Bestimmt wachte sie jeden Moment auf und alles war gut!

Sie sah Livia, die sich auf Thorin geworfen hatte, und vernahm ihre verzweifelten Schreie.

Aber Thorin hatte sich doch gerade erst vermählt! Er konnte doch nicht tot sein! Ihre Gedanken drehten sich im Kreis. Zwischenzeitlich hatte Dorran Drystan vom Pferd geholfen und sie war an seine Seite getreten, um ihn zu stützen. Mit großen Augen blickte sie zu ihrem Mann auf, als wolle sie ihn anflehen, ihr zu sagen, dass dies alles nur ein Irrtum war. Doch was sie in Drystans Augen las, war die Wahrheit. Die nackte, grausame Wahrheit. Sein Blick war starr nach unten gerichtet. Er stützte sich schwer auf sie und als sie die Hand um seine Hüfte legte, um ihren Griff zu verstärken, schrie sie auf. Sie zog die Hand hervor und sah, dass sie voller Blut war. Drystan strauchelte. Sofort sprang Caius herbei und half Rowan, ihn sanft auf den Boden zu legen.

»Drystan«, sagte Rowan flehend, »was ist mit dir?«

Er lächelte sie liebevoll an. »Rowan, meine Sonne«, flüsterte er. Sie wollte ihn umdrehen, um nach seiner Verletzung zu sehen, doch er hielt ihre Hand fest. »Hör mir zu, mein Liebstes, wir haben nicht mehr viel Zeit. Bald werde ich bei unserem Sohn sein. Ich höre, wie er nach mir ruft.« Er schloss die Augen und atmete flach. Rowan liefen die Tränen über die Wangen, doch sie bemerkte es nicht. Da war nur Drystan, ihr geliebter Drystan. Sie streichelte sein Gesicht und drückte ihre Lippen auf seine. Schwach erwiderte er ihren Kuss. Dann öffnete er die Augen. »Ihr müsst fliehen«, flüsterte er.

Rowan versuchte, noch einen Moment in diesem Augenblick mit ihm zu verharren, doch der Ernst seiner Worte drang unwiderruflich in ihr Bewusstsein. Entsetzt starrte sie ihn an. Das konnte er nicht wirklich meinen!

»Die Römer haben eine unermessliche Anzahl an Soldaten.« Seine Stimme klang rau und brüchig. Er hustete heftig, dann wisperte er: »Sie werden die Siedlung einnehmen.«

Rowan wollte protestieren, doch er legte seinen Finger an ihre Lippen. Sein Arm zitterte vor Anstrengung.

»Nein, Rowan. Tu, was ich dir sage! Halvor wird dich unterstützen.« Er warf einen Blick auf seinen Erstgeborenen, der ihm zunickte. Auch wenn er nur gebrochen Keltisch sprach, schien er doch verstanden zu haben, was sein Vater von ihm wollte.

»Nimm die Menschen und flieh! Ich will nicht ...« Ein Hustenanfall schüttelte ihn abermals und er bäumte sich auf. Erschrocken hielt Rowan ihn in den Armen und strich wieder und wieder über seine verkrusteten Haare.

»Ich will nicht, dass unser Volk so untergeht.« Sein Flüstern war kaum mehr zu verstehen. »Versprich mir das!«

Rowan nickte tränenüberströmt. »Ich verspreche es!«

»Gut!« Er schloss erleichtert die Augen. Nach einer kurzen Weile öffnete er sie wieder und sie sah seinen Blick leuchten. So hatte er sie angesehen, als sie sich ineinander verliebt hatten, und später, als er sie aus der Gefangenschaft befreit hatte. »Ich liebe dich, meine Sonne, jetzt und in alle Ewigkeit! Ich werde auf dich warten.« Er lächelte bemüht und schloss die Augen.

Rowan schluchzte. »Ich liebe dich auch, Drystan, und ich werde deinen Willen befolgen. Du bist mein Leben!«

Sein Atem wurde abgehackter und verstummte abrupt. Sein Kopf kippte zur Seite und sein Körper erschlaffte in ihren Armen.

Rowan blickte fassungslos auf die Leiche ihres Mannes. Was geschah hier? Erst starb ihr Sohn, jetzt auch noch ihr Mann? Was hatte sie den Göttern getan, dass sie ein solch grausames Spiel mit ihr trieben?

Ihr Blick fiel auf Halvor, der die schluchzende Livia fest im Arm hielt und tröstete. Er erwiderte ihren Blick und nickte ihr abermals zu. Auf einmal breitete sich eine seltsame Ruhe in ihr aus. Halvor war da. Ihr Erstgeborener war zurückgekehrt. Das Schicksal hatte ihr wieder einmal einen

Sohn genommen und dafür einen anderen zurückgegeben. Sie konnte das nicht verstehen und würde es wohl auch nie können, doch Drystan hatte ihr einen Auftrag gegeben, den sie ausführen würde.

Sie stand mühevoll auf und richtete ihre Kleidung, die voller Blutflecken war.

»Dorran«, sagte sie mit fester Stimme. »Bringt den Häuptling und unseren Sohn in die Siedlung. Anschließend verschließt ihr wieder das Tor. Ich möchte über alle Bewegungen um den Donnersberg Bescheid wissen, hast du verstanden?«

Dorran nickte kurz und gab seinen Männern Anweisungen. Dann nahmen sie die Leichen von Thorin und Drystan auf ihre Schultern und zogen in die Siedlung, gefolgt von Rowan, Halvor, Livia und ihrer Familie. Jede Menge Menschen säumten inzwischen die Straßen und verfolgten die Prozession. Als sie sahen, was geschehen war, erfüllte ein immer stärker anschwellendes Crescendo an Klagelauten die Luft.

»Wir müssen die Siedlung räumen«, sprach Rowan wenig später zu den Druiden des Oppidums, die sie zu sich beordert hatte. Mit knappen Worten erklärte sie ihnen den Ernst der Lage. »Es war Drystans erklärter Wille, dass wir die Menschen in Sicherheit bringen.«

Mareg und Meallá nickten ernst. Edana saß mit ungläubig geweiteten Augen dabei. Eine Weile sagte niemand ein Wort. Mareg räusperte sich. »Wir müssen das Volk aufteilen, nur so haben wir eine Chance zu entkommen. Es wird nicht möglich sein, mit allen Menschen in die gleiche Richtung zu fliehen. Wir würden ein dankbares Ziel für die römischen Einheiten abgeben.«

»Was schlagt Ihr also vor?«, fragte Rowan.

»Sowohl Mareg als auch ich kennen die Druiden vieler anderer Stämme«, sagte Meallá nachdenklich. »Wir werden das Volk auf die umliegenden Stämme verteilen. Mareg und ich werden jeweils einen Teil der Menschen führen, doch alle werden auch wir nicht unterbringen können.«

»Ich hätte auch noch einen Vorschlag zu machen«, warf auf einmal eine Stimme ein. Erstaunt drehte Rowan den Kopf. Caius stand hinter ihr und knetete nervös die Finger.

»Sprich, Caius«, forderte sie ihn auf. Sie wusste, dass er sich teilweise verantwortlich fühlte für die Lage, in der sie steckten, war er doch selbst Römer.

»Ich verfüge über ein großes Weingut«, sagte er zu den Druiden. »Ich könnte eine größere Anzahl Menschen auf meinem Land unterbringen. Natürlich müssten wir alle zusammenhelfen, um Unterkünfte zu errichten, doch wenigstens wäre das eine Lösung.«

Die Druiden sahen Caius skeptisch an. Er war keiner der ihren und noch dazu Römer, was ihr Vertrauen zu ihm nicht gerade stärkte.

Rowan stand auf. »Ich danke dir von Herzen, Caius. Wir werden deinen Vorschlag gerne annehmen. Wenn wir die Siedlungsbewohner auf die verschiedenen Siedlungen aufteilen und einen Teil mit auf dein Weingut nehmen, könnte unser Plan tatsächlich aufgehen.« Sie sah fest in die abweisenden Mienen der Druiden. »Dieser Mann hier«, sie deutete auf Caius, »ist ein Freund unseres Volkes. Nicht nur das«, sie nahm seine Hand und hob sie hoch, sodass die verkrustete Wunde sichtbar wurde, die er seit Livias Hochzeit trug, »er ist ein Blutsbruder unseres Häuptlings. Euer Anführer hat Caius vertraut, also vertraut auch Ihr ihm.«

Die Druiden nickten und ihr Blick wurde offener.

»Und was ist mit mir?«, fragte Edana plötzlich mit verzweifeltem Gesichtsausdruck.

Meallá und Mareg tauschten einen langen Blick, bevor sich die Druidin ihr zuwandte.

»Edana, du warst uns jahrelang eine gelehrige Schülerin. Unter normalen Umständen würden wir dich noch einige

Jahre an unserer Seite haben, doch nun ist die Zeit gekommen, dass du deine eigenen Wege gehst. Ich schlage vor, dass du mit deiner Mutter ziehst. Sie braucht eine Stütze an ihrer Seite und du bist inzwischen erfahren genug, um selbst eine gute Druidin abzugeben trotz deines zarten Alters.«

Edana liefen die Tränen über die Wangen, als sie den Worten ihrer Ausbilderin lauschte. Doch dann nickte sie tapfer. »Ich werde Euch keine Schande bereiten.«

Mareg nickte ihr zu. »Das wissen wir.«

»Bereitet die Menschen behutsam auf den Auszug vor«, sagte Rowan nun. »Jeder darf nur das mitnehmen, was er tragen kann, macht ihnen das klar.« Die Druiden nickten und standen auf. Es war alles gesagt.

Die nächsten Stunden herrschte große Geschäftigkeit im Oppidum. Die Menschen eilten mit verschlossenen Gesichtern umher und zogen Ziegen an Stricken hinter sich her, die sie von der Weide geholt hatten. Große Beutel türmten sich vor den Türen der Katen, bereit, von ihren Bewohnern aufgenommen zu werden.

Rowan packte gemeinsam mit Aurelia und Caius. Immer noch erfüllte sie die gleiche seltsame Ruhe, die in der Nacht so plötzlich über sie gekommen war. Die anstehenden Arbeiten erfüllte sie fast traumwandlerisch. Sie wühlte in der großen Holztruhe und suchte sich ein Kleid zum Wechseln heraus. Ihre Finger berührten ein weißes Leinenhemd. Langsam zog sie es hervor und betrachtete es. Es hatte Drystan gehört. Sie hielt es an ihre Wange und verharrte für einen Moment, dann legte sie es wieder zurück. Nein, sie würde nur das Notwendigste mitnehmen, genau wie die anderen Siedlungsbewohner auch. Auch wenn ihr Caius sicherlich mit Freuden einen Platz für ihr Hab und Gut auf dem Fuhrwerk angeboten hätte, wollte sie doch das Schicksal ihres Volkes teilen und nur das mitnehmen, was sie selbst tragen konnte.

Livia kümmerte sich zwischenzeitlich um ihr eigenes Hab und Gut. Ihre Mutter stand ihr zur Seite und half ihr zu packen. Als der Abend schließlich angebrochen war, blickten sie sich in der aufgeräumten Kate um.

Rowan seufzte tief. »Niemals hätte ich gedacht, all dies einmal hinter mir lassen zu müssen!«

Caius, der gerade das Haus betreten hatte, ging auf sie zu, legte seinen Arm um sie und drückte sie kurz an sich.

»Sieh es als einen Neuanfang, nicht als das Ende«, riet er ihr leise. Rowan nickte dankbar.

Es klopfte an der Tür und Johs steckte den Kopf herein. »Die Jungkrieger sind soweit. Seid ihr bereit, Drystan und Thorin zu Grabe zu tragen?« Besorgt musterte er seine Freundin, die jedoch tapfer nickte.

Sie folgten Johs in Richtung des Tempels. Als sie beim Schwurstein ankamen, sah Rowan erstaunt, dass die Krieger hinter ihm einen großen Grabhügel errichtet hatten. Ihre Augen füllten sich vor Dankbarkeit mit Tränen. Obwohl sie nur wenig Zeit hatten, ihre Flucht vorzubereiten, hatten es sich die Männer nicht nehmen lassen, ein angemessenes Grabmal zu bauen. Davor steckten Fackeln in der Erde und warfen ihr flackerndes Licht auf die nähere Umgebung. Die ganze Siedlung hatte sich versammelt, um ihrem toten Häuptling und dessen Sohn die letzte Ehre zu erweisen. Die beiden Männer waren auf einem erhöhten Holzgestell aufgebahrt worden. Beide waren in ihre feinsten Gewänder gekleidet und sahen wahrlich fürstlich aus.

Rowan trat an die Seite ihres Sohnes und küsste ihn auf die kalte Stirn.

»Mögen die Götter deine weitere Reise segnen, mein Sohn«, flüsterte sie leise. Dann begab sie sich an die Seite ihres Mannes, um sich auch von ihm zu verabschieden.

»Unsere gemeinsame Reise war etwas ganz Besonderes«, flüsterte sie ihm zu. »Du hast mich sehr glücklich gemacht und dafür danke ich dir. Achte gut auf Thorin, wo auch immer ihr seid. Eines Tages werde ich wieder mit euch zusammen sein.« Sie nahm die halbe Keltensonne von ihrem Hals und legte sie auf die Brust ihres Mannes zu seiner Hälfte. »Nun sind beide Hälften für immer vereint.«

Sie trat zur Seite, um Platz für Livia zu machen. Diese beugte sich über ihren Mann und streichelte seine Hand. Es brach Rowan fast das Herz, die junge Frau so unglücklich zu sehen. Thorin trug dasselbe Gewand wie am Tag seiner Vermählung. Wer hätte gedacht, dass das Glück nur von so kurzer Dauer sein würde?

Die Druidin Meallá trat in den Vordergrund und hob die Arme. Rowan bemerkte Edana, die mit bleichem Gesicht hinter ihrer Ausbilderin stand. Sie lächelte ihrer Mutter tapfer zu. Rowan ging erst jetzt auf, dass es mit Sicherheit Edana zugefallen war, ihren Bruder und ihren Vater zu waschen und herzurichten. Das arme Kind!

»Die Götter haben in ihrer unermesslichen Weisheit beschlossen, unseren Häuptling Drystan und seinen Sohn Thorin zu sich zu nehmen«, hob Meallá mit tragender Stimme an. »Es steht uns nicht zu, ihren Willen zu hinterfragen, auch wenn es uns manchmal schwerfallen mag.« Ihr Blick fiel auf Livia, die bleich zwischen ihren Eltern stand. »Unsere Geschicke werden von anderen Mächten geleitet, das steht außer Frage. Habt Vertrauen, sage ich euch! Habt Vertrauen in die Allmacht der Götter und darauf, dass ihr Plan für euer Schicksal ein Guter ist.«

Sie trat zurück und gab mit ihrer Hand ein Zeichen. Daraufhin kamen Dorran und jeweils vier Krieger nach vorne und hoben die Leichname auf ihre Schultern. Langsam gingen sie ins Innere des Grabhügels und legten Vater und Sohn nebeneinander ab. Der Schwurstein bewachte, einem Mahnmal gleich, den Eingang des Hügels. Rowan trat hinter ihnen in das kühle Gewölbe. Die Krieger hatten Drystans Schwert auf seine Brust gelegt, doch die Keltensonne lag immer noch vereint darunter, wie sie zufrieden feststellte. Thorins Axt lag quer über seiner Brust. Sein Ausdruck war beinahe friedlich, fast so, als würde er jeden Moment aufwachen.

Um die beiden herum befanden sich noch mehr Waffen, außerdem eine Menge tönerner Schalen und Becher, die für das Leben in der Totenwelt benötigt wurden. Kostbare kupferne Fibeln ruhten auf Lagen von teurem Stoff. Auch eine bronzene Schnabelkanne, randvoll mit Wein, fand sich auf einem kleinen Tischlein. Zwei ebenso kostbare Becher standen daneben. Nach und nach betraten die Bewohner des Oppidums den Grabhügel. Jeder brachte etwas mit, das seinen Platz in der Grabkammer fand. Von einfachen Tontellern hin bis zu kunstvollen tönernen Figürchen wurde alles gegeben, was die Menschen entbehren konnten.

Rowan nickte jedem Siedlungsbewohner dankbar zu. Sie hielt Livias eiskalte Hand, die nun neben ihr am Eingang zum Grabmal stand. Endlich ließ der Strom der Menschen nach und im flackernden Licht der Fackeln sah Rowan dabei zu, wie die Krieger den Eingang zum Grabhügel fest verschlossen, indem sie Steine aufeinander schichteten. Ihre nackten Oberkörper glänzten im Schein der Fackeln, während sie schweigend ihre Arbeit verrichteten.

Die Siedlungsbewohner standen in einem Halbkreis um den Grabhügel herum. Als die Arbeit endlich vollbracht war, trat Rowan nach vorn.

»Nachbarn, Freunde«, sagte sie mit fester Stimme. »Noch heute Nacht werden wir den Donnersberg verlassen. Es war der erklärte Wille eures Häuptlings, diesen Schritt zu tun, um der Gefahr durch die Feinde zu entgehen. Viele von euch haben sich bereits einem der Druiden angeschlossen und werden mit ihnen ziehen. Den Rest bitte ich, mir zu folgen. Wir werden auf das Land unseres Freundes Caius ziehen und dort einen Neuanfang wagen.«

»Ohne Schutz und ohne Führung?«, rief eine verärgerte Stimme aus der Menge.

Rowan sah sich erschrocken um. »Wir werden das gemeinsam schaffen«, erwiderte sie. »Vertraut mir!«

»Du bist aber keine Kriegerin und kannst uns nicht führen«, rief eine andere Stimme. Das Gemurre der Menge wurde lauter.

»Aber ich kann es!«

Erstauntes Raunen machte sich breit, als sich aus der Menge eine hochgewachsene Gestalt schälte und neben Rowan trat. Ungläubig starrte sie auf Halvor, der in voller Häuptlingsmontur neben ihr stand. Er trug das weiße Hemd, das sie eben noch in ihren Händen gehalten hatte, den roten Umhang locker um die Schultern gelegt und ein Schwert in einem prachtvollen Gürtel an seiner Seite.

»Ich, der Sohn Drystans und der Bruder Thorins, werde euch anführen.« Halvor sprach mit fester Stimme. Seine Aussprache wirkte hölzern, doch er war gut zu verstehen. Rowan erblickte Johs, der hinter ihm stand und ihm leise bei Schwierigkeiten mit einzelnen Wörtern half.

Die Krieger traten nach vorn und sahen Halvor in die Augen. Rowans Herz wollte bei dem Gedanken daran, dass sie ihren Sohn nicht akzeptieren könnten, beinahe stehen bleiben. Doch als zuerst Dorran und nach ihm alle anderen vor Halvor das Knie beugten, fiel ihr ein Stein vom Herzen. Die Menge begann zu jubeln.

»Hoch lebe Häuptling Halvor!«, erklang es aus vielen Kehlen gleichzeitig.

Dieser nahm die Huldigungen mit ernstem Gesicht entgegen, als plötzlich Edana nach vorne trat und die Menge verstummte. »Volk des Donnersbergs, wir haben heute zwei Häuptlinge verloren und einen neuen gewonnen.« Dann hob sie beide Hände und sprach das Ehrgebet zur Muttergöttin in leicht abgewandelter Form: »Rigani, Mutter allen Lebens, halte deine segnenden Hände schützend über die Menschen dieser Siedlung. Sorge für die, die dir wohlgesonnen sind, und strafe die, die sich widersetzen. Große Mutter, behüte und bewahre unsere Familie. Schütze unseren neuen Häuptling vor Gefahr und leite ihn, auf dass er uns alle wohlbehalten in unser neues Zuhause bringen kann. Dir gebührt Ehre, große Mutter.«

Die Menschen schwiegen andächtig, dann fielen sie wieder in laute Jubelrufe ein, um ihren neuen Häuptling hochleben zu lassen.

Nach einer Weile hob dieser die Hände und blickte mit ernstem Gesichtsausdruck um sich. »Nun ist es Zeit aufzubrechen! So die Götter wollen, werden wir uns eines Tages wiedersehen!«

Daraufhin verließen die Menschen eilig den Platz und zerstreuten sich, um ihre Habseligkeiten zu holen.

Rowan war die Letzte, die den Donnersberg verließ. Sie warf noch einen Abschiedsblick auf die nun unbewohnten Katen und schluckte. Ihre Heimat war unwiederbringlich verloren! Ihre Zukunft lag in der Hand der Götter! Sie ließ das Tor offen stehen, da es nun ja niemanden mehr schützte, und wandte sich nach vorne. Livia, Aurelia und Caius warteten auf ihrem Pferdekarren vor den Menschen, die ihr Hab und Gut auf den Rücken geschnallt hatten. Die Älteren hatten ihre Sachen auf Caius' Ladefläche verstaut. Unter den Wartenden waren auch Johs und Arlete mit ihren Kindern, die ebenfalls schwere Bündel auf den Rücken trugen. Edana wartete unter einem Baum. Sie war barfuß und trug ein bodenlanges, weißes Gewand. Rowan war stolz auf ihre tapfere Tochter, die in diesen schweren Zeiten so viel Stärke bewiesen hatte.

Halvor saß auf seinem Pferd, hielt ihres an den Zügeln und blickte ihr entgegen. In seiner keltischen Kleidung sah er aus wie ein echter Häuptling, dachte sie stolz. Nur das Haar trug er zu kurz, doch das würde noch wachsen. Daran, dass er ihre Sprache in Kürze beherrschen würde, hatte sie keinerlei Zweifel. Sie schluckte kurz, als ihr bewusst wurde, wie sehr seine Gestalt Drystans ähnelte, und Tränen stiegen ihr in die Augen. Als sich ihre Blicke trafen, lächelte er ihr warm zu.

»Lass uns gehen, Mutter.«

Epilog

Römisches Weingut in der Nähe von Borbetomagus, 67 v. Chr.

Die Wollkugel entschlüpfte ihren steifen Fingern und fiel zu Boden. Rowan seufzte. Als junges Mädchen hatte sie die Kugeln stets flink zusammengerollt und nie war ihr auch nur eine heruntergefallen.

»Warte, Großmutter, ich helfe dir«, rief eine helle Stimme.

Rowan sah auf und lächelte dem kleinen Jungen zu, der ihr freudestrahlend die heruntergefallene Wollkugel reichte.

»Ich danke dir, Aidan«, sagte Rowan schmunzelnd und nahm die kleine Kugel entgegen. Lächelnd betrachtete sie ihren Enkel.

»Bist du Arlete mal wieder entwischt, mein Schatz?«

Schuldbewusst senkte er den Kopf. Rowan lachte.

»Komm, setz dich zu mir.« Sie klopfte einladend auf die hölzerne Bank. Aidan ließ sich das nicht zweimal sagen. Er musste sich anstrengen, um auf die Bank zu gelangen, doch mit seinen fünf Jahren war er viel zu groß, um seine Großmutter um Hilfe zu bitten.

»Hast du wieder vom Honig genascht?«, fragte Rowan den Jungen gespielt streng.

»Woher weißt du das?«, staunte der Kleine mit offenem Mund.

»Ach, weißt du, Großmütter wissen alles, musst du wissen.« Rowan musste sich anstrengen, ernst zu klingen. Das Gesicht des Jungen wies eindeutige Spuren seines Honigdiebstahls auf, doch das würde sie ihm nicht auf die Nase binden.

Er kuschelte sich an sie. Dafür fühlte er sich anscheinend nicht zu alt. Liebevoll strich Rowan über das feuerrote Haar des Jungen, das ihrem Eigenen so sehr ähnelte, als sie noch jung gewesen war. Inzwischen waren ihre Haare weiß geworden. In der Nacht, in der sie ihre Heimat verlassen musste, war sie über Nacht ergraut.

»Wo sind denn deine Eltern?«, fragte sie das Kind lächelnd.

»Mutter ist bei Avia Aurelia und Vater ist auf der Jagd.« Er bohrte in der Nase. »Ich weiß nicht, warum er mich nie mit auf die Jagd nimmt. Ich bin doch schon so groß.« Er hob die Hände weit über den Kopf.

»Bestimmt nimmt er dich bald mit, mein Schatz«, tröstete Rowan ihn. »Du weißt doch, dein Vater ist für die vielen Menschen hier verantwortlich und er nimmt seine Aufgabe sehr ernst. Da kann er es sich nicht erlauben, dass du die Jagd behinderst.«

»Ich bin doch schon ein Mann und kann ihm helfen!«, erwiderte Aidan empört.

»Das bist du«, sagte Rowan schmunzelnd. »Doch am meisten hilfst du ihm, wenn du hier in der Siedlung nach dem Rechten siehst, weißt du? Dein Vater verlässt sich auf dich.«

Freudestrahlend sah der Junge zu ihr auf.

»Meinst du wirklich?«

Rowan nickte ernst. »Natürlich. Wenn der Häuptling unterwegs ist, ist es Brauch, dass sein erstgeborener Sohn die Verantwortung in der Siedlung übernimmt.«

Stolz warf sich Aidan in die Brust, was bei dem schmalen Fünfjährigen komisch wirkte. Doch Rowan lachte nicht.

»Wo ist Gwena?«, fragte sie den Kleinen.

Aidan verzog sein Gesicht. »Mutter hat sie zu unserer Avia mitgenommen. Ich bin froh, wenn sie nicht in meiner Nähe ist«, gestand er.

»Warum das denn? Hast du deine kleine Schwester denn nicht lieb?«, fragte Rowan erstaunt.

»Doch, schon. Aber sie schreit so laut und manchmal stinkt sie grässlich.« Er hielt sich die Nase zu.

Nun musste Rowan doch laut lachen.

»Und außerdem ist sie furchtbar hässlich«, schloss der Junge und verschränkte die Arme vor der Brust.

Rowan strich ihm abermals über die rote Mähne. »Sie ist doch noch so klein. Säuglinge sehen oft so zerknautscht aus, musst du wissen. Du wirst sehen, irgendwann wird sie genauso schön wie deine Mutter.«

Zweifelnd sah der Junge zu Rowan auf.

»Doch, mein Kleiner, du wirst schon sehen«, bekräftigte Rowan ihre Worte.

»Ich habe Edana gesehen«, wechselte der Junge plötzlich das Thema. »Sie war am Waldrand, Kräuter sammeln.«

»Hat sie dich auch bemerkt?«

Der Junge nickte. »Oh ja, ich glaube, sie hat übernatürliche Kräfte. Sie rief meinen Namen, obwohl ich mich tief im Unterholz versteckt hatte.«

Rowan lächelte. »Ja, Edana ist eine Druidin. Als solche steht sie in enger Zwiesprache mit den Göttern. Und die wissen schließlich genau, wo du dich versteckst, Aidan.«

Der Junge nickte ernst. »Ich mag Edana. Sie steckt mir immer etwas Süßes zu«, flüsterte er seiner Großmutter verschwörerisch zu.

Rowan lachte. »Sie weiß eben, wie gern du Süßigkeiten isst!«

Auf einmal wurde es laut. Pferdegetrappel erfüllte die Luft und die Menschen strömten aus den umliegenden Katen auf den großzügigen Platz, an dem sich auch Rowans Haus befand, um zu sehen, was geschah. Rowan und Aidan standen von ihrer Bank auf. Der Junge kletterte darauf, um besser sehen zu können. Etliche Reiter kamen inmitten einer großen Staubwolke auf dem Platz zu stehen und die Menschen klatschten vor Freude in die Hände, als sie die geschossenen Rehböcke, Hasen und anderes Wild auf den Lasttieren erblickten.

»Vater!«

Aidan hüpfte von der Bank und lief, so schnell ihn seine kurzen Beine trugen, auf den Anführer der Truppe zu. Als der den Jungen kommen sah, breitete sich ein strahlendes Lächeln auf seinen Zügen aus. Er beugte sich nach vorne und hob den Jungen vor sich auf das Pferd. Rowan lächelte glücklich, als sie sah, wie Aidan freudestrahlend auf dem großen Hengst saß und fröhlich der Menge zuwinkte, die die Reiter umringt hatte. Sein Vater ritt eine kleine Runde mit ihm über den Platz, um dann vor Rowans Kate zu halten, wo er abstieg. Anschließend half er seinem kleinen Sohn vom Pferd, der zwar lieber weiterreiten wollte, aber schnell getröstet war, als er seine Freunde sah, mit denen er gleich darauf um die Wette flitzte.

»Mutter.« Der großgewachsene Mann beugte sich nach vorn und gab Rowan einen Kuss auf die Wange.

»Ich grüße dich, Halvor«, erwiderte Rowan lächelnd. Stolz blickte sie auf ihren Sohn. Er trug eine Hose aus weichem Ziegenleder und ein leinenes Hemd, das mit einer Lederschnur in der Mitte geschnürt war. Seine blonden Haare trug er halblang und für die Jagd hatte er sie zusammengebunden. An seiner linken Seite baumelte ein langes Schwert, an der rechten hing sein Dolch. Den Speer hatte er am Pferd befestigt.

»Ich sehe, ihr wart erfolgreich«, stellte Rowan zufrieden fest.

»Wir hatten Glück und konnten genug Wild erlegen, um über die nächsten Wochen zu kommen.«

»Die Menschen werden es dir danken, mein Sohn.«

Halvor winkte ab. »Das ist doch meine Aufgabe.«
Er sah sich suchend um. »Wo ist denn Livia mit Gwena?«
»Aidan hat mir gesagt, dass Livia zu ihrer Mutter in die Villa gegangen ist. Bestimmt schmieden sie neue Pläne wegen des Unterrichts.«
»Livia lässt es sich nicht nehmen, den Unterricht weiter auszurichten, dabei hat sie mit Gwena wahrlich genug zu tun«, sagte Halvor stolz lächelnd.
Rowan nickte. »Deine Frau ist stark«, stellte sie fest. »Sie weiß, dass die Kinder unseres Volkes nur dann bestehen können, wenn sie die Sprache der Römer beherrschen. Nur dann steht ihnen das Tor zur Welt offen.«
»Es hat mir ja auch nicht geschadet, eure Sprache zu lernen«, sagte Halvor grinsend.
»Auch wenn dein Akzent immer noch fürchterlich ist, mein Junge«, erwiderte Rowan schelmisch lächelnd.
Halvor lachte laut auf. »Da hast du leider recht. Aber wenn mich meine Männer verstehen, kannst du das auch.« Er zwinkerte ihr zu. »Ich mache mich mal auf die Suche nach meiner Frau.« Er gab ihr einen Abschiedskuss auf die Wange. »Wir sehen uns später beim Abendmahl.«
Rowan nickte und setzte sich wieder auf die Bank, wo sie ihre Schale mit den Wollknäueln wieder aufnahm. Sie beobachtete, wie Halvor mit langen Schritten den Platz durchmaß und sich im Vorbeigehen Aidan schnappte, der vor Freude quietschte, als sein Vater ihn sich auf seine breiten Schultern setzte.
Rowan seufzte zufrieden. Die Götter hatten doch noch ein Einsehen mit ihnen gehabt! Auf der Flucht hatte es einige brenzlige Situationen gegeben, doch auch die hatten sie gemeinsam gemeistert. Einmal hatten sie Schutz vor einem Unwetter in einem kleinen Wald gesucht, als ihnen plötzlich eine ganze Kohorte Römer entgegenkam. Caius und Aurelia hatten seelenruhig ihren Wagen an den Rand gefahren und freundlich mit dem Offizier gesprochen. Wenn in diesem

Moment auch nur ein Kind geschrien hätte, wäre ihre Flucht beendet gewesen.

Auf dem Weingut hatte Caius ihnen einen großen Platz zwischen hohen Kastanien angeboten, der genug Raum für all die Menschen bot, die mit ihnen geflohen waren. Zunächst hatten sie Planen über Holzpfähle gespannt, um einigermaßen vor den Launen der Natur geschützt zu sein. Obwohl Aurelia und Caius es Livia und ihr selbstverständlich angeboten hatten, in der Villa unterzukommen, hatten es beide Frauen vorgezogen, bei ihrem Volk zu bleiben. Auch Livia sah die Kelten inzwischen als ihr Volk an, war sie doch durch ihre Heirat mit Thorin rechtmäßig Teil davon geworden.

Rowan seufzte, als sie an die schwere erste Zeit dachte. Livia hatte sich bemerkenswert tapfer geschlagen. Tatkräftig hatte sie mitgeholfen, als die Männer die neuen Katen aufbauten, hatte mit den anderen Frauen für alle die Mahlzeiten zubereitet und war sich nicht zu schade gewesen, Holz für die Häuser zu schleppen. Gemeinsam war es ihnen gelungen, noch vor dem ersten Schnee, der in diesem Jahr zum Glück spät fiel, einige Unterkünfte fertig zu stellen. Am Anfang hatten noch mehrere Familien zusammengewohnt, doch bereits im Jahr darauf, waren mehr Katen hinzugekommen, sodass sie im zweiten Winter bereits recht behaglich wohnen konnten.

Halvor war von den Menschen ohne Widerspruch als Häuptling angenommen worden. Er kümmerte sich um alle Belange und hatte es verstanden, sie davon zu überzeugen, der römischen Kultur nicht allzu feindselig gegenüberzustehen. Es war Livias Einfall gewesen, die Kinder in der römischen Sprache zu unterrichten. Da immer mehr Soldaten in die Gegend um den Rhein versetzt wurden, würde es ihnen später Vorteile verschaffen, wenn sie mit den Besatzern sprechen konnten. So fungierten beide als Vermittler für ein friedliches Zusammenleben zwischen den Kulturen.

Caius hatte einen Brief an den Praefectus geschickt, dem Halvor unterstellt gewesen war, und ihm vom Auffinden von dessen Leichnam berichtet. Dieser schien die Geschichte geglaubt zu haben, hatte Caius doch in blumigen Worten ein Drama geschildert, das eine nicht erwiderte Liebe und eine Selbsttötung beinhaltete.

Livia... Erneut schweiften Rowans Gedanken zu ihrer Schwiegertochter. Sie hatte so viel Leid erdulden müssen und war dennoch nicht daran zerbrochen. Als Livia bemerkt hatte, dass sie ein Kind erwartete, hatte sie zwiespältige Gefühle verspürt, wie sie Rowan damals anvertraut hatte. Einerseits machte es sie überglücklich, einen Teil von Thorin zurückbehalten zu haben, andererseits würde sein Kind nie den Vater kennenlernen. Halvor hatte sich in dieser schweren Zeit rührend um Livia gekümmert und Rowan konnte sich noch gut an den freudigen Moment erinnern, als sie mehr als Freundschaft im Blick der beiden bemerkt hatte. Als Aidan geboren wurde, der seinem Vater wie aus dem Gesicht geschnitten war, wurde er von Halvor genauso geliebt, als wäre es sein eigenes Fleisch und Blut. Mit der Geburt der kleinen Gwena war das Glück der Familie schließlich perfekt, wobei Rowan nicht ausschließen wollte, dass der Nachwuchssegen schon vorüber war.

Sie nahm eine weitere Wollkugel auf und drehte sie in Gedanken versunken weiter. Wie unberechenbar die Schicksalswege der Menschen doch waren. Zuerst zerstörten die Götter alles Glück, bevor sie Neues schenkten. Wozu das alles? Das würde sie wohl nie begreifen. Mit ihrer Tochter Edana führte Rowan oft lange Gespräche über das Schicksal und den Sinn hinter allem.

»Man muss daran glauben, dass die Götter nur unser Bestes im Sinn haben«, sagte diese gern. »Ansonsten verliert das Leben seinen Sinn und man fühlt sich verloren. Das dürfen wir nicht zulassen.«

Rowan stimmte ihr von Herzen zu, auch wenn sie sich hin und wieder selbst verloren fühlte. Mit jeder Faser ihrer Seele vermisste sie Drystan. Oft lag sie nachts wach und erinnerte sich an die gemeinsame Zeit mit ihm. Die schönste Zeit war die ihrer Schwangerschaft mit Halvor und die Woche nach seiner Geburt gewesen, bevor der Schatten kam. Oft fragte sie sich, was Drystan wohl von all dem, was seither geschehen war, halten würde! Wäre er wohl einverstanden mit der neuen Lebensweise seines Volkes?

Den umliegenden Soldaten hatte Caius erklärt, dass er mehr Arbeiter für sein Weingut brauchte und dass er daher mehr Menschen bei sich angesiedelt habe. Sie waren mit seiner Erklärung zufrieden gewesen, zumal viele der Neusiedler wirklich Arbeit auf dem Weingut hatten und Caius den Legionären seinen Wein zu günstigen Bedingungen überließ. Dass der Weinbauer in ihren Augen somit zur Zivilisierung der Barbaren beitrug, machte ihnen das Leben allemal leichter. Einige Neusiedler betrieben Landwirtschaft hinter den Katen und versorgten die Dorfbewohner mit dem Lebensnotwendigen. Die Kinder kümmerten sich um die Ziegen, die hinter der Siedlung in einem Gehege gehalten wurden. Der erste Winter war hart gewesen und Rowan wusste, dass sie ihn ohne Caius' Hilfe nicht überlebt hätten. Sie würde ihrem Freund auf ewig dankbar sein, dass er ihnen in der Not geholfen hatte.

Ihre Gedanken wanderten zu Caius' Frau. Aurelia war überglücklich mit ihren zwei Enkelkindern. Rowan wusste, dass sie selbst gern mehr Kinder gehabt hätte, doch die Götter hatten ihr nur eine Tochter geschenkt. Umso mehr genoss sie jetzt die Zeit mit ihren Enkeln. Die Kleinen hatten jeweils einen keltischen und einen römischen Namen erhalten, um in beiden Welten bestehen zu können. Halvor hatte seinen Sohn Claudius genannt, in Erinnerung an seinen besten Freund. Der Name Aidan war ein Tribut an Rowans geliebten verstorbenen Vater Allan, der einst von den Inseln gekommen war. Sie wusste, dass er diesen Namen für sie selbst ausgesucht hatte, wäre sie ein Junge geworden, bedeutete er doch »Kleines Feuer«. Da auch Aidan den gleichen roten Haarschopf geerbt hatte, hatte sich der Name einfach angeboten. Seine Tochter trug den lateinischen Beinamen Celia. In der Villa unterhielten sich die Großeltern auf Latein mit den Kindern, während Rowan in ihrer Muttersprache mit ihnen sprach. Der Erfolg gab ihnen recht. Inzwischen sprach Aidan Claudius beide Sprachen fließend und seine Schwester Gwena Celia würde in spätestens einem Jahr damit anfangen, erste Sätze zu bilden.

Rowan blickte auf, als sie Arlete über den großen Platz stapfen sah. Die Dienstmagd war im Alter noch fülliger, wenn auch kleiner geworden, doch von ihrem Elan hatte sie nichts eingebüßt.

»Hast du Aidan gesehen?«, fragte sie mit hochrotem Kopf. »Der Bengel ist mir wieder mal entwischt.« Sie ließ sich schwer atmend neben Rowan auf die Bank plumpsen.

»Keine Sorge«, beruhigte Rowan sie lächelnd. »Er ist mit Halvor zur Villa hochgegangen.«

Arlete seufzte erleichtert. »Dann ist ja gut! Das Kind ist ständig unterwegs. Nie kann er länger am gleichen Ort verweilen.« Sie wischte sich mit dem Ärmel ihres groben Wollkleides über die Stirn. »Er erinnert mich so sehr an seinen Vater.«

Rowan nahm die Hand ihrer Freundin und drückte sie kurz. Auch sie erinnerte der Junge tagtäglich an ihren Sohn Thorin und sie war den Göttern dankbar, dass sie ihr wenigstens den Jungen geschenkt hatten, wenn sie schon seinen Vater so früh hatten sterben lassen.

»Komm, ich helfe dir«, sagte Arlete, nahm ein wenig Wolle aus dem bereitstehenden Eimer und rollte sie geschickt zu einer Kugel.

Rowan lächelte zufrieden und widmete sich ebenfalls ihrer Aufgabe. Die Sonne wärmte sie mit ihren Strahlen und die

Luft war erfüllt von den Gesprächen der Menschen und dem Klappern des Kochgeschirrs. Sie saß zwar nicht wie früher auf ihrer Lieblingsbank mit dem weiten Blick über die Ebene vor dem Donnersberg, doch sie war von ihrer Familie und ihren engsten Freunden umgeben und das war schließlich alles, worauf es ankam.

Glossar

A

Actus, lat. – römisches Längenmaß, entspricht etwas mehr als 35 Metern

Auspicia, lat. – Eingeweideschau, um z. B. vor einer Eheschließung die Zustimmung der Götter einzuholen

Avia, lat. – Großmutter

B

Borbetomagus, lat. – heute: Worms in Rheinland-Pfalz

Bracae – keltische Hosen, die unterhalb des Knies gebunden wurden; meist aus Leinen oder aus Leder gefertigt

C

Caligae, lat. – Militärsandalen aus Leder, deren Sohlen mit Eisennägeln beschlagenen waren

Cingulum militare, lat. – Gürtel, von römischen Soldaten um die Tunika gegürtet; an ihm war der Dolch befestigt, später auch lederne Bänder, die mit Metall beschlagen waren; der Gürtel wies jemanden auch ohne Uniform als Soldat aus.

Cochlear, lat. – römischer Spießlöffel; eine Seite konnte als Löffel benutzt werden, die andere, um Speisen aufzuspießen.

F

Fibula/-ae, lat. – eine Schnalle, mit der man ein Gewand zusammenhalten kann

Fortuna – römische Göttin des Glücks, des Zufalls, aber auch des Schicksals

G

Garum, lat. – salzige Fischsoße, die zum Würzen von Speisen verwendet wurde

Gladius, lat. – römisches Kurzschwert; Standardwaffe der römischen Infanterie; hauptsächlich als Stoß- und Stichwaffe eingesetzt

H

Hypokaustum, lat. – Fußbodenheizung

J

Jupiter – ältester römischer Gott; wird als »Vater der Götter« angesehen; Gott über Himmel und Wetter

K

Kohorte – militärische Einheit, etwa 480 Soldaten umfassend

L

Lorica hamata, lat. – römisches Kettenhemd, bestehend aus bis zu 30.000 Eisenringen; wog bis zu 10 Kilogramm; verfügte oft über eine Schulterverstärkung und einen Kragen, der wohl unterfüttert war

M

Malabatrum, lat. – indisches Lorbeerblatt, wird auch Mutterzimt genannt; eine Pflanzenart aus der Familie der Lorbeergewächse, deren Blätter einen zimtartigen Geschmack haben

P

Paenula, lat. – Umhang mit Kapuze, Überziehmantel, ähnelte in der Form dem heutigen Poncho; seine Grundform war oval, mit einem Kopfschlitz und einer Kapuze in der Mitte

Palla galbeata, lat. – eine gelb-rotes, bodenlanges, viereckig zugeschnittenes Gewand, welches Römerinnen traditionell als Hochzeitsbekleidung über der Tunica recta trugen.

Pila muralia, lat. – beidseitig angespitzte Holzpfähle, die von den Römern auf Wällen um ihre Kastelle aufgestellt wurden, zum Schutz gegen Feinde

Praefectus, lat. – Leiter der Verwaltung einer Legion; ihm oblag die Oberaufsicht im Kastell

Puls, lat. – römischer Getreidebrei, meist aus Dinkel oder Emmer hergestellt; Grundnahrungsmittel der Römer

R

Rigani – keltische Gottheit, eine Art Muttergottheit, zuständig für das Wohl aller Lebenden

S

Sagum, lat. – römischer Manteltyp, bestehend aus einem rechteckigen Stück Wollstoff, das mit einer Fibel geschlossen werden konnte; bei schlechter Witterung konnte man ein Stück des Stoffes über den Kopf ziehen

Salve, Salvete, lat. – Sei gegrüßt!, Seid gegrüßt!

Subligaculum, lat. – Lendenschutz, eine Art Unterbekleidung, entweder aus Leder oder Wolle; wird an den Seiten mit Schnüren oder Knoten verschlossen

T

Tabernaculum, lat. – Giebelzelt für römische Offiziere, das aus einem Holzrahmen bestand, über dem die Wände aufgezogen wurden, und das dadurch stabiler war als die Tentoria der einfachen Soldaten, die auf Schnüren aufgezogen wurden

Tentorium (-a), lat. – Giebelzelt, das aus vier schräg zueinander stehenden Holzpfosten, die in die Erde gerammt wurden, bestand; die Wände bestanden meist aus Ziegenleder, die mit Heringen im Boden verankert waren.

Triclinium, lat. – Speisezimmer, aber auch Bezeichnung für die typischen dreiteiligen Speiseliegen (Triclina)

Tunika, lat. – langes Gewand, das Römerinnen und Römer über den anderen Kleidern trugen, auch bei den Kelten waren Tuniken gebräuchlich, meist waren sie jedoch kürzer als bei den Römern

Tunica recta, lat. – langes weißes Gewand, das bei Hochzeiten üblich war

Schlussbemerkung

Mit »Keltenherz« findet die Donnersberg-Trilogie, die mit »Keltensonne« ihren Anfang nahm und mit »Keltenschwur« weiterging, ihren Abschluss. Wir hoffen, liebe Leserinnen und Leser, dass wir Sie gut mit unserer Geschichte rund um Rowan mit ihrem Drystan und Caius mit seiner Aurelia unterhalten haben. Wenn Sie dieses Buch noch nicht gelesen und gleich nach hinten geblättert haben, seien Sie gewarnt! Hier wird viel verraten, was möglicherweise Ihren Genuss beim Lesen schmälert.

Unsere Trilogie ist eine Historienroman-Reihe. Wir haben uns nach bestem Wissen und Gewissen bemüht, die dargestellte Zeit so authentisch wie nur möglich zu beschreiben. Viele verschiedene Quellen haben uns Aufschluss über Bräuche, Gewänder, Essgewohnheiten und vieles weitere gegeben. Dazu muss jedoch gleich gesagt werden, dass die Recherche teilweise sehr schwierig war, da die Kelten keinerlei schriftliche Quellen hinterlassen haben und wir somit hauptsächlich römische Quellen zur Verfügung hatten. Doch auch aus Funden aus jener Zeit kann man vieles rekonstruieren, was uns sehr geholfen hat. Über die Römer ist tatsächlich relativ viel bekannt, doch auch hier muss man Einschränkungen machen. Wir wissen viel über die Zeit des römischen Imperiums, doch über die Zeit davor ist viel weniger bekannt. Und das ist genau die Zeit, in der unser Roman spielt.

Das keltische Oppidum auf dem Donnersberg war eine große keltische Siedlung, die es tatsächlich gegeben hat. Es befand sich in der Nähe des heutigen rheinland-pfälzischen Ortes Dannenfels. Das Oppidum war von einer mächtigen Ringwallanlage umgeben, die beinahe 8,5 km lang war und an einigen Stellen bis zu vier Meter hoch. Die Innenfläche der Siedlung erstreckte sich über 240 Hektar. Interessierten Leserinnen und Lesern empfehlen wir einen Besuch auf dem Donnersberg, wo ein kleines Teilstück der Ringwallanlage restauriert wurde, das man besichtigen kann. Man kann wunderbar entlang der alten Ringwallanlage spazieren gehen und auch einige Skulpturen bewundern.

Am Fuße des Donnersbergs befindet sich das Keltendorf Steinbach, dessen Besuch wir ebenfalls unbedingt empfehlen. Dort erwartet Sie ein spannender Einblick in das Leben der keltischen Oppidumsbewohner und interessante Führungen, die einem das Leben der Kelten näherbringen. Im Zuge unserer Recherchen waren wir gern im Keltendorf Steinbach zu Gast und danken an dieser Stelle Frau Boussard, die es uns sogar in Coronazeiten ermöglicht hat, das Dorf aufzusuchen und sie mit Fragen zu löchern.

Die keltischen Bewohner haben wahrscheinlich nicht den Namen Donnersberg benutzt, dennoch gefiel er uns so gut, dass wir beschlossen haben, ihn zu verwenden. Die Geschichte rund um den Donnersberg hat uns von Anfang an fasziniert. Die Geschichte des Oppidums ist von ca. 130 v. Chr. bis 60/50 v. Chr. belegt. Danach ist die Siedlung aus unbekannten Gründen verlassen worden. Aus dramaturgischen Gründen stimmen die im Buch verwendeten Jahreszahlen nicht ganz mit diesen überein, was uns die geneigte Leserschaft verzeihen möge.

Die Frage, warum ein blühendes Oppidum von seinen Bewohnern einfach so aufgegeben wurde, hat unsere Fantasie angeregt. Es ist bekannt, dass es auf dem Oppidum nie zu einer großen Schlacht kam, das heißt, dieses Ende war schon einmal ausgeschlossen. Daher erschien es uns naheliegend, dass die Siedler ihr Oppidum freiwillig geräumt haben mussten. Aber was könnte der Grund dafür gewesen sein? Für uns liegt der Grund auf der Hand: die römische Besatzung. Die zunehmende Anzahl der römischen Besatzer hat den Kelten ihr Leben in dieser Gegend sicher schwer gemacht.

Dass Halvor zurückkommen musste, war für uns von vornherein klar. Ein wenig haben wir uns bei seiner Person an Arminius orientiert, der 9 n. Chr. in der Varusschlacht die Seiten gewechselt und damit ganze drei römische Legionen vernichtet hat. Er war angeblich der Sohn eines Cheruskerfürsten und als Kind von den Römern als Faustpfand nach Rom gebracht worden, damit sich sein Vater ihren Anordnungen fügte. Dort wurde er römisch erzogen, durchlief die Militärlaufbahn und kam 9 n. Chr. im Zuge der augusteischen Eroberungszüge nach Germanien, wo er die Seiten wechselte und sein Wissen über das römische Militär nutzte, um das Heer des Varus zu besiegen. Auch wenn diese Geschichte nicht wirklich belegt ist, weiß man von der Praxis der Römer, sich ihre Untertanen durch Faustpfänder gefügig zu machen.

Bei Halvor schlagen ebenfalls zwei Herzen in seiner Brust: ein römisches und ein keltisches. Am Schluss besinnt er sich auf seine Herkunft und hilft seiner leiblichen Familie bei der Flucht. Ohne Verluste konnte das Ganze jedoch nicht stattfinden. Es ist für uns äußerst unwahrscheinlich, dass die von uns gezeichneten Charaktere einfach so geflohen wären, ohne wenigstens zu versuchen, die Siedlung zu halten. Drystan und Thorin hätten niemals ihre Heimat kampflos aufgegeben und der Schutz ihrer Frauen und der des Volkes war immer ihre oberste Priorität. Daher mussten die beiden in die Schlacht reiten, die sie leider nicht überlebten.

Glauben Sie uns, dieses Kapitel zu schreiben ist uns nicht leicht gefallen. Sich von lieb gewonnenen Charakteren zu verabschieden, ist keine einfache Sache für Autoren. Aber durch Halvors Rückkehr findet die Geschichte ja doch noch einen guten Ausgang. Dass Halvor später die Witwe seines

Bruders zur Frau nimmt, ist in der Geschichte übrigens nichts Ungewöhnliches. So etwas kam durchaus häufiger vor und war gängige Praxis, um die Witwen versorgt zu wissen. Auch später noch wurde diese Vorgehensweise immer wieder praktiziert. Bekanntestes Beispiel hierfür ist sicherlich Heinrich VIII., der mit Katharina von Aragon die Witwe seines Bruders ehelichte, nur um sich später genau aus diesem Grund wieder scheiden zu lassen.

Vor dem Hintergrund der Feindschaft zwischen den Römern und den Kelten erscheint es ungewöhnlich, dass es wirtschaftliche Beziehungen zwischen den beiden Kulturen gab. Dies ist jedoch durch viele Funde belegt. Gerade anhand von Grabbeigaben wird dies sichtbar.

Waren die Kelten lange Zeit – vor allem aufgrund römischer Darstellungen – als Barbaren verschrien, merkt man bei genauerer Betrachtung der Funde, dass es sich bei diesen Menschen durchaus um eine Zivilisation handelte, die ihre eigenen Sitten und Gebräuche pflegte, wohl religiös geprägt war und an ein Leben nach dem Tod glaubte und Landwirtschaft und Handel betrieb. Das Bild der blutrünstigen, menschenopfernden Wilden ist lange überholt. Die Römer hatten ihre Probleme, die gut gerüsteten Krieger zu unterwerfen, und so zeichnete man ein überzogenes Bild von wilden Barbaren, die Tieren ähnlicher waren als Menschen, auch um eigene Unzulänglichkeiten zu kaschieren.

Dabei waren die Kelten alles andere als Barbaren. Sie verstanden es, mit Kupfer und Eisen umzugehen, verfügten über wirksame Waffen, die ihresgleichen suchten, und betrieben einen Götterkult, der dem der Römer nicht unähnlich war. Über die Anzahl der Menschenopfer streiten sich Historiker bis heute. Wahrscheinlich waren Tieropfer weitaus häufiger, man nimmt jedoch an, dass auch besiegte Feinde hin und wieder geopfert wurden. Doch auch die Römer hatten die Todesstrafe. Die bekannteste Hinrichtungsmethode aus der Römerzeit ist die Kreuzigung, die jedoch nur bei Nicht-Römern angewandt wurde.

Wir haben uns erlaubt, einige tatsächliche Funde, die auf dem Donnersberg entdeckt wurden, in die Geschichte einzubauen. Das Widderkopfmännchen, das die Spitze von Rowans Trinkhorn ziert, ist hierfür nur ein Beispiel (für ein Bild und nähere Informationen siehe: https://donnersberg verein.de/nachrichtenleser-funde/widder kopfm%C3%A4nnchen.html). Aber auch der Achsnagel und die gläsernen Armreifen, die Rowan ihrem Sohn und dessen Frau zur Vermählung schenkt, sind belegt (s. https://don nersbergverein.de/archaeologische-funde-donners berg.html). Bei der Gestaltung der keltischen Behausungen haben wir uns an den Nachbauten im Keltendorf Steinbach orientiert. Wer sich dort umsieht, findet auch eine hölzerne Bettstatt, die der gleicht, in der Rowan und Drystan in der Häuptlingskate nächtigen.

Danksagung

Herzlichen Dank an unsere Leserinnen und Leser, die uns auch bei Band 3 der Donnersberg-Trilogie die Treue gehalten und mitgefiebert haben, wie die Geschichte um Rowan, Drystan, Caius und Aurelia zu Ende geht. Die Geschichte jetzt abzuschließen und uns von lieb gewonnenen Charakteren im Oppidum auf dem Donnersberg und auf Caius' Weingut zu verabschieden, fällt uns als Autorinnen nicht leicht. Die Trilogie zu schreiben war eine spannende und aufregende Reise und hat uns beiden sehr viel Spaß gemacht!

Natürlich sind wir auch unendlich dankbar, unsere Familien stets an unserer Seite zu wissen! Ohne die Unterstützung unserer Männer Tim und Florian und die Geduld unserer Kinder Sam, Josie, Lilly, Tim und Ida wäre es uns nicht möglich, die Geschichten, die uns im Kopf herumgehen, aufzuschreiben!

Es ist uns ein besonderes Bedürfnis, dem Team von Piper zu danken! Ohne euch, liebe Eliane, Paulina und Elke, hätten wir unseren Traum niemals ermöglichen können!

Dasselbe gilt natürlich auch für unsere Agentin Anna Mechler von der Literaturagentur Lesen und Hören! Danke, liebe Anna, dass du immer für Fragen zur Verfügung stehst und auch dafür, dass du als Probeleserin agierst!

Apropos Testleser: Deine Tipps waren unglaublich wertvoll, liebe Constanze. Vielleicht schafft es Drystan ja, bei einem zweiten Durchgang noch einen Platz in deinem Herzen zu erobern, aber vermutlich wirst du immer »Team Caius« treu bleiben. Auch deine Hinweise, liebe Lara, haben uns wirklich weitergebracht. Danke, dass du dir trotz Lernen auf deine Prüfung die Zeit genommen hast, uns Feedback zu geben. Herzlichen Dank für eure Mühe!

Was wären wir ohne unsere geduldige Lektorin? Liebe Sandra Lode, Ihr Input war wie immer mehr als hilfreich und hat unserer Geschichte den letzten Schliff gegeben! Vielen Dank fürs In-die-Tiefe-Gehen, Ihre Sorgfalt und Ihre herzliche Art im Umgang mit uns.

Werte Leserinnen und Leser, wir hoffen, dass wir Ihnen mit unserer Donnersberg-Trilogie viele schöne Lesestunden bereiten konnten. Es würde uns sehr freuen, wenn Sie uns auf einer der gängigen Verkaufsplattformen eine Rezension hinterlassen würden. Wir bedanken uns herzlich für Ihre Lesetreue und hoffen sehr, dass Sie Lust auf unsere anderen Romane (die wir übrigens auch als Einzelautorinnen verfassen) bekommen haben.